唐山大地震纪念建筑的媒介记忆研究

张超 著

地震出版社

图书在版编目（CIP）数据

唐山大地震纪念建筑的媒介记忆研究 / 张超著. —北京：地震出版社，2024.3

ISBN 978-7-5028-5639-7

Ⅰ．①唐…　Ⅱ．①张…　Ⅲ．①地震灾害－纪念建筑－传播媒介－研究－唐山　Ⅳ．①G219.272.23

中国国家版本馆CIP数据核字（2024）第037190号

地震版　XM5547 / G（6489）

唐山大地震纪念建筑的媒介记忆研究

张超　著

责任编辑：张　平

责任校对：梁庆云

出版发行：地震出版社

　　　　　北京市海淀区民族大学南路9号　　　邮编：100081

　　　　　发行部：68423031　68467991　　　传真：68467991

　　　　　总编办：68462709　68423029

　　　　　编辑室：68467982

　　　　　http: //seismologicalpress.com

　　　　　E-mail: dz_press@163.com

经销：全国各地新华书店

印刷：河北赛文印刷有限公司

版（印）次：2024年1月第一版　2024年1月第一次印刷

开本：787×1092　1/16

字数：300千字

印张：13

书号：ISBN 978-7-5028-5639-7

定价：56.00元

版权所有　翻印必究

（图书出现印装问题，本社负责调换）

PREFACE
前　言

7·28，对于每一个唐山人，都是一个难以忘记的数字。无论是唐山大地震的亲历者，还是灾后这片土地上孕育的唐山儿女，"大地震"对他们而言已经不只是那场浩劫的代名词，更是一种身体、精神再生的符号。笔者作为一位新闻传播学的青年学者、一个土生土长的震后儿女，总想在力所能及的学术领域，挖掘并总结唐山震灾记忆的发展与延续，为唐山大地震震灾后的城市发展贡献一丝绵薄之力，为日后民众的灾难慰藉、治愈提供帮助，为灾难记忆延续与发展提供借鉴。但因个人能力有限，本人仅对震后45年内唐山大地震的相关纪念建筑进行了梳理、挖掘与分析，希望能对唐山震灾纪念建筑媒介记忆传承与发展提供借鉴意义。

唐山大地震已过近半个世纪，伤痛逐步被岁月洗礼与掩埋，震灾记忆在国家与社会的多层维度中不断演化与建构。唐山震灾记忆传承与延续的基础，是官方与民间在震灾记忆上相互建构与影响的过程，形成震灾记忆的稳定性和持续性，从根本上防止记忆的分离，实现震灾记忆的官民一体化。本书从唐山大地震纪念建筑物媒介出发，引入文化记忆理论，以"国家与社会"为基本分析框架，综合运用观察法、访谈法、内容分析以及GIS空间认知地图分析方法，对震后不同阶段修建的三处纪念建筑物群进行分析，揭示不同时代环境背景下，唐山纪念建筑物媒介对震灾记忆的建构过程，探究纪念建筑物媒介所展现的记忆表征、建构特性及震灾记忆的发展轨迹，努力展现文化记忆理论中，"半个世纪"作为集体记忆时代"门槛"的记忆呈现状态。

本书共分为四部分：第一部分为绪论，主要对研究缘起、研究综述及研究方法进行了论述；第二部分为第一章的理论基础与研究框架，章节详细论述了"国家-社会"理论框架与文化记忆理论的应用和对于本研究的适用性，明晰了研究问题与意义，建构出纪念建筑物媒介记忆分析框架；第三部分为本书的核心章节，包括第二、三、四章，主要以唐山震灾纪念建筑群修建时间为依据，分别详实论述了唐山抗震纪念碑广场、唐山地震遗址纪念公园以及唐山南湖城市中央生态公园有关震灾纪念建筑的符号表征、空间建构、媒体赋意及三者相互勾连与延续的样态；第四部分是第五章，是对于唐山震灾纪念建筑媒介记忆传承与延续作用的总结与深化，以及针对纪念建筑作为灾难记忆承载媒介的反思。

  不同于以往大众媒介考察文化记忆的研究路径，本书将震灾纪念建筑物及其空间实践视为传播媒介，呈现了震灾文化记忆与交往记忆在半个世纪的交互建构过程，进而展现唐山震灾记忆的演化、发展路径，丰富了我国震灾记忆研究史料。唐山大地震纪念建筑物媒介记忆研究并不仅仅意在揭示震灾45周年后震灾记忆在纪念建筑物媒介视角的建构，而是要在灾难记忆媒介建构、演化过程中寻求其传承的轨迹。纪念建筑物媒介不仅是震灾记忆的承载者，更是历史记忆的书写者，理应在满足民众情感记忆的前提下，发挥记忆的国家叙事、民族文化认同及社会整合功能。

张超

河南大学砺学楼

2022年11月28日

目 录

绪 论

一、研究缘起 …………………………………………………… 002
二、研究综述 …………………………………………………… 008
三、研究方法 …………………………………………………… 021
四、研究难点与创新点 ………………………………………… 024

第一章 理论基础和研究框架

第一节 文化记忆理论和研究的适用性 …………………………… 028
一、文化记忆理论脉络 ………………………………………… 028
二、文化记忆理论的适用性 …………………………………… 032

第二节 "国家—社会"理论及其应用 …………………………… 033
一、"国家—社会"框架在本土语境中的内涵 ……………… 034
二、"国家—社会"分析框架的解释力度与合理性 ………… 035

第三节 研究框架 …………………………………………………… 037

第四节 研究问题及意义 …………………………………………… 038
一、研究问题 …………………………………………………… 038
二、研究意义 …………………………………………………… 038

第二章 抗震纪念碑：难以规避的国家记忆（1986—2000 年）

第一节 纪念与精神：抗震纪念碑的迟怠与记忆转化 ········ 043
一、"碑"：从地方祭奠到国家精神纪念 ········ 044
二、抗震纪念碑的精神符号记忆 ········ 045
三、纪念馆的记忆更迭与建构 ········ 048

第二节 纪念广场：纪念、交往与记忆涵化 ········ 052
一、"永垂不朽"：国家震灾的纪念仪式之地 ········ 052
二、"目交心通"：社会民众交往记忆的场所 ········ 055
三、"日往月来"：建筑物涵化日常生活记忆 ········ 056

第三节 仰望精神：纪念建筑物的空间记忆显现 ········ 060
一、唐山人民：抗震精神的守望 ········ 061
二、声达心通：建筑声音的记忆润饰 ········ 063
三、抗震纪念碑：震灾文化记忆的初始标识 ········ 064

第四节 大众媒体：抗震纪念碑的记忆映照 ········ 066
一、报刊中的抗震纪念碑媒介赋意 ········ 066
二、影视作品中纪念碑的镜头语言 ········ 070

第五节 象征记忆：作为精神归档的纪念碑广场 ········ 072
一、灾难与重建：精神记忆光环下的创伤 ········ 073
二、尘封与展演：记忆的遗忘与铭刻 ········ 075
三、记忆与精神：纪念建筑物媒介的转化 ········ 076

第三章 罹难者纪念墙：创伤记忆的静默与协作（2001—2010 年）

第一节 "祭灵之墙"：社会记忆需求下的国家公共服务 ········ 080
一、创伤记忆的博弈：罹难者纪念墙初建与再建 ········ 081

二、"哭墙"：民间世代记忆回溯与传递 ………………………………… 083
三、群体纪念与个体祭奠下的记忆延续 ………………………………… 086

第二节 "遗迹之物"：集体记忆的回眸 …………………………………… 088
一、断井颓垣：震灾记忆的佐证与赋能 ………………………………… 088
二、感物伤怀：国家震灾记忆的共联与再建构 ………………………… 090

第三节 俯视追思：文化记忆整合与地震科普教育 ……………………… 092
一、地下纪念馆的旧物归忆与记忆创设 ………………………………… 092
二、"警钟"长鸣：日常经验与科普教育 ……………………………… 094
三、大众创伤记忆下的精神铸化 ………………………………………… 098

第四节 大众媒体：国家震灾创伤记忆回归与展现 ……………………… 100
一、报刊文字中不再掩盖的创伤与追忆 ………………………………… 100
二、罹难者纪念墙镜头语言中的伤痛 …………………………………… 104

第五节 "纪念之园"：创伤记忆与精神记忆的混合 …………………… 105
一、视觉图式：园区纪念建筑物的文化记忆表征 ……………………… 106
二、记忆留存：受众的建筑物媒介记忆阐释与认知 …………………… 108
三、感官体验：罹难者纪念墙为核心的记忆映照与建构 ……………… 111

第四章 凤凰之像：演化记忆下国家与社会的"协谋"（2011年至今）

第一节 震灾记忆同"凤凰"符号的渊源与匹配 ………………………… 116
一、"凤凰涅槃"神话隐喻 ……………………………………………… 117
二、凤凰山"有凤来仪"民间典故意引 ………………………………… 118
三、城市重建、经济复苏与环境新颜的见证 …………………………… 119

第二节 "凤凰"文化IP符号作为世园会的精神意象 …………………… 121
一、震后40年"都市与自然·凤凰涅槃"世园会 ……………………… 121
二、《丹凤朝阳》铜塑的记忆回望与精神象征 ………………………… 123

三、世园会展区"凤凰"文化 IP 符号的空间架构与表征 ……… 124

第三节 "凤凰"文化 IP 符码意蕴与震灾记忆共联 ……… 127
一、震灾衍化记忆的外显、内隐与规避 ……… 127
二、"凤凰城"精神筑构与记忆认知 ……… 129

第四节 大众媒体:"凤凰"精神的文化图式 ……… 132
一、涅槃精神:来自于新闻报道的官方解读 ……… 132
二、凤凰意象:影视镜头中的"凤凰城" ……… 136

第五节 "凤凰"符号记忆的文化资本嵌入 ……… 139
一、凤凰"图腾"记忆外化渗入社会日常 ……… 139
二、意象物化:文化记忆演化、传播与传承 ……… 141

第五章 记忆的皱痕:纪念建筑物媒介与文化记忆认同

第一节 震灾纪念建筑物媒介差异化下的记忆实践 ……… 146
一、震灾纪念建筑物媒介的差异性表征 ……… 146
二、借助交往记忆回流促进精神记忆稳固 ……… 148
三、"凤凰"文化 IP 符号的演化与资本进阶 ……… 150

第二节 社会整合:震灾记忆认同的凝结与外溢 ……… 152
一、城市空间中震灾记忆的外置与认同 ……… 153
二、日常仪式操演互动下的记忆整合 ……… 157
三、地域显性:自我身份规避与城市归属 ……… 159

第三节 反思:关于唐山大地震的集体记忆 ……… 161
一、纪念建筑物媒介的记忆建构与束缚 ……… 162
二、创伤记忆演化的精神"赞歌" ……… 163

参考文献	……………………………………………………………	164
后　记	……………………………………………………………	181
图版Ⅰ	正文中部分插图 …………………………………………	183
图版Ⅱ	唐山大地震相关纪念建筑物媒介（部分）………………	190

绪 论

> "烨烨震电，不宁不令。百川沸腾，山冢崒崩。高岸为谷，深谷为陵。"
>
> ——《诗经·小雅·十月之交》

人类在自然灾难面前虽然渺小，但亦是勇敢而伟大。海啸、地震、台风、洪水等突发自然灾难，对人民财产与人身安全所带来的伤害是无法用数字来衡量的。灾难带来的损失和伤亡是一个城市、一个民族乃至一个国家难以忘却的集体记忆。

唐山大地震被称为20世纪全球十大灾难之一，是近百年来世界地震史上最悲惨的一页。在林泉《地球的震撼》一书中向全世界公布了这一系列惨不忍闻的数字：

> 死亡：24万2千7百69人
> 重伤：16万4千8百51人

1976年7月28日凌晨3时42分53.8秒，东经118°2′，北纬39°3′，中华人民共和国河北省唐山市发生了7.8级大地震，一座北方工业重镇，顷刻间化为废墟。唐山的这次大震撼，扰动了大半个中国的城市、农村，人心惊慌，生活失常（林泉，1986）。

唐山大地震已经过去45年，"新的痛楚覆盖了旧的创伤，旧的悬疑又被新的追问所覆盖（钱钢，2017）。"大地震具体的伤痛与记忆已逐步被岁月所掩埋，灾难的亲历者渐渐离开人世，旧时的废墟俨然已换上新装。莫里斯·哈布瓦赫（Maurice Halfbacks）在论述集体记忆时提出："随着事件亲历者记忆的消退及周边空间环境的改变或消失，记忆的结构框架就会受到影响"（Maurice Halbwachs，1980）。

灾难的幸存者作为交往记忆的"时代证人"，如果不想让他在未来消失，就需要将现存的交往记忆转化为后世的文化记忆（阿斯特莉特·埃尔、安斯加尔·纽宁，2021）。文化记忆的基础是通过媒介而实现沟通，在这个沟通转化的历程中，交往记忆与文化记忆呈现共生、共存、此消彼长的动态过程。只有借助民众交往记忆的群体力量，才可以稳步实现文化记忆的基础建构与后期演化。

一、研究缘起

（一）记忆研究的传播学转向

在自然科学领域，记忆被视为一种神经功能或个体心理，主要从神经学或心理学角度展开研究（吴盛博，2021）。20世纪30年代初，以法国社会学家莫里斯·哈布瓦赫为代表的人文社会科学学者将记忆纳入社会科学研究范畴。以集体记忆理论为研究基石，记忆迅速成为历史学、社会学、人类学、人文地理等学科探讨的课题。

传播学界关于记忆的关联性研究兴起于20世纪末，但关于媒介与集体记忆的相关研究远早于此。哈布瓦赫在《记忆的社会框架》《论集体记忆》与《福音书中圣地的传奇地形学》等论著中,把媒介与集体记忆作为相对独立的状态进行分析,并注重二者之间的直接互动关系。哈布瓦赫认为个体记忆如果脱离了集体记忆就很难延续并存在,概念、语言、逻辑作为记忆的三大支柱构成了人类社会的基本框架。在同一时期,德国艺术史学家阿拜·瓦尔堡(Burglar Abby)以艺术史的角度观察文化符号,认为文化符号具有引发记忆能量的作用(陈振华,2016)。从此学界开始注意到媒介与记忆的勾连。

哈布瓦赫在论述集体记忆与场所的关系中明确指出,随着空间物质的改变,记忆的稳定图像会受到影响,甚至消失(Maurice Halbwachs,1980)。集体记忆的功能主义微观视角将"媒介"分化为具体文字、仪式、语言、物质等表征形式。集体记忆研究的追随者保罗·康纳顿(Paul Connerton)在其著作《社会如何记忆》中将身体习惯(Bodily Practices)、纪念仪式(Commenorative Ceremonies)作为媒介,探究群体的记忆如何传播与保持(保罗·康纳顿,2000)。扬·阿斯曼将集体记忆视为交往记忆,是文化记忆的基础来源(金寿福,2017)。我们可以将刚刚逝去的回忆定义为交往记忆,它具有同一时代人共同拥有的特性。个人机体作为记忆的承载媒介,属于代际记忆的典型范式。交往记忆随着时间产生而减弱,更加准确地讲,它随着承载者而产生,伴随承载者死亡而消失。当原有记忆的承载躯体消失之后,便呈现"让位"的模式被新的记忆所占领,这种记忆是单纯靠个体的机体的保障和交往体验建立起来的"回忆空间"。按照《圣经》记载,记忆可延续3到4代,80年到100年是一个边界,它的一半,即45年左右,似乎意味着一个更加重要的记忆"门槛"(扬·阿斯曼,2015)。文化记忆与结构化的记忆术息息相关,远远超越交往记忆的世界。文化记忆所关注的过去一般呈现在事件的某一焦点之上,我们可以理解为,过去几乎无法依照原貌进行存留,我们所看到的过去通常是被权力或社会组织凝结成一些可供附着的象征物(Symbolische Figuren)。在文化记忆中,其内容不仅是"知识",还是基于事实将记忆转化为回忆中的历史,从而凝华成神话。阿莱达·阿斯曼在《回忆的空间》中专门对于媒介进行了详细的论述,明确地指出文字、图像、身体以及地点(建筑物)对于文化记忆的隐喻,以及两者之间紧密的互联关系。纪念建筑物作为记忆术的媒介,朝向更加有利于文化记忆的方向发展(阿莱达·阿斯曼,2016)。

随着媒介与日常生活的深度融合,媒介逐步以一种复杂多面的呈现形式影响记忆。20世纪40年代,哈罗德·伊尼斯(Harold Innis)和马歇尔·麦克卢汉(Marshall McLuhan)等学者突破原有"媒介工具论"主流思想,把媒介提升到本体地位,将媒介界定为"人的延伸",亦可以理解为任何人类借以作用于自然界与社会之间的中介事物皆可视为媒介,物品、广场、博物馆、纪念碑、城市等物质也包含在内。媒介可以脱离人的控制成为社会环境的主导,并最终对社会环境与政治文化产生非凡的影响。德国媒介史学家弗里德里希·基德勒(Friedrich Kittler)提出"媒介决定我们的处境",透过媒介技术的讨论将媒介本体化,凸显媒介的物质性意涵,认为媒介是传播工具,主张媒介是构成人主体意识、认知、感官经验的相关技术配置。基德勒的观点主要彰显媒介导引时空、空间感知乃至形塑人类主体性的作用（唐士哲，2017）。

从集体记忆概念提出到文化记忆、交往记忆、社会记忆等诸多记忆概念的衍生，文本、图像、身体、地方都一直是记忆研究的主要建构工具和储存器皿。2002年沃尔夫·坎斯坦纳（Wolf Kansteiner）在集体记忆研究方法及研究视角的反思上，特别讨论了新闻与传播学取向在集体记忆研究领域的价值，他认为记忆研究的成果虽然丰富，但在理论和方法上的创见相对较少，大部分记忆研究致力于特定的历史、地理和媒体环境下的事件叙述，过于细节，未能对处于争议中的受众反馈进行研究，对特定的社会群体及其历史意识产生进行关联分析。传播学、媒介学等学科的兴起与发展，以物质性媒介为传播中介和存储器皿进行研究，是继大众传播以来对集体记忆建构、记忆书写、文化记忆发展的另一领域转向。

我国文化记忆研究始于20世纪90年代，从历史学、文学逐步延伸至新闻传播学领域。传播学领域的记忆研究首先从"叙事—话语"分析路径展开，随着媒介技术的发展，进而转化为"媒介—技术"的分析路径，而近年来又在"实践转向"下展现出新的研究路径。

（二）震灾记忆的建筑物媒介载体

1976年7月28日，唐山发生7.8级大地震，顷刻之间一座北方工业重镇成为废墟，如图1。这一时期也可称之为中国政治的"地震期"（王晓葵，2018），周恩来（1976年1月8日）、朱德（1976年7月6日）、毛泽东（1976年9月9日）相继逝世，"四人帮"倒台，国际外部环境复杂多变，这一时期成为新中国成立以来具有转折意义的年份。这些影响国家命运的大事相继发生，唐山大地震仍得到了中央与地方的关注和驰援，但在当时的国内政治环境下，唐山大地震这种自然灾害的新闻报道及叙事，也背负着强烈的政治色彩（王晓葵，2018）。

图1 唐山市震后城市状况图

中国·唐山地震博物馆供

地震、余震后存活下来的唐山人，流着快要干枯的眼泪，在解放军的帮助下掩埋遗体，振奋精神开始重建他们的家园。震时场景与震后情节对每一个活下来的唐山人而言，至死都无法磨灭，甚至经历过地震的唐山人，在睡梦中会惊醒，在一个人时会默默流泪。这种震后的情节与精神正如一位幸存者说："经历过唐山大地震的人，他们的生命是有意义的，他们的生命一部分来源于自己，一部分来源于帮助他们的人，还有一部分来源于逝去的至亲好友，所以要珍惜活着的每一天。"随着时光的流逝，大地震已经过去了45年，亲历过大地震这场浩劫的幸存者已经逐步老去，甚至已离开人世。但是唐山人民面对自然灾难所形成"公而无私、患难与共、百折不挠、勇往直前"的抗震精神[1]，以及那段悲惨的历史创伤记忆值得唐山人民传承并永远铭记于心。

据唐山抗震资料收集爱好者刘志文介绍，为纪念唐山大地震遇难者，唐山民间社会与国家修建了唐山大地震相关纪念碑十余座，除了我们耳熟能详的唐山抗震纪念碑外，还有唐山各县区、天津以及贵州铜仁市的抗震纪念碑，见表1。

表1 唐山大地震相关纪念碑建筑景观列表

时间	区域/地点	纪念碑名称	立碑单位
1977.03	唐山开平区	陡河电厂工地遇难者纪念碑	陡河电厂工程指挥部
1977.05	唐山古冶区	化肥厂地震遇难者纪念碑	解放军二五八三一部队化肥厂
1985.07	唐山古冶区	地震遇难者纪念碑	东矿区人民政府（现古冶区）
1986.07	唐山市中心	唐山抗震纪念碑	唐山市人民政府
1986.07	天津市中心	天津抗震纪念碑	天津市人民政府
1986.07	唐山丰南区	丰南抗震纪念碑	丰南县人民政府（现丰南区）
1986.07	天津宁河区	芦台抗震纪念碑	宁河县人民政府（现宁河区）
1986.07	天津汉沽区	汉沽抗震纪念碑	天津市汉沽区人民政府
1998.11	唐山路南区	桥西死难同胞纪念碑	唐山市路南区桥西村委会
2006.07	唐山丰南区	老庄子抗震纪念碑	丰南区老庄子党支部村委会
2006.07	唐山开平区	唐山大地震罹难同仁纪念碑	河北省地震局
2016.11	唐山古冶区	福山"七·二八"纪念广场	古冶区人民政府/宏文集团
2016.07	铜仁德江县	唐山地震遇难殉职同志纪念碑	铜仁市德江县人民政府

注：作者根据刘志文先生提供的资料，前往相关地点实地考察后整理制作。

---

[1] 时任国家主席江泽民在唐山大地震二十周年纪念大会上题词，首次明确提出了唐山抗震精神意涵。

作者在刘志文先生的帮助下先后探访了唐山市及天津市部分抗震主题纪念碑。这些具有纪念碑性的震后纪念碑虽然大部分被遗忘在角落，但是其存在的物质空间特性与历史记忆是不容忽视的。从表格可以看出，自1976年唐山大地震后，最早的关于唐山大地震的纪念碑为1977年3月建碑的陡河电厂工地遇难者纪念碑。当时陡河电厂一期、二期工程是国家"四五"计划期间重点建设项目之一，中建二局、建工总局、陕西西北电站、北京电建等1万多人援建唐山，唐山大地震致使陡河电厂罹难1571人[1]。1985年7月28日，由唐山市政府举行了第一次震后大规模公祭活动，在这之前的唯一一次官方集体纪念死难者的活动就是在陡河电厂工地遇难者纪念碑所举行的悼念仪式，有学者推测原因是电厂中有三位日本技术人员在震灾中遇难去世（王晓葵，2008）。对于唐山人而言，震灾纪念或祭奠要到1985年以后才真正开始。

为纪念在唐山大地震中不幸遇难的亲人，承携灾难中的震灾记忆。唐山市市政府在大地震十年后陆续修建了唐山抗震纪念碑、唐山抗震纪念馆（原唐山地震资料陈列馆）、中国·唐山地震遗址纪念公园、中国·唐山地震博物馆、《丹凤朝阳》青铜雕塑广场及凤凰雕塑迎宾门等一系列"凤凰"文化IP符号纪念建筑物媒介，如图2。

近年来，唐山市集中发展工业旅游为代表的第三文化产业，先后建设4A级国家景区开滦国家矿山公园、中国（唐山）工业博物馆、中国（唐山）陶瓷博物馆、启新1889水泥博物馆等。因1976年唐山大地震是城市工业发展史上不可磨灭的一段历史，故大地震与其发展相关纪念物（照片、文稿、视频、旧物等）同样陈设在这些新型工业旅游场馆及外部广场空间中。例如，在开滦国家矿山公园开滦博物馆四楼西北方向的纪念展厅中，陈列了唐山矿前工会主席"李玉林飞车进京报灾情"的油画，并通过3D全息影像技术制作视频进行了事件还原展播。与此同时，还陈列出大地震中矿工遇难人数、震后矿场现状及后期复工、"抗震煤"、复建等情况。随着亲历者的消亡，集体记忆中以身体为媒介的记忆逐渐消失。伴随着物质和精神文化产品的丰富，第二代、第三代乃至第四代唐山人对于大地震的交往记忆逐步锐减，震灾记忆将越来越依赖于博物馆、纪念碑、文学作品、影视作品等外化的记忆媒介。

---

[1] 数据来源：陡河电厂工地遇难者纪念碑碑文记载，现场考察时间：2021年5月13日。

绪论

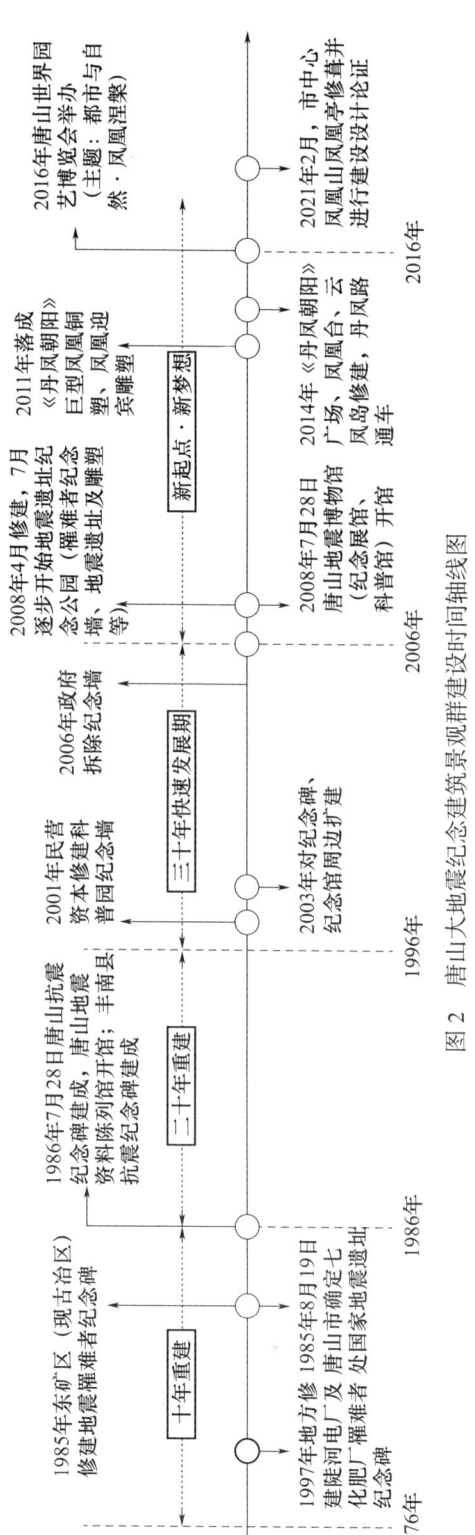

图 2 唐山大地震纪念建筑景观群建设时间轴线图

作者根据《唐山大事记》《唐山年鉴》整理绘制

007

二、研究综述

（一）传播学视域下的建筑物媒介研究

在《旧唐书·张行成传》中有言："观古今用人，必因媒介。"这是我国汉语中第一次将"媒"与"介"关联的描述，意思是想要让某人被我所用，必须有我和他两者之间发生的人或事作为沟通或交流的中介（胡正荣、周亭，2017）。东汉许慎在《说文解字》中说到："履也。所以事神致福也。从示从豊，豊亦聲。"表示"礼"即仪式是作为通天的媒介（李正柏、王路，2019）。而在商周时期，礼器作为承载权力的中介，青铜鼎作为媒介，代表着权力观念的彰显。从古代走向现代，社会环境的变化会对古代器物碑刻与建筑媒介产生直接作用，这种因社会环境所引起的媒介功能转变，我们从"媒介环境学派"的媒介本质中得到了更多的解释。

1. 作为媒介的建筑相关理论研究

20世纪40年代，媒介环境学派产生了诸多媒介研究的代表人物与重要观点。如哈罗德·伊尼斯（Harold Innis）"媒介偏向"；马歇尔·麦克卢汉（Marshall McLuhan）"媒介即讯息""媒介即人的延伸"；尼尔·波兹曼（Neil Postman）"媒介即隐喻"；保罗·莱文森（Paul Levinso）"媒介进化论"等学术观点或理论先后诞生，将媒介提升到了物质性本体的地位。一切人类借以作用于社会和自然的中介物，都可以视为媒介。麦克卢汉在论述建筑的媒介特征时指出，建筑的住房与人的衣服一般，是人体功能的延伸，"其所以是传播媒介，是因为它们塑造并重新安排了人的组合模式和社区模式"（马歇尔·麦克卢汉，1992）。他认为，"桥梁是一个隐喻，是力量共鸣涡流的延伸。"麦克卢汉关于"媒介是人的延伸"的说法，更加注重语言、媒介对主体间内在经验的转换、外化作用，对个人经验的社会化、公式化实践（王春晓，2020）。麦克卢汉提出媒介改变着主体感知结构与认知方式，认为媒介对主体认识活动的介入和发展，能建构和改变感官在认知活动中的编配方式、认知方式，而建筑媒介也在其包含范围之内。这也促使在传播学领域，建筑成为具有媒体作用的"类大众媒介"。

建筑物自被修建之日起就拥有传播媒介的功能，其空间范围内举行的活动同样可以被视为一种传播行为，建筑不仅为人类提供了生存活动空间和情感审美外，还成为人类沟通交流的中介纽带。早在公元前1世纪后期，从古罗马时代建筑师马可·维特鲁威（Marcus Vitruvius Pollio）的著作《建筑十书》开始，建筑与媒介（媒体）之间就建构起一种密切的联系，尤其是在西方文艺复兴后期，建筑除了作为传播信息的媒介之外，也加强了大众媒体与建筑文化之间的情感互动与信息交合（潘飞，2013）。建筑媒介作为文化的一种物化形式，是非语言符号和信息的载体，它与报纸、广播、新媒体等大众媒介类似，属于"类大众媒介"。其在联系人与人之间的关系，建构社会思想与记忆方面同样遵循大众媒介的部分规律。作为媒介的建筑和其他媒介物一样，会对人产生影响，就如英国前首相丘吉尔（W.L.S Churchill）所言，"我们建造了房屋，房屋也塑造了我们（We build the building,and the building build us.）。"

2. 建筑物媒介传播视角的理论发展

伴随传播学理论框架的成熟，传播学者逐渐将视野放宽，开始向建筑学领域渗透。20世纪60年代，在西方符号学浪潮的助澜下，传播学与建筑学交叉的研究开始崭露头角。德国现代著名美学家马克斯·本泽（Marx Benz）的符号与设计理论；意大利著名符号学家恩伯托·埃科（Umberto Eco）的建筑学大众传播观点；美国建筑理论学家阿摩斯·拉普卜特（Amos Rapoport）建筑环境意义与交流；西方环境美学派创始之一、加拿大学者艾伦·卡尔松（Allen Carlson）提出"建筑的生态学方法"，将建筑置入日常生活中进行研究，强调建筑在日常生活中的信息传递作用（艾伦·卡尔松，2012）。

马科斯·本泽在建筑符号与设计领域，试图将设计对象作为一个可构筑和操作的对象加以规定，将广义的符号学、传播学、信息学等学科方法加以研究，从而把世界中事物发生的过程归为物理过程与传播过程。意大利著名符号学家恩伯托·埃科（Umberto Eco）在1968年提出，建筑作为一种传播方式直接面向群众，比起大众传播方式更富有信息性（G·勃罗德彭特，1991）。埃科对建筑的传受关系做了明确认知，即设计者与受众之间的传播关系。他认为建筑作为信息的"书写媒介"，其"表达"一般针对大众的需求，从人们接受的前提出发，在此情感的基础上建立受众周知的或是易接受的"信息/论点"，从而实现一种心理上的说服与引导。我们生活中的建筑具有复杂性、模糊性的信息表征能力，同时也具有流通性的特征，与大众媒体媒介相比不容易把握（Scolari Carlos，2009）。埃科认为人、媒介、社会和自然四者之间相互联系且相互影响，通过物质交换、能量流动和信息交流可以组成一个庞大的"媒介生态系统"。艾伦·卡尔松的主张与埃科一脉相承，他借鉴自然生态学的研究，提出"建筑的生态学方法"，即把建筑媒介放入人类生态系统中进行研究，认为建筑并非艺术的类似物，而是人类生态系统的有机部分（Schwartz David，2020）。

美国建筑理论学家阿摩斯·拉普卜特明确提出建筑作为媒介，其使用者的意义与设计者的意义存在差别，这也使得传受者之间符号贮备系统存在差异。拉普卜特认为建筑环境是传播者与受传者之间沟通交流的主要渠道之一，并归纳出交流过程中的七要素：发送者、接收者、渠道、信息形式、文化代码、主题、脉络或景象，强调传受者的感受以及建筑环境对受众的日常影响。建筑作为一种传播方式，是一种"类大众传播"媒介，将信息书写至建筑物之上，能够进行时空范围内的传播。

媒介与传播地理学代表人物保罗·亚当斯（Paul Adams）为了更加明确地将建筑和人文地理与传播学结合起来，借助乔治·列维尔（George Revill's）的"声音弧"概念，将概念的范围扩展到传播弧："一种通过各种方式将一个有利位置连接到另一个有利位置的动态轨迹。"它是整合与解码的混合体，形成了自己的空间、地点和时间，整合了具体表现、多种感官形态、时间性、缺席和过渡等要素。传播弧的概念使人们能够发现许多连接建筑研究和地理人文学科的线索，同时加深对媒体和传播的地理理解（Adams，2018）。琼·艾弗森·纳索尔（Nassauer）提出建筑景观的"关怀暗示"概念。他指出建筑作为媒介的作用，认为建筑影响人们的日常生活与感知，社会关系与设计想象是维持景观可持续传播的主要动力（Nassauer，2017）。我国学者周正楠则是首次将建筑学与传播学进行了交叉学科的研究尝试，把建筑设计过程看作一个完整的传播过程。他以传播学和信息论的方法分析建筑作为媒介自身既有的信息内容，提出"城市信息带"和"附着信息密度"的概念（吴文虎，2004）。根据已有研究，传播学在建筑方向的研究主要分为三大类别。

第一类研究主要关注建筑设计的传播效果。韩凝玉和张哲以传播学知识沟理论为视角，对城市建筑传播者与受众群进行了分析，指出建筑物设计者（传者）与受众之间应注意"知识沟"的平衡性。王丽在基于文化差异与同质化的基础上，融入赖特的"四功能说"，结合大众传播对城市建筑设计提出了"传播融合"的城市景观设计概念。

第二类研究主要关注建筑为媒介的传播价值与政治、经济效益。胡安·诺格对建筑物的当代价值与其文化的商品化、身份建构、象征的诱导性进行了分析，基于传播学理论与人文地理学相融合提出建筑物作为景观的传播概念，以促进地理、景观、情感和交流等变量的平衡，维持建筑空间情感化的稳定与价值（Nogue Joan，2011）。李凌达将城市建筑具体化，探究报刊亭在城市发展中被赋权的文化符号及城市空间的权力争夺。

第三类研究主要关注建筑作为媒介本身对于人类的情感沟通和交流。玛利亚·阿蒂克将土耳其35个人物建筑作为研究对象，对其审美、文化、表征、情感等变量进行分析，探究人物与建筑之间的交流，指出建筑作为媒介与受众形成一个信息交流的主客体，建筑物景观的视觉结构形式对于空间构成与情感勾连具有映射作用（Atik，2016）。阿拉贡·拉罗琳娜将环保建筑作为环境和媒介，来可视化气候环境的变化，认为建筑作为媒介具有可访问性和特定地点的品质（Aragon Carolina，2019）。周海燕将纪念建筑具体化，视博物馆及其空间实践为媒介，探究博物馆对受众的时光连接转向及代际记忆，认为博物馆陈列空间将转变为互动空间，在"观展/表演"中博物馆促使记忆的代际不再沿袭世代的路径，而出现记忆的反向唤起和连接（周海燕、吴晓宁，2019）。格雷格·迪金森将城市的建筑、桥梁均视为交流媒介，具有交流性和符号化的作用，它们塑造、制约以及调节人类的日常生活（Dickinson Greg，2016）。李红涛和黄顺铭在《记忆的纹理》中，论述侵华日军南京大屠杀遇难同胞纪念馆作为纪念建筑对于灾难的空间叙述与记录，指出创伤建筑物对于受众的记忆具有承携与稳固的作用（李红涛、黄顺明，2017）。皮特罗尼突破建筑媒介，受数字文化影响，对建筑物的虚拟重建进行了论述，以虚拟建筑（博物馆）作为媒介，认为受众在情感认知、自我认同方面与物质化建筑物具有正相关的效应（Pietroni E，2017）。

（二）建筑作为媒介的记忆研究

20世纪30年代，记忆是社会科学领域新兴研究主题之一，其突破了心理学束缚，认为记忆属于个体的心理感官行为和一种集体社会行为，属于群体间交往的过程与结果。在这个交往过程中，群体交往与群体意识是集体记忆得以传承的基础。哈布瓦赫认为集体记忆不是一个固定、特定的概念，而是一个不断被社会建构的概念（莫里斯·哈布瓦赫，2002）。扬·阿斯曼在继承哈布瓦赫集体记忆基础上提出了文化记忆理论，认为文化记忆是"关于一个社会全部知识的概念"。

本书梳理文化记忆研究脉络与建筑关系（因前期文献阅读中，"建筑"多以具体化建筑形式出现，如纪念碑、纪念馆、街道等，故无法使用"建筑"与"记忆"复合检索模式。退而求其次，选择"文化记忆"相关研究的文献采集，从中划分及筛选与"建筑媒介"相关的已有研究），借助数据知识图谱可视化软件 Cite Space5.7，采用文献计量学和知识图谱等分析方法，展现"文化记忆"研究的发展进程与结构关系，从而更好地探究建筑与记忆研究之间的勾连。

中文选择中国学术期刊出版总库（CNKI）采集数据样本，因知网文章水平参差不齐，为更加客观、科学及严谨地描述"文化记忆"研究，故选取南大核心（CSSCI）及南大核心扩展版（CSSCI 扩）来源期刊进行检索。使用专业检索，设置算法语句关键词（KY）=「文化记忆」或「交往记忆」或「集体记忆」，检索跨度为1998—2021年，共得检索结果837条（对论文数据进行清洗，删除征稿通知、无关联论文，有效数据为828篇）；外文选择被 Web of Science 收录的关于"文化记忆"的相关英文文献，设置算法语句"TS=（collective memory OR Communicative memory OR Cultural memory）AND SU=（Arts & Humanities OR Social Sciences）"时间跨度为1998—2021年，检索结果为1459条（对论文数据进行清洗，删除征稿通知、无关联论文，有效数据为1435篇），数据检索截止时间为2021年12月。

1. 国外研究

19世纪20年代，英国心理学家弗雷德里克·查尔斯·巴特利特（Frederic Charles Bartlett）在《回忆：实验与社会心理学研究》中首先对记忆的社会属性进行了分析。哈布瓦赫受到其老师亨利·柏格森高度个人主义哲学的影响，柏格森认为记忆是过去与现在的桥梁，时间因为记忆的存在而变成一个相对的概念，他主张个体主义，而反对主观主义（Henri Bergson，2018）。除了柏格森的无形影响外，爱弥尔·涂尔干（Emile Durkheim）对于哈布瓦赫的影响也不言而喻，哈布瓦赫继承了涂尔干的宗教"集体欢腾"与"集体意识"思想，展现社会中共享的道德与情感观念（Émile Durkheim，2008），认为记忆的本质属于社会范畴。从而推翻了柏格森关于记忆是个人感知流的相关观点，认为记忆是一种社会行为，在哈布瓦赫的"集体记忆"中得到了更加深刻的扩展。但无论后期哈布瓦赫如何高举集体心理学或社会心理学的大旗，我们依旧可以发现他还是无法脱离个体研究的痕迹。

在哈布瓦赫集体记忆的概念中，地方（Space）与集体记忆有着至关重要的牵连，他在《The Collective Memory》"Space and the Collective Memory"章节中开篇引用奥古斯特·孔德（Auguste Comte）的"精神平衡"概念，认为我们记忆的稳定性主要来源于我们日常接触到的实物，所处周边的环境对象为我们提供了稳定的图像与想象（Maurice Halbwachs，1980）。从而可见，在集体记忆理论概念提出的那一刻，物／地方、纪念建筑与记忆便产生了复杂的交织关系。

通过图3我们可以发现，在记忆相关文献的作者共被引分析中，主要核心人员有哈布瓦赫、诺拉、阿莱达·阿斯曼、扬·阿斯曼、康纳顿、本杰明、福柯、弗兰西斯等。20世纪20年代初，哈布瓦赫提出集体记忆理论概念，德国知名艺术史学家阿拜·瓦尔堡（Abby Warburg）根据艺术史学视角提出"文化记忆"的概念，并提出文化符号对记忆的关联效应，同时他也是学界最早关注媒介与集体记忆相关的学者，其对数十载后阿斯曼夫妇的文化记忆理论提供了坚实的基础。不过，集体记忆理论概念提出之后，集体记忆并未引起当时学界的强烈响应。

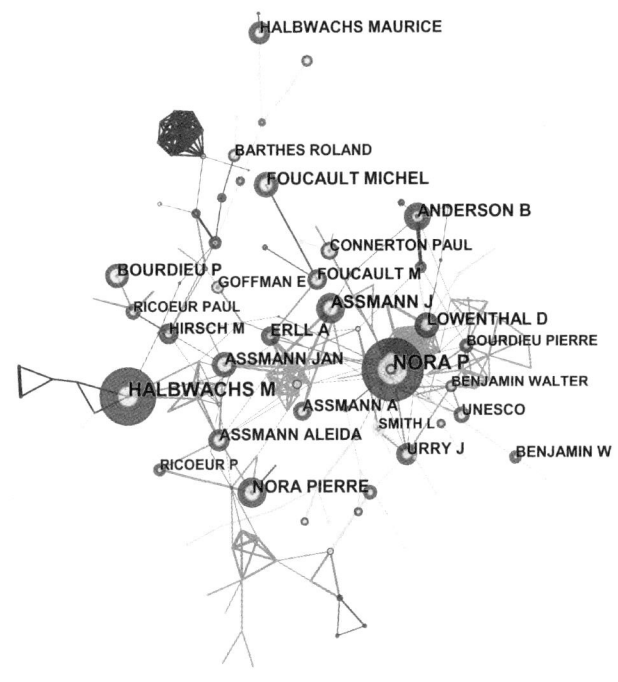

图3　文化记忆研究作者共被引分析图（见图版Ⅰ-1）

直至20世纪70年代左右，集体记忆才被人文社会科学纳入研究范畴，以集体记忆为研究视角，迅速成为口述史、社会学、人类学及新闻传播学研究的兴趣课题（陈振华，2016）。1966年，英国著名历史学家弗郎西丝·叶芝（Frances A.Yates）在其出版的《记忆的艺术》（又名：记忆术）详细地梳理了西方古老记忆的神话传说和发展脉络，在记忆理论发展史上具有承上启下的功能，对再次理解哈布瓦赫的集体记忆理论概念和发展有着重要的作用（弗朗西丝·叶芝，2018）。他概要地指出了"场景的建构""图像"对集体记忆（交往记忆）形成及储存的重要意义，有利于后人对哈布瓦赫"记忆的社会框架""记忆形象"等概念的深刻理解。扬·阿斯曼和阿莱达·阿斯曼夫妇在集体记忆的基础上深化出交往记忆概念与文化记忆理论，认为交往记忆中的口头性在传承中发挥着重要作用（扬·阿斯曼，2015）。弗里德里希·尼采（Friedrich Wilhelm Nietzsche）提出"我思，故我在"及其在《道德谱系》中提出"意志记忆"，认为这种记忆中写入的不全是生平的经验，而是充斥着一种文化文字，这种文字直接地、不灭地写入人的身体。他认为身体的痛苦来源于记忆，记忆是维持并持续的主要辅助工具（尼采，2020）。

在文化记忆的阐述中，记忆的承携主要依靠固定下来的客观外化物（Feste Objektivationen），如文字、图像、遗迹、符号建筑等（扬·阿斯曼，2015）。在阿莱达·阿斯曼的《回忆空间》中对媒介与记忆的关系进行了研究，佐证了二者之间密切关系。博物馆作为建筑媒介，使用软聚焦（Soft Focus）及隐喻的方式将记忆传播给参观者。阿莱达·阿斯曼认为城市的建筑不能整齐划一，应当保存其历史的参差不齐。因为建筑物作为记忆的承载者，具有历史记忆的表征，唯有如此，矛盾的历史场景才可能被保留下来，展现在世人面前（阿莱达·阿斯曼，2017）。美国学者保罗·康纳顿（Paul Connerton）对个人记忆、认知记忆以及社会习惯记忆进行了划分，其《社会如何记忆》回答了"集体记忆是如何传播与保存"的问题。集体记忆不再是一个集体中个体的集合，而是隶属于某一特定的社会阶段的群体记忆的集合。康纳顿在身体作为记忆的实践中，较哈布瓦赫和阿斯曼夫妇的观念更进一步，指出纪念仪式在重演过去，包括重新体验和模拟当时的情景或境遇（保罗·康纳顿，2000）。例如，在语言仪式说服方面，这样的重演很大程度上依赖于身体，他认为"体化实践"在特定的仪式操演中为受众提供了身体的助记方法。

同一时期，法国历史学家皮埃尔·诺拉（Pierre Nora）出版了其经典著作《记忆之场》，认为法兰西的文化记忆、民族认同和归属感正是这些"记忆之场"的建构效果。诺拉所描述的"记忆之场"并不仅仅是纪念建筑物，作为媒介的"纪念之场"既包含偏重"非物质"性的历史叙事及文化表征，也包含了文化地理层面的六角形建筑、凡尔赛宫等记忆的残留物（埃尔·诺拉，2020）。诺拉暗示记忆在身体中存活的可能性，并通过反历史叙事的方式预防记忆的偏离（Legg Stephen，2005）。随后人类学、社会学、传播学、历史学等学科对于集体记忆研究的探讨增多，但是不论从任何范式、学科、角度出发，建筑物、身体媒介都是其研究的基础之一，如图4。

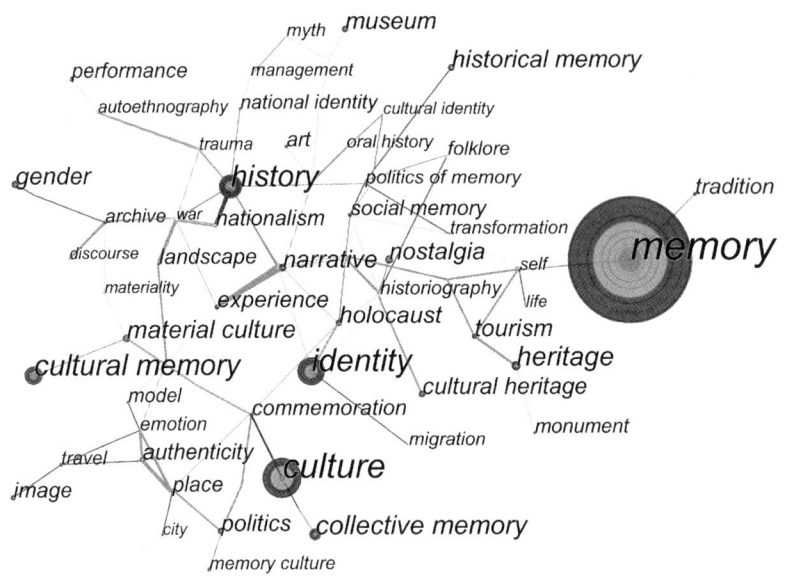

图 4　文化记忆研究关键词共现分析图（见图版Ⅰ-2）

在外文关键词共现分析中我们可以发现，文化记忆研究主要集中在"记忆""历史""文化"外，"身份""博物馆""景观""旅游""物质文化""地方"等领域。在20世纪末，文化记忆研究主要集中在创伤性记忆、灾难记忆及战争记忆的群体性研究（Frie Roger，2019）。马尔库塞（Herbert Marcuse）在研究犹太大屠杀集体记忆时指出，到20世纪80年代初，"大屠杀"才表示纳粹系统灭绝所有犹太人的计划。到21世纪初，它已扩展到包括消灭或消灭其他群体的纳粹计划（如南京大屠杀）。其解析了犹太大屠杀纪念初期三座纪念碑代表性意义、功能及建构模式，发现纪念碑的竞赛已经突破了大屠杀纪念性的功能，新的纪念记忆与文化思想穿越了东西方冲突的政治分歧（Marcuse Harold，2010）。也就是说，犹太大屠杀纪念碑与纪念馆，随着时间的流逝，其纪念的记忆与文化记忆一直被建构和改变，以符合国际环境的变化需求。

1993年詹姆斯·杨（Janes E.Young）的"记忆的纹理：大屠杀纪念馆和意义"促使"大屠杀"记忆成为研究的显学，他首先关注德国、奥地利和波兰纪念馆选定的地点，这些是大屠杀的主要发生国家，然后是以色列和美国的纪念碑，他认为犹太大屠杀纪念馆是对过去记忆的证据及记忆的承携（阿斯特莉特·埃尔，2021）。美国学者佛里·罗杰（Frie Roger）通过对大屠杀后第二代及第三代德国人进行了调查发现，情感记忆建筑物的变化对于个人记忆、集体记忆以及自传记忆具有一定的建构作用（Frie Roger，2014）。除了对纪念碑、纪念馆这种专业纪念建筑的研究外，巴西学者西瓦莱·莱昂纳多（Civale Leonardo）对城市建筑物的再造、修复和空间位置对城市文化记忆的影响进行了分析，阐释了资本、空间及权力在建筑物的符号维度设置和位置空间选取中具有主要话语权，并认为城市建筑应该由文化记忆和文化历史进行配置（Civale Leonardo，2017）。从20世纪30年代集体记忆提出，到文化记忆的进一步发展之时，它们与博物馆、纪念碑、纪念储存物质就有千丝万缕的关系，随着其他学科的交叉研究，记忆与建筑媒介的研究可谓是方兴未艾。

从图5我们可以看出，前20年中的突现词分别为"文化""纪念仪式""知识/学识""种族""民族志""传播""战争""民族志""殖民主义""物质性""博物馆""交往""民俗""生活""经验""记忆文化""规模""旅行""城市""文化记忆"。其中我们不难发现，"纪念仪式""传播""物质性""博物馆""城市"等突现词语与纪念建筑物媒介存在交叉。"城市""生活""文化记忆"是近年研究的热题。侯赛因·法特迈尔扎赫拉（Hussein Fatmaelzahraa）认为人类寻求幸福的一个关键因素是在我们生活的建筑中获得一种认同感和归属感。城市中的建筑物不应仅仅被理解为可见的环境，还应该体验赋予它的情感价值，以及我们如何在头脑中塑造它（Hussein.F，2020）。文化建筑物的内在反映可构成文化档案的一部分，特别是在文化记忆的建构和传承世代方面。

Keywords	Year	Strength	Begin	End	1998 - 2021
culture	1998	3.5955	2000	2004	
commemoration	1998	2.2707	2000	2009	
knowledge	1998	2.5552	2004	2009	
race	1998	2.9159	2006	2011	
autoethnography	1998	2.4726	2006	2011	
communication	1998	2.6261	2007	2009	
war	1998	2.5387	2011	2016	
cultural heritage	1998	3.3989	2013	2015	
colonialism	1998	2.3336	2016	2017	
materiality	1998	3.0453	2016	2017	
museum	1998	3.1221	2016	2017	
management	1998	2.1084	2017	2018	
folklore	1998	2.1179	2017	2018	
life	1998	2.4675	2018	2021	
experience	1998	2.3221	2018	2019	
memory culture	1998	4.059	2018	2019	
scale	1998	2.3691	2018	2019	
travel	1998	4.6629	2019	2021	
city	1998	3.3828	2019	2021	
culture of memory	1998	2.109	2019	2021	

图5 文化记忆研究突现词分析图（见图版Ⅰ-3）

城市中的纪念碑、纪念广场、纪念馆作为城市中的建筑物，是一座城市中公共艺术的一部分，丰富了城市的公共空间及日常生活（Cudny.W，2019）。这些建筑物提供着艺术、纪念、政治、社会、宗教、经济以及混合的城市功能。城市中的建筑物媒介变迁，代表着社会关系、权力、思想、身份及反映空间结构中记忆的建构与发展。纪念建筑的空间位置与其自身附属的符号表征存在着竞争与拉扯关系，因建筑物各自对历史、文化、记忆的解释与意义阐释不同，纪念空间的物质、象征与意义在建筑物叙事中存在着隐性的竞争（Evans.JJ，2021）。建筑物作为城市符号及媒介，在城市的象征层面既可以是政治权力的工具，抵制新自由主义全球形象的挑战，也可以是一座城市或地方的精神符号（Mourtada.R，2019）。显然，文化记忆研究随着时间的推移及学科的交叉，逐步从幕后走到台前。建筑物媒介作为城市的符号象征，成为民众日常生活空间中无法规避的视觉区域。即使在数字媒体、移动智能媒体时代，建筑物媒介对于记忆、文化、思想的承携功能也一直存在。

2. 国内研究

同国外建筑物与记忆的研究相比，国内建筑物与记忆的研究则起步较晚，缺乏系统性的全面梳理。我国的建筑研究最早兴起于文化建筑物，具有鲜明的历史特征及时空过程（吴必虎、刘筱娟，2004）。集体记忆理论概念属于西方的舶来品，我国学者从21世纪初才开始涉及集体记忆相关的研究，前期主要是以翻译、文献综述、书评为主（李兴军，2009）。伴随文化记忆相关翻译书籍、理论海外引入、学术交流等，人文地理学、传播学、社会学等国内诸多学科开始与文化记忆产生交集。

通过图6我们可以发现，集体记忆与文化记忆是我国学者记忆研究的主要内容。通过中外记忆研究的关键词共现对比，我国在记忆研究方面更加侧重于文化、认同、社会建构、历史记忆，其中集体性灾难事件以"南京大屠杀"最为突出。

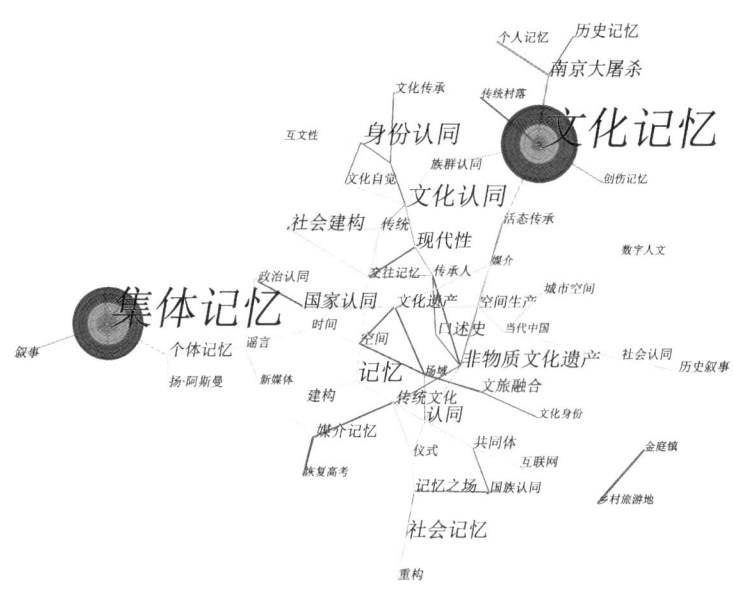

图6　文化记忆研究关键词共现分析图（见图版Ⅰ-4）

在文化传承方面，城市是文化传承的主要载体之一，城市建筑、街道等环境因素和形式往往通过独特的符号表征和组合方式转化成一个地点、地方甚至一座城市的历史，这些记忆表征符号与个人、集体记忆通过时空交织形成"记忆之场"。宋厚鹏以海洋博物馆为建筑媒介，认为其具有双重视觉传播特性展现海洋文化。通过展品陈列、情景塑造和参与设计方式，实现公众对于海洋知识和文化记忆的保存与再生产。博物馆选用真实的历史来塑造知识型表征，并发挥技术优势，以适应特定知识视觉性的体验型表征，从而使文化记忆得以在当代博物馆被成功建构和传承（宋厚鹏，2021）。周玮和黄震方以南京夫子庙街区为个案，认为城市中的建筑街巷是民众日常生活空间的重要组成部分，具有特定的文化历史内涵与精神象征（周玮、黄震方，2016）。文化建筑对于文化的承携作用是毋庸置疑的，无论是世界七大奇迹之一的"长城"，还是令全球瞩目并为之震惊的"秦始皇兵马俑"，乃至新中国成立后人民广场上屹立的中国人民英雄纪念碑都可被视为一个地方、城市、国家的文化符号，其承载着一个时期的历史与文化。

在历史记忆及记忆建构方面，纪念建筑物具有良好的叙事能力及艺术展演能力。殷双喜在《永恒的象征：人民英雄纪念碑》中认为，纪念碑可彰显世界各个民族所具有的某些共同的精神价值与社会功能，而人民英雄纪念碑是天安门广场艺术综合体的一部分，具有时代特色和民族气派的形象，潜移默化地发挥着社会教育、历史传承及文化审美功能（殷双喜，2006）。纪念建筑物不仅具有政治、民族的文化特征，其对于城市记忆的发展也至关重要。刘祎绯等从城市意象角度出发，利用认知地图，探究不同人群对于拉萨历史建筑的空间认知，认为不同来萨人群的集体记忆受历史文化建筑影响（刘祎绯、周娅茜、郭卓君，2018）。孔翔和卓方勇以徽州呈坎古村为个案进行研究，认为地方性文化建筑对建构集体记忆发挥了重要作用，受众接触文化建筑物的方式不同，建构出的集体记忆也存在差别。本地民众更重视建筑物的历史与真实，游客对于集体记忆的建构多来自于文化建筑和导游解说（孔翔、卓方勇，2017）。伴随数字新媒体与社会的高速发展，当代社会传统的口述叙事或口头记忆日渐萎靡，旅游、观光产业迅速崛起，建筑物逐步承担起讲述传说、传承传说价值的叙事功能。余红艳以中国知名神话故事"白蛇传"和杭州知名文化建筑"雷峰塔"为分析对象，认为在"白蛇传"传说中，传说人物"法海"逐渐转化为视觉建筑"法海洞"，并重构法海正面形象（余红艳，2014）。从文化分层、地方精神和建筑物叙事三个方面构建历史城镇景观的可读性框架，从而判断建筑物的文化传承、精神升华和历史承携能力。

在文化认同方面，城市建筑物的文化符号及表征会影响受众的认知，从而唤起受众的共同记忆和文化认同。文化建筑物作为少数民族旅游资源，民族聚集地中传统部落或村寨的文化景观是本土文化知识的外化产物、精神积淀及文化沿袭（齐君、唐雪琼，2020）。其作为媒介对于地方文化和精神传承，具有"眼见为实"与"沉浸体验"式的传播作用。高莉莎和马翀炜以昆明"品字三坊"为例，探究了城市人文建筑和族群融合之间的关系，认为体现国家情怀和民族融合的城市文化，既可以彰显城市民族历史的厚重与城市的特有精神，又可以帮助城市多民族融合与认同（高莉莎、马翀炜，2021）。正如袁振杰所言，旅行的体验中，建筑物在其旅途中具有叙事的作用，其与游客最直接的具身性过程在交往中得以展现。游客在地方性文化建筑中的沉浸式体验，促成理解旅游区域人地关系、地方场域与文化风俗的关键要素（袁振杰、马凌，2020）。陆邵明从建筑物的叙事能力解读景观对文化的延续与认同的作用，认为建筑物景观叙事具备将地方中关于时间、事件、经验、记忆等隐性信息诠释（Interpret）呈现出来，从而稳固主、客体之间的关系，形成地方感与地方依恋（陆邵明，2018）。

在南京大屠杀纪念建筑物研究方面，战争给人类带来的灾难和伤痛无法用数字与言语来形容，文化创伤性建筑物就是对过去记忆的最好载体，南京大屠杀是中华民族不可磨灭的伤痛，其纪念馆则是世代记忆及文化记忆的承携之一。南京大屠杀纪念馆属于我国战争灾难背景下的文化创伤建筑。黄顺铭就南京大屠杀纪念馆中以"场所作为集群"为理论视角，认为微观集群中的数字标识具有物质性、空间界定与区隔等功能，"数字标识"在其场域中可产生出相对性的隐喻及话语机制，从而提高纪念馆的叙事能力（黄顺铭，2017）。李红涛和黄顺铭在《记忆的纹理》一书对"数字标识"再次进行了论述，认为其不同程度地参与了南京大屠杀纪念馆的空间界定和区隔，进一步夯实作为记忆之所的意义体系（李红涛、黄顺明，2017）。除了数字标识作为南京大屠杀纪念馆的主要叙事区域外，张建军将南京大屠杀纪念馆作为建筑媒介，认为其具有强大的叙事和展演能力，其在奠定南京大屠杀历史叙事框架的基础上，同样具备爱国主义教育和南京和平城市建设宣传的作用。许捷认为南京大屠杀纪念馆突破了单纯的记忆的物质性保存，通过对战争记忆伤痛的博物馆化，成为群体记忆的中心。作为创伤性建筑物媒介，博物馆内部可以引导群体认同，外部建立情感勾连，从而发挥弥合社会裂痕的功能（许捷，2019）。作为城市创伤性建筑，伤痛记忆博物馆保存与展示的是人类文明的创伤事件及由此形成的社会记忆。

国内建筑物与文化记忆相关的研究从20世纪末开始逐步受到关注，我国集体记忆研究所涉及的学科主要包含人类学、社会学、人文地理、传播学等，并先后经历了文化记忆、集体记忆、文化认同、身份认同及文旅融合的大致发展方向。

在图7中，2003年前后，集体记忆研究中"想象""叙事"与"社会建构"领域逐步得到深化发展。在集体记忆的社会建构研究中，"象征""文化遗产""建构""现代性"成为其后续发展的主要分支。与国外相比，我国从纪念建筑物出发对记忆的研究相对薄弱，直到2008年后开始出现交叉学科融合，研究呈现快速发展的态势，出现"象征""空间生产""记忆之场""场域""文旅融合"等涉及建筑物的记忆研究。

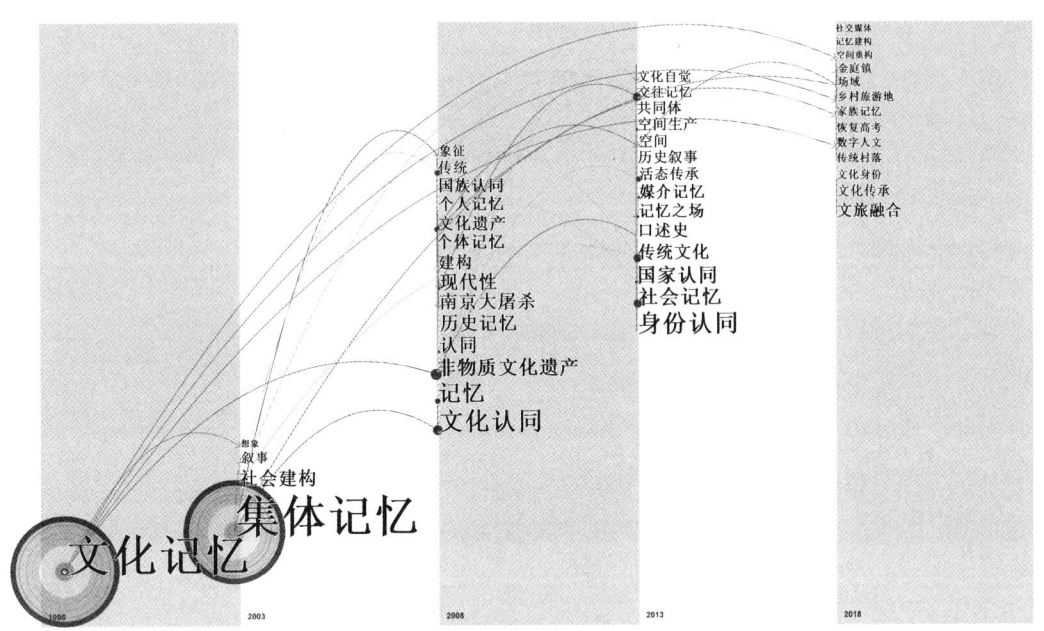

图 7 文化记忆研究时区共现图（见图版 I-5）

纵观中、外记忆与建筑物媒介研究我们不难发现，建筑作为文化记忆的物质形式承载主体，对于记忆延续具有不容小觑的作用。建筑对于记忆的叙事功能随着时代的变迁、权力的更迭、资本的介入而发生着变化（Lorraine Ryan，2010）。纪念建筑物的空间生产、叙事或者象征对于其探访者当时的个体记忆均有补充说明作用（阮怡，2018）。无论是国外以犹太大屠杀纪念馆为景观媒介的空间叙事（Astrid Erll，2008）、对柏林罗森塔勒街犹太大屠杀纪念碑的附属意图及批判性反思的关联叙事（Rollemberg.D，2021）、对越南战争纪念墙的反战记忆叙事（Piehler.GK，2020），还是国内南京大屠杀纪念馆为承载的民族伤痛记忆（李红涛、黄顺铭，2017）和唐山抗震纪念馆抗震精神叙事（杨光，2018），都是建筑物的外在物质表现形式及外部环境符号系统对审美主体的精神建构（安琪，2019）。建筑物对记忆具有承载与建构作用是学术界毋庸置疑的理论观点，国内外对于文化景观（纪念馆、纪念碑、纪念墙、雕塑等）对于记忆的研究个案不胜枚举。受到时间的冲刷，集体记忆不是一成不变的，集体记忆呈现出流动建构的状态。在这种建构流动的过程中，建筑作为媒介在其中的空间生产、象征叙事、记忆作用值得我们进一步的思考。

（三）唐山震灾记忆与纪念建筑物媒介

"天灾""人祸"是人类历史上不断上演的悲剧，而这些悲剧过后的经验总结、科学启示与人类反思则是预防未来悲剧再次发生的主要环节。纪念馆、纪念遗址、纪念碑、纪念墙等纪念建筑物既是对逝者的悼念，又起到记忆承携及灾难的警示作用。震后唐山市委、市政府根据中央及省委批示在唐山地震原址上进行"重建"。1983年8月19日，唐山市人民政府发出《关于保护地震遗迹问题的通知》，规定了唐山十中、吉祥路口、唐柏路食品公司、唐山矿冶学院图书馆、唐山机车车辆工厂、唐钢俱乐部、唐山陶瓷办公楼等7处遗迹为国家重点保护项目，这也是唐山市首次对部分具有代表性的地震遗址进行保护（唐山市档案馆，2019）。

1985年4月9日，中共中央总书记胡耀邦为即将修建的唐山抗震纪念碑题写碑铭"唐山抗震纪念碑"。1986年6月28日，河北省委、省政府在唐山抗震纪念碑广场举行了唐山抗震十周年大会，中共中央政治局常委、书记处书记、国务院副总理万里，省委书记邢崇智，省长解峰等领导参加（李树滋、张树田，1986）。这也是唐山地震后第一座位于唐山市市中心的大地震国家纪念建筑物媒介。从此唐山抗震纪念碑广场成为唐山市民"7·28"悼念死去亲人的重要场地。同时也是国家或地方领导、驻华使馆及访华人员、外地游客前来纪念的重要场所，成为唐山市地标性建筑之一。程才实认为唐山抗震纪念碑对于唐山人民既是灾难的记忆也是震后抗震精神的彰显，同时更是对支援唐山抗震的全国各地的英雄永远的怀念与感恩（程才实，2001）。季庆凤在个人记忆的基础上认为纪念碑是文化记忆的承载者，是对抗震精神最好的精神外化形式之一（季庆凤，1996）。郑超和解基程从建筑景观的公共人文艺术角度出发，对唐山大地震纪念碑进行了分析，认为其在城市公共空间中体现了合理的结构布局，在具有纪念性空间想象的同时，为城市提供了极富内涵的文化符号（郑超、解基程，2012）。

抗震纪念碑被设计者与权力赋予震灾集体记忆的同时，也在通过其符号外化建构记忆。胡静楠对唐山地震遗址公园、唐山矿冶学院图书馆地震遗址（现北京交通大学唐山研究院）、地震博物馆及抗震纪念碑等进行了田野分析，探究地震建筑物如何作为媒介与来访者产生纪念性质的对话。其认为纪念建筑的对话效果受特定的地区因素和周边的人文环境的影响，合理的空间布局和建筑符号外化，有利于建筑物媒介与受众之间的对话（Jinnan Hu，2019）。纪念建筑物是人类文化社会及思想进步发展的"活化石"，它们作为媒介蕴含着较强的纪念性价值。其以固定的城市空间传播方式和承载过去的记忆，是对创伤的治愈、心灵的慰藉，也同时是精神的彰显。唐山地震遗址公园作为纪念建筑群，同样需要面对意义缺失的问题。

林凯结合符号学组成、生成机制、语义体现对唐山纪念建筑物媒介进行了分析，认为中国·唐山地震遗址公园面对纪念意义提升时应注意纪念功能、空间规划的协调、纪念语义的表达合理性，关注城市历史文化延续及时空的重点把握，从而提高纪念建筑物的集体记忆传播（林凯，2016）。张晴对地震遗址公园的空间组合及记忆叙事进行研究，地震遗址公园的"情景再现"真实的地震遗迹具有历史记忆佐证作用，提升可建构记忆的真实性（张晴，2016）。胡春良对2016年唐山世界园艺博览会《丹凤朝阳》巨型青铜城市雕塑及其广场进行了分析，认为其精准地诠释了唐山市的文化渊源和精神内涵，把唐山大地震后"凤凰·涅槃"的坚强城市精神和一往无前的发展态势通过雕塑意象表现得淋漓尽致，《丹凤朝阳》广场成为唐山市的精神载体和新地标之一（胡春良，2016）。

唐山市诸多大地震相关纪念性建筑物，书写着这段历史的集体记忆。中国·唐山博物馆中"抗震钢""抗震瓷"的宣展，开滦博物馆中的"开滦抗震"展厅，滦县抗震纪念碑、东矿区大地震遇难者纪念碑等，在这座城市的各个空间角落诉说着各自所代表的那段灾难性记忆。

三、研究方法

笔者家庭祖辈生活在河北省唐山市，祖、父辈均经历了45年前那场惨不忍闻的大地震，亲友在大地震中遇难2人，受伤6人。笔者者除外出求学之外，一直生活在这座震后重建的城市，这对访谈、史料、问卷等数据采集有一定的帮助。

通过梳理西方和中国记忆研究文献，可以总结概括出4类记忆分析方法：符号和文本、口述史和民族志、比较史、定量研究方法（钱力成、琅翾翱，2015）。研究问题与理论支撑决定着研究方法的选取，本文中纪念建筑物在记忆实践这一议题上分化出若干问题，每个问题的研究需要与其相匹配的研究方法。因量化记忆的方法很可能会忽略记忆的复杂性（潘晓婷、陈莹，2021），本研究主要以质性研究方法为主，取少量量化数据作为质性研究的副证，主要采用以下方法。

（一）观察法

实地观察可以细分为局外观察和局内观察两种。局外观察（非参与观察）指观察者以旁观者的角度，不加入被观察者的群体，不参与他们的活动，进行客观的观察行为，局外观察比较客观、公允，但不够深入；局内观察（参与观察）是指参与者作为局内人参与到被观察者的活动之中，通过与被观察者共同活动从内部进行观察。通过参与观察能够得到详细的、丰富、真实的资料，不受被研究对象的能力和意愿的影响，简单易行、灵活度高，但依赖于研究者的主观判断，不易得出系统全面的结论（王颖吉，2017）。

笔者居住在唐山抗震纪念碑广场附近，故对纪念碑广场有着深刻的印象。分别在2020年12月，2021年1月、2月、3月、7月、8月进行了共计162天的实地观察。其中观察区域大致划分为唐山抗震纪念碑广场区域、中国·唐山地震遗址纪念公园区域、《丹凤朝阳》广场区域、工业博物馆群（唐山工业博物馆、开滦博物馆等）区域以及其他县区地震纪念碑区域。其中为探访唐山市辖区内关于地震的纪念建筑。笔者根据历史文献资料，在民间地震纪念物收集者的带领下，驾车和骑行共计200余公里，发现被公众"遗忘"的地方性抗震纪念碑6座，并对其周边居民做了相应访谈，以补充研究材料。2021年7月28日，是唐山大地震45周年，在7月25日至30日期间与科研协助者，分三个场地进行现场观察；本人则作为地震遗址纪念公园工作协助人员，在地震遗址公园全程参与政府领导献花、致辞与民众的私人祭奠仪式，撰写观察笔记并录制影像资料，以备后期研究使用。

（二）访谈法

巴尔泰斯（Barthes）认为，世界上任何事物皆可由封闭、沉默的存在转为有声状态，并为社会所公用，因为没有任何自然或其他法规禁止谈论事物（Barthes Roland，1972）。访谈是一项进行自我公共建设的社会技能，访谈可以探究受访者行为背后的意象与动机，通过故事叙述和解释社会行动者的经历与观点，收集其他方式无法有效收获的事物或过程信息（托马斯·R，2020）。

美国国家科学院院士伯纳德（Bernard）在《社会研究》方法中建议人类学研究的访谈样本可以在30~60人之间（Barthes Roland，1972）。马克·梅森（Mark Mason）博士在《博士研究中的样本量和饱和度使用定向访谈》中对质性研究的560篇博士论文进行了分析，其中案例研究最大样本为95，最小为1；扎根理论研究最大为87，最小为4；想象学研究最大样本为89，最小为7；生活史研究最大62，最小为1。根据盖斯特（Guest）等人提出访谈样本"6的倍数"原则（Guest.G，2000），谢爱磊，陈嘉怡的质性研究样本量与饱和建议（谢爱磊、陈嘉怡，2021），笔者围绕纪念建筑物的记忆生产实践、符号表征、记忆承载、仪式及世代记忆等话题对亲历者或未亲历者（本籍/外籍）进行了半结构访谈，主要包含地方公务人员、纪念馆/景区工作人员、纪念建筑设计者、祭奠家属、震灾亲历者（残疾）、参观者等进行访谈，共计90人。调研结束后，访谈笔记约整理160余万字，成为本研究宝贵的一手材料。

在唐山地震遗址纪念公园的观察、访谈中，对于前往地震遗址纪念公园的祭奠人群或游客进行了认知地图手绘数据的采集，运用ArcGIS10.5 Plus软件进行空间叠置、密度分析和反距离权重差值分析，其旨在运用可视化地图揭示民众对纪念建筑物空间中的纪念建筑媒介的记忆认知与影响。在手绘地图设计和大量发放前，进行了信效度测量，共发放243份，有效问卷218份，分析见文中具体章节。

（三）内容分析法

为全面、深入地理解研究对象，笔者充分查找大量相关历史文献资料，在唐山市图书馆地方文献室、唐山市档案馆搜集了大量震灾纪念建筑物相关联的地方文献资料，整合电子版约32.8万字。其中包括地方文献：《唐山大事记》（1948—1983）、《唐山大事记》（1984—1997）、《唐山大事记》（1998—2005）、《唐山大事记》(2006—2010)、《唐山大事记》(2011)、《唐山大事记》(2012)、《唐山年鉴》(2013—2020);地方研究文献《唐山震后重建的哲学思考》《凤凰吟》《唐山大地震》《唐山风骨》《凤凰火种再生》《唐山地震沉思录》《唐山地震亲历记》《唐山抗震纪念馆》《唐山四十年》等;三级党政报刊《唐山劳动日报》(1985至今)、《河北日报》(1986至今)、《人民日报》(1986至今),关于唐山大地震公开发行的历史文献研究资料;《唐山市地名志》《唐山碑刻选介》《唐山文化历史脉络》《新唐山崛起之魂》《地震专题报》《冯小刚:回眸1976纪念唐山大地震任务专访》等未公开出版发行的历史文献资料。

对《唐山劳动日报》《河北日报》《人民日报》的新闻文本进行初步阅读,以掌握本文必要信息与整体情况,方便提取抗震纪念碑广场编码要素。在NVivo12.0 Plus中,使用节点对文本进行编码,编码形成各三级节点构成从属关系,轴心式编码形式进行管理,参考点被视为每个节点的编码频次,代表每个节点在原始文本资料中出现的次数,覆盖率则是编码节点在文本中所占的比重(邓支青,2019)。为确保编码的信度与效度,在编码过程中,首先提取1986年《唐山劳动日报》文本进行了以下措施:

(1)合众对比法编码。

因文本涉及大量编码工作,容易受到研究者主观情感与认知的影响而产生编码偏差,故在系统编码前,采用多人分别编码汇总对比的方式,进行校正。

(2)内容分析信度测量。

采用内容信度分析公式:

$$R=\frac{n \times \bar{K}}{1+(n-1) \times \bar{K}}$$

相互同意度计算公式:

$$K_{12}=\frac{2M}{N_1+N_2}$$

式中,n为评判人数,$\bar{K}$为平均相互同意度;R为信度,M为两者完全同意的栏目数,N_1为第一位编码人员分析栏目数,N_2为第二编码人员分析栏目数。最后经过信度检测,本研究文本内容分析的$R=0.96$。根据霍斯提公式计算,当信度大于0.90时,可以将主编码人员的编码内容作为分析结果使用(王颖吉,2017)。

(3)饱和度检验。

饱和度检验能够对编码分析结果的严密性和解释力进行验证。本研究在前期编码时预留出5份饱和度检验文本,再进行关联式编码和新编码。利用饱和度检验文本,再进行逐个校验,发现并继续产生新的编码维度,从而表明主机编码生成的结果通过了饱和度检验。进而保证后期文本编码中其信效度较为科学、合理，可以客观展示各节点的复合关系与因果要素等。借助软件对大量"语料库"史料进行编码，依据其相对的主题进行归纳分析，厘清大众媒体话语中纪念建筑物对震灾记忆的建构形式、传播过程与内涵图式。

四、研究难点与创新点

（一）研究难点

唐山大地震部分史料及文件虽已过30年的规定年限，但是大部分文件依旧难以查阅；对于唐山抗震纪念碑广场、地震罹难者纪念墙等相关建设档案与批准文件等内容依旧无法查阅，只能选取历史档案或政府史料填补不足。

虽然大部分有关震灾记忆的问题可以通过其他方式得到解决，但依旧存在少许局限性问题的遗憾。震灾对于亲历者的伤害虽然被岁月淡化，但是在震灾中失去亲人成为"孤人"或受伤严重终身致残的民众，他们的心理创伤依旧难以修复，抗拒深入回忆震灾情景，故部分民众难以进行相关震灾记忆的深度交流。

（二）研究创新点

1. 在媒介概念及媒介研究视角方面

在以往新闻传播学的记忆研究中，诸多学者将传统媒体、新媒体视为记忆研究的主要对象。本研究结合媒介环境学主要观点，将纪念建筑物及其空间实践视为传播媒介，丰富了媒介记忆研究的考察路径。唐山震灾纪念建筑物媒介不仅可作为记忆的传播媒介，还具有"书写"与储存震灾记忆的功能，是唐山震灾记忆建构、发展的媒介标识，为灾难性记忆的媒介视角研究提供了新的思考。

2. 在文化记忆理论研究方面

哈布瓦赫和阿斯曼夫妇在记忆的时间发展问题上持相似观点，记忆是持续被建构的状态。对于集体记忆而言，45周年意味着集体记忆的第一个"门槛"，记忆面临消失的危险，原有的文化记忆形式受到挑战。到80至100年时，交往记忆将会基本消失，文化记忆的承携物将成为记忆发展的主要支撑。本研究试图回答在集体记忆的第一个时代"门槛"来临之时，纪念建筑物媒介对交往记忆和文化记忆的动态实践作用，以及第一个"门槛"来临时记忆呈现出的状态，以便为后期灾难记忆的相关研究提供借鉴。

3. 在唐山震灾记忆建构、传承与发展方面

本研究秉承记忆的建构主义观，站在"国家与社会"的历史发展角度，审视"自

然灾难记忆"的建构发展过程。灾难的底层是死亡、痛苦与创伤，需要时间的推移和心理的干预治疗才可缓解，纪念建筑物媒介对于创伤具有治愈性功能、对后期震灾记忆的发展有着建构作用，但也束缚了记忆。本研究通过分析纪念建筑对于灾难性记忆的治愈、建构、转化及演化过程，展现唐山大地震从创伤记忆到"唐山精神"再到"凤凰"文化IP符号的记忆发展过程，丰富了我国特大自然灾难记忆的相关研究，为自然灾难记忆建构与延续提供了研究参考。

4. 在震灾研究材料方面

过去关于唐山大地震的研究多以亲历者的访谈内容为主要研究资料，其中故事性史料居多，对震灾纪念建筑物的研究也多以单体纪念建筑为主。以"国家—社会"为研究视角，阶段性（周年性）纪念建筑物为研究对象，并搜集大量相关纪念建筑物媒介资料的研究较少。在本研究中，笔者实际探访唐山震灾相关纪念建筑及地震遗址30余处，访谈近百余人，这是在以往唐山震灾记忆研究及国内震灾纪念建筑媒介研究中较为少见的。本研究为今后的唐山大地震记忆及国内自然灾难记忆研究提供了详实和丰富的综合性研究史料。

第一章

理论基础和研究框架

人类社会是有了城邦才有了政治，国家的疆域最早就是指城郭周边的地区，所以政治的涵义起源就是城邦事务。在中国，伴随着国家权力中心由乡村向城市的转移，城市占据了财政和军事上的支配地位，形成了新的城市社会意识（薛洁，2021）。城市发展过程中所积淀与建构的文化记忆，促使生活在城市中的陌生人相互依存、产生包容并形成身份认同。

第一节 文化记忆理论和研究的适用性

19世纪后期，德国科学心理学对当时艺术史学家李格尔（Alois Riegl）、威廉·沃林格（Wilhelm Worringer）等产生了较为深远的影响，而哲学心理学则逐步边缘化（李洋，2020）。为此，哲学心理学以"记忆"与"无意识"对科学心理学展开了回击。"记忆"的哲学心理学研究既有艾宾浩斯（Hermann Ebbinghaus）的记忆科学，也有胡塞尔（Husserl）的现象学和亨利·柏格森（Henri Bergson）的生命哲学。哈布瓦赫作为伯格森的学生，在对个体主义立场丧失兴趣后，逐步转向涂尔干的集体主义观点（莫里斯·哈布瓦赫，2002）。

一、文化记忆理论脉络

（一）文化记忆理论源起

1925年，哈布瓦赫作为涂尔干的学生，首次将记忆概念赋予了社会学内涵，强调记忆的社会学属性（李娜，2016）。认为记忆的本质属于社会范畴，从而舍弃伯格森认为记忆是一种个人感知流的观点。哈布瓦赫认为，集体是记忆的主要来源与保障，个体只有在群体交往与互动中才有机会产生回忆（Holbwachs Maurice，1980）。康纳顿在《社会如何记忆》论著中实现了集体成为记忆的主体，他认为，群体成员私人记忆的相加并不等同于一个群体通过各种意识塑造的共同记忆（Connerton Paul，1989）。艺术史学家阿比·瓦尔堡（A.M.Warbury）以文化的物质层面为切入点，考察象征符号的图像对记忆的传承性作用。他首次提出"文化记忆"概念，并论述了"文化记忆"的基础落脚点是"如何从文化的外化物中探索其隐含的传承与变迁"（Erll A，2008）。莫里斯·哈布瓦赫、阿比·瓦尔堡和保罗·康纳顿尽管存在差异，但是他们都较一致地指出记忆具有建构性和传承功能（吴盛博，2021），这为后期的文化记忆和文化认同研究奠定了理论基础。

到20世纪70年代至90年代，在集体记忆研究发展思路的基础上，学者们开始关注记忆对认同和同一性建构的作用。法国历史学家皮埃尔·诺拉将集体记忆的载体进行了深化，提出"记忆之场"概念，记忆之场既指口号、纪念仪式、档案、纪念碑、纪念馆等物质性纪念场所，亦包含剥去民族/国家象征和神话表皮，将其条分缕析的抽象创作。记忆之场之所以可以被称为记忆之场，正是因为其对文化记忆的媒介作用（埃尔·诺拉，2020）。古埃及学者扬·阿斯曼和英美文学教授阿莱达·阿斯曼将记忆对文化认同、民族同一性的传承进行明确阐释，从而提出了"文化记忆"理论。扬·阿斯曼的文化记忆理论来源于对哈布瓦赫集体记忆"社会框架论"的进一步发展，同时也是对艺术史学家瓦尔堡"绘画记忆理论"的延伸。扬·阿斯曼在其著作《文化记忆》中发展了哈布瓦赫的集体记忆理论，明确提出"文化记忆"这一概念，如表1-1。

表1-1　交往记忆与文化记忆概念辨析表（扬·阿斯曼，2015）

	交往记忆	文化记忆
内容	以个体生命历程为框架的生命史	神话传说；发生在过去的事；仪式典礼性活动；图像；纪念碑及纪念性场馆
形式	非官方的；尚未成型的；顺其自然的；日常生活呈现；口语交流产生	官方或有组织的；被创建的（Gestiftet）；可供回忆附着的象征物
媒介	机体作为媒介，人脑中的鲜活回忆；自身经历或他人转述	文字、图像、艺术作品；象征性编码（Kodierung）符号及展演；客观外化物
时间结构	80~100年；随着不断向前的时间视域（Zeithorizont）传至三至四代人	神话性史前时代，绝对的过去；在文本、仪式、纪念碑、纪念仪式、物体、图像和其他媒介中被客观化和外部化
功能	促发集体记忆的建构；强化认同	身份认同；文化认同的生成机制
承携者	民间为主体；非专职；回忆共同体中某时代的亲历者（Zeitzeugen）	官方为主体；专职的传统传承者

扬·阿斯曼认为人类文化的启始在于死亡后造成的记忆割裂，个体的死亡中断了记忆的延续与发展，如何让逝者具有价值的记忆或经验留存成为后世相关群体亟待解决的问题。一个人或者一个群体去世后，他们的容貌或记忆是否可以留存于后世，主要在于死者生前的事迹是否值得后世铭记，以及后人以何种途径和手段延续、建构这段记忆（扬·阿斯曼，2015）。阿斯曼夫妇在提出文化记忆时指出，哈布瓦赫在处理集体记忆过程中忽视了文化在人类记忆中的作用与其易建构性特征，只看到了对过去的塑造而忽视了对当下的影响（Flanderka.J，2013）。文化记忆理论可以说是"社会文化语境中现在与过去的互动"（阿斯特莉特·埃尔，2021）。过去与当下是相互建构与影响的，文化记忆的发展需要符合当下社会的政治文化需求，从而帮助民众实现文化认同。

（二）文化记忆理论发展

扬·阿斯曼将记忆的外部维度划分为4个部分，即模仿性记忆、对物的记忆、交往记忆、文化记忆。交往记忆指语言以及与他人交往的能力，它不是与生俱来的和自发生产的，而是与他人交往中、在自我内部与外部循环反馈的合作中形成的。文化记忆则是建构了一个空间，这个空间或多或少将模仿记忆、交往记忆、对物的记忆三个维度进行了无缝对接，这也进一步说明文化记忆是人为引导并持续建构的。阿斯曼夫妇将集体记忆划分为交往记忆与文化记忆，这样划分的主要目的是强调个体记忆与集体记忆之间的复杂关系（金福寿，2017）。阿莱达·阿斯曼以集体记忆的延续为基础，认为记忆是一个复杂且矛盾的想象，甚至具有不可理解性，难以形成统一的理论范式。记忆充满矛盾的现象阻碍了记忆研究统一范式的形成。

扬·阿斯曼分别从回忆（或称之为对过去的指涉）、认同（或称之为政治想象）、文化的延续（或称之为传统的形成）三者之间的相互关联性，深入讨论并提出文化的"凝聚性结构"（扬·阿斯曼，2015）。扬·阿斯曼对哈布瓦赫记忆二重性观点进行了进一步发展，认为"文化记忆"所涉及的是人类记忆的一个外在维度，是和社会、文化外部框架条件密切结合的问题。基于社会学角度，人们回忆的社会力量来自于涂尔干所谓的"神圣社会"，哈布瓦赫集体记忆理论中的"社会记忆框架"和"社会品质"概念的运用，是涂尔干"社会本体论"中思想的核心表现，从而形成哈布瓦赫集体记忆中的"神圣记忆观"。扬·阿斯曼的文化记忆中的"卡农"（记忆的典范规则又可称译为"经典"或"正典"）就是对社会"记忆框架论"的集成与发展（叶蔚春，2018）。20世纪90年代初，"文化认同"问题引起了扬·阿斯曼的关注，随后他将"文化记忆"的概念逐步牵引至"集体记忆"的研究范畴。在交往记忆层面，个体记忆汇聚成为了集体记忆，但在文化记忆层面，集体记忆并不等同于个体记忆之和，而是那些关联社会发展和政治文化需求的东西才有机会被构成文化记忆的对象。记忆与认同在个体层面紧密勾连，这种观点最早可以追溯到约翰·洛克（John Locke），他坚持认为：并不存在诸如本质主义的认同之类的东西，相反，认同需要通过记忆行为来建构，即记住自己是谁，可以清晰地把过去之自我与现在之自我联系在一起。就如詹姆斯·杨在犹太大屠杀记忆研究时所论述的一样，犹太大屠杀纪念物作为记忆贮存与传播媒介，并不是记忆的具身化，而是取代了记忆（阿斯特莉特·埃尔，2021）。特定的机构（政府或组织）在历史记忆的基础上通过文字、节日、仪式纪念碑等媒介形式建构文化记忆。这种记忆主要涉及的是一个国家、一个民族或者一个团体有关过去的重点回忆信息，而正是这段过去的回忆构成了国家、社会的集体记忆（闵心蕙，2015）。文化记忆与集体记忆不同，它所关注的是过去历史事件中的某一焦点，这一焦点具有可供附着且容易形成象征物（Symbolische Figuren）的特点。它建构了一个空间，在这个空间范围内模仿性记忆、对物的记忆、交往记忆都可以或多或少地无缝对接到这一空间中（扬·阿斯曼，2015）。模仿的行为惯式多以"仪式"方式出现，仪式被视为文化记忆的范畴，因为仪式所展示的不仅是一个文化意义的传承，同时也是文化记忆的现时化形式。

文化记忆理论除了强调某种集体意识的形成，以及它是如何被建构和延续传播的以外，还沿着集体记忆的二元划分路线，区分了具有"交往"性质的群体记忆和进行阐释的"精英"们的文化记忆（阿斯特莉特·埃尔，2021）。后者意在掌握一种更具有永久性的"神圣化"世界观或精神。文化记忆理论就跟集体观念的图式紧密联系在一起，呼吁生者既不要忘记受害者，又要舍弃部分苦难，同时不要忘却以往传统中那种已经被打破且重塑的拯救承诺（Cotoi Amalia，2015）。

以纪念物为主形成的记忆之场，是形成文化记忆的主要阵地之一，同时也为交往记忆提供可交流的场所。交往记忆虽可世代传递，但随着时间的流逝与幸存者的消逝，交往记忆注定是减弱乃至消亡的命运。从阿斯曼夫妇将交往记忆与文化记忆作出划分后，学者们对文化记忆的研究涉笔成趣，保罗·利科（Paul Ricoeur）就记忆、历史、遗忘展开了论述，认为记忆的遗忘与铭记是随着时间的推移与媒介的塑造而产生影响（保罗·利科，2017）。随着记忆外化，纪念物（档案、纪念碑、废墟等）被展演于社会，遗忘就已是注定。

在记忆之场内或是城市空间中，交往记忆与文化记忆是一种相互融合此消彼长的过程，如图1-1。随着时间的推移，交往记忆世代传递开始减弱，以身体本身作为媒介的消亡限制了交往记忆的传递时间。文化记忆在事件发生后逐步受到政府权力机关的关注，政府部门逐渐开始塑造记忆。这里遗忘就是为了更好地铭记，为了记忆的长久性，文化象征、精神意象开始出现。

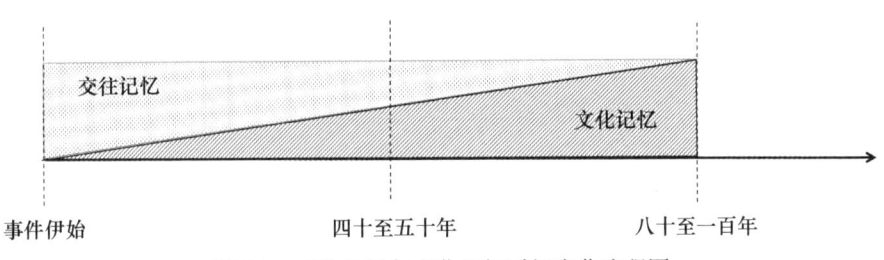

图1-1 交往记忆与文化记忆时间变化流程图
作者根据历史文献整理自绘

文化记忆与交往记忆不同，它不是显而易见的，而是需要用心指引的。交往记忆与文化记忆的性质会因为具体条件的变化而发生转变，二者之间能够相互关照，并有相互转化的可能性（吴盛博，2021）。当交往记忆对集体具有重大意义之时，就会被提升至文化记忆的高度。但当文化记忆原有依赖的社会框架发生变动时，文化记忆也会随着时间的流逝而被遗忘。文化记忆理论的机制具有集体同一性（Identity）建构功能，主要在于人们借助"文化记忆"实现了"我们绝不能忘记什么"。

文化记忆与其他记忆相比，其具有特定的记忆载体、固定的表征形态和丰富的象征意义。它最为核心的内容涉及一座城市、一个民族乃至一个国家的神话创始、文化认同以及民族精神的延续。文化记忆是为了强化集体成员的身份认同而存在的，故具有排他性，因为个人或群体身份认同的形成和维系必然在不同程度上借助对"他者"

区域、文化及记忆区分的认知。

二、文化记忆理论的适用性

法国著名媒介学家雷吉斯·雷布诺（Regis Rebno）在其著作《媒介学引论》中提出，最开始的纪念物是骨骼，而不是逻各斯、上帝的意指或话语。骨头是人类的立足点，所有文明都是从思想的部分开始。骨头延伸出石头，竖起具有纪念意义的建筑——碑石、碑墓与雕塑。人类的第一个记忆是建筑记忆，而第一个建筑就是纪念建筑。哈布瓦赫"集体记忆"与阿斯曼"文化记忆"相比较，最大的差异性在于哈布瓦赫尝试接近史学重构与经验传统之间的深层认知差异，而阿斯曼的文化记忆理论则是关注中间状态和社会性的组织结构。借助这些东西，群体和社会将自己与各种形态（图像、建筑、仪式等）的客体化的文化表征联系起来，以建构为过去所认可的自我诠释模式。果戈里（Gogol）曾表述"建筑是时代的纪念碑"。在世界建筑史上有些建筑修建之初并不是为了纪念，而是随着历史的发展被赋予了某种特殊的意义，从而成为纪念建筑物，例如万里长城、唐山地震遗址、鲁迅故居等。

在阿斯曼文化记忆理论体系中，在文化记忆的社会建构过程中，建筑物所铸就的人文景观成为其储存与传播记忆的主要媒介之一，纪念碑、纪念馆、纪念墙等纪念建筑物成为文化记忆发展的主要媒介载体。纪念建筑物媒介通过自身形象表征形式，利用空间及自我属性创造一种文化意境，从而激起人们思维情感上的涟漪。文化记忆具有较明显的政治倾向和社会功能，主要是服务于国家的政治文化和民族认同（谭恒，1987）。纪念建筑景观的物理形象必然表现出一定民族的思想意识特征。作为纪念建筑物代表的"纪念碑"，是一种抽象表现某个或某群英雄业绩的具象性建筑景观。

建筑物作为具有"储存"人类记忆、文化精神等抽象物质的媒介，产生了具有纪念意义的"活体"景观——纪念建筑物，它更像是人类的专利（李开然，2008）。纪念建筑物是以纪念人或事件为目的修建的，以供当事人、后人们回忆和铭记为主要特征，具有历史意义和文化价值的自然环境和"游憩境域"（方远平、唐艳春，2018）。唐勇等以汶川大地震纪念建筑媒介为个案，探究了地震纪念建筑物对震区地方感的建构影响，认为灾后重建中，地震纪念建筑物的出现是社会遭受创伤后的自然反馈，既存在"公众积淀"与"立碑纪念"这样积极、正面的方式，也存在遗址的利用和记忆湮灭的情形（唐勇，2019）。

纪念建筑物媒介作为文化记忆的储存与传播媒介，从其被修建之日起，它所代表的记忆就已经被建构，而这种被建构的记忆受"国家与社会"不同时代的政治、文化、经济等因素影响，呈现一种持续的状态。功能主义范式认为记忆最重要的是通过整合和建构实现记忆的传承。文化记忆服务于当前的权力群体是功能主义范式中的主要表现，而在哈布瓦赫对集体记忆的概念化过程中，维持群体的稳定和完整被视为集体记忆的显著化功能（莫里斯·哈布瓦赫，2002）。人们对于过去的回忆及想象是在操演中传送和保持的，文化记忆就这样一步一步影响民众的记忆，从而实现文化认同。

根据已有研究，可以总结出关于文化记忆的5个维度（陈虹虹，2018）。①媒介维度，在这种特征上，诸多学者将建筑纪念物、文本、仪式作为媒介，探究其对文化记忆的表征形式；②时间维度，主要从文化记忆的时间跨度与指向进行论述；③功能维度，文化记忆是一种"集体知识"，通过它来塑造群体的"整体性及特殊性意识"，也正是这种意识促成了集体的"自我形象"，形成了一个群体的身份认同；④权力维度，操控记忆的不是"集体灵魂"，也不是一个"客观的头脑"，而是象征与符号。而这些象征与符号之所以存在，皆因为权力；⑤构建维度，记忆具有过程性，它不是一蹴而就的，而是需要政府、社会、个人不断分享、讨论、协商，甚至通过记忆之间的竞争、演化和转化来实现的（Zelizer B，1995）。在文化记忆建构过程中，媒介维度、权力维度、时间维度与功能维度相互联系与作用，从而决定了文化记忆的生成与建构（王密，2016）。

文化记忆的未来指向性及其所承载的功能不是自然的发展状态，其表达的内容并非中性的、单面的，而是依托媒介在权力逻辑的导引下有目的、有计划地建构。记忆是一个群体对这个群体所经历的一段历史的回忆，包括其中包含的情感、意义和态度，因此我们可以说记忆是具有社会情感偏向的。痛苦是记忆的辅助剂，带有情感偏向的文化记忆，在后续的记忆叙事中必定与历史的客观、准确相偏移。总体而言，文化记忆研究集中关注权力、社会、媒介和认知等概念，它们之间不断地相互作用，将"凝聚性结构"的文化上升为记忆的主体。集体中的个体与社会中的群体不再是主体，这种超越个体的记忆主体赋予文化记忆理论更加广阔的视域，深度揭示了人类文明发展与传承的内在逻辑。

唐山大地震至今已过45周年，震灾记忆在中国发展的半个世纪中呈现出不同的变化。以唐山阶段性（周年性）修建"纪念建筑物媒介"为研究对象，探究在历史发展中唐山震灾文化记忆的建构与发展过程。以往的记忆理论或是偏重时间维度、功能维度（集体记忆），或是偏重记忆的媒介维度和权力维度（社会记忆），而文化记忆理论则是在记忆理论发展中第一次将五个维度进行了深化与丰富。

第二节 "国家—社会"理论及其应用

"国家与社会"理论分析框架起源于西方，源自于对黑格尔、马克思理论的挖掘。先后经历了"一元论"到"二元论"的前工业化时期，"对立性"与"同一性"并存的工业化时期，以及后工业化时期"社会中的国家"和"制度与生活"的整合性尝试，逐渐成为社会科学研究的经典分析框架之一（王建生，2010）。

一、"国家—社会"框架在本土语境中的内涵

在社会科学研究中,任何一种分析框架或一种分析工具的形成总是和社会所处的时代背景与发展环境息息相关(高勇、吴莹,2014)。目前,"国家与社会"二元框架依旧是学界研究当代中国(Contemporary China Studies)最具有阐释能力的主要理论工具之一,即关注1949年新中国成立以来的社会、经济、政治、文化等方面,尤其是以此期间的"国家与社会"关系变迁为重点。

学者赵文词(Madsen)将美国学界对当代中国的"国家—社会"关系研究总结为5代,强调每一代的研究成果是受到该时期的主流社会学理论、资料获取方式以及学术界与公众之间的相互作用及影响的产物(赵文词,1999)。

20世纪50年代到60年代被划分为第一代,"国家—社会"关系研究受帕森斯结构功能主义影响,"传统社会被现代国家所取代"是当时的主要观点;20世纪70年代被划分为第二代,主要观点为"国家与社会的妥协";20世纪80年代则被称为第三代,主要观点为"国家与社会的相互渗透";第四代主要是受到哈贝马斯《公共领域的结构变迁》一书影响,将"公民社会"与"公共领域"的理论进行有机的关联;第五代研究是一种研究倾向,主要意在承认社会进程的多元化和独特性。第五代和第四代的中国研究似乎并未产生前三代一般的经典之作与思想。

"国家与社会"对于中国而言是一个"舶来品"。20世纪90年代,由邓正来等学者自国外引入国内,"国家—社会"关系理论在中国经历了阐释与反思、批评与再造等多次嬗变(余冰,2012)。在图1-2中可以发现,无论是欧美国家还是中国,"国家与社会"理论关系都因时代的变革而变迁。无论是"国家中的社会"还是"社会中的国家",都在朝着"国家与社会共治"的方向努力。

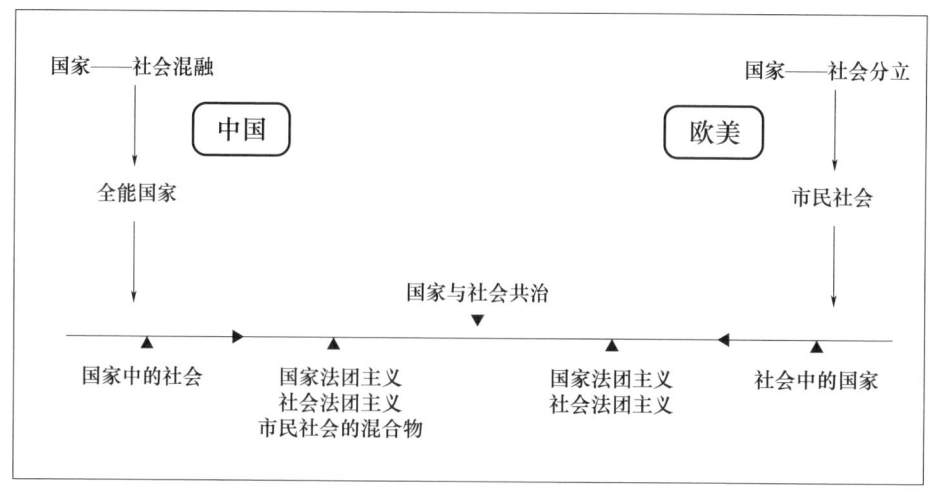

图1-2 中国与欧美国家"国家—社会"关系的社会历史脉络与当下发展图

中国环境背景下的"国家与社会"分析框架，是承认国家与社会分离的基础上，追求二者之间的适度平衡和良性互动的关系，强调二者之间的相互作用，从而达到社会与国家总体发展的平衡。在国家层面而言，市民社会的相对独立性与自主性被国家所承认，并通过法律手段给予保障和支持。在市民社会层面而言，其通过自我的培育与发展，不断维护其自身的独立稳定性，增强自身的自我调节能力。

国家与社会不是整齐划一、边界清晰可见的均质实体，而是呈现一种非均质状态，外部边界交错复杂相互渗透且难以区分，内部呈现构成分散化和异质化的状态（陈建，2021）。"国家与社会"紧密联系在一起，他们在相互作用中得以体现自己，彼此之间的作用更加接近于过程化的双向互动，既包含国家对社会的渗透与整合，也包含社会对国家的诉求与适应。

二、"国家—社会"分析框架的解释力度与合理性

"国家—社会"理论分析框架以市民社会理论为基础，此理论起源于西方，其发展演化也是具体的社会经济与政治领域变迁在理论领域的投射，在我国以往理论发展的历史上并不存在这样的观念与形态。虽然此理论分析框架在我国本土研究中屡见不鲜，但运用这样的分析框架对唐山震灾文化记忆建构与发展进行分析，我们不可避免地面临其解释力和适用性的问题。为此，我们分三方面进行论述其与文化记忆理论的适配及解释力的问题。

首先，20世纪以来，国家的主导文化渗透和冲击着社会的各个领域，以促进形成国家与地方的政治、文化认同（丁生忠，2021）。国家认同（National Identity）在本质上属于集体观念的范畴，美国学者约瑟夫·阿·勒文森（Joseph R.Levenson）在《梁启超与中国近代思想》中最早指出"国家认同"一词，并将其定义为"国民认同"（叶文心，2021）。随后，有部分学者指出"国家认同"应该是在他者和自我基础意识上所形成的，具有可持续性和变化性，可通过具体事件得到表征，可以被理解为一种国家与民众关系的客观反映。随着对"国家认同"概念的进一步认知，有学者指出，现代国家既是一个"政治共同体"，也是一个"历史文化共同体"。文化认同是国家认同最深厚的基础，为国家向心力和民族凝聚提供了源源不断的动力（何生海，2021）。共同的历史记忆、文化传承促使民众产生对国家历史文化的归属和情感的认同，帮助国家形成集体记忆、情感和国民意识。由于认同的建构性，从而国家认同也不是与生俱来和一成不变的，而是在现实语境和文化记忆的延续建构中产生并不断变迁。迈克舒·舒德森（Michael Schudson）认为，想象是社会存在的源泉，个人的认同来源于想象的跨越（戴安娜·克兰，2006）。共同经历的记忆或集体参与的纪念仪式，所营造出时空上的归属是成为一个民族乃至国家的认同基石（钱力成、琅翻翱，2015）。这也就说明，在"国家与社会"理论关系框架中，国家

认同是一个建构性的概念,社会具有建构性特征,其本质上是一种集体观念,是共享的记忆、信仰与价值观体系。

纪念建筑物与国家文化、政治的关联性,是纪念建筑物媒介作用于国家认同的必要条件之一,因其具有权力、政治、文化的象征符号意义,故纪念建筑物媒介在国家认同、文化认同中起到中介的作用。一方面,纪念建筑物媒介是社会历史文化记忆的积淀,其蕴含了丰富的历史文化记忆资源与情感内涵。纪念建筑物媒介赋予了国家历史与文化记忆的传承性,使得历史记忆与文化成为一种积淀,以物质性实体的形式传播并建构历史记忆与文化认同(高胜楠、吴建华,2021)。另一方面,纪念建筑物媒介是国家和社会事件发生、活动的历史记录。从古至今,纪念建筑物都是国家"储存"民众记忆、文化精神的抽象物质的媒介。纪念建筑物媒介是国家时代记忆与政治符号的标志,可以侧面映射出建筑物的时代政治文化环境,对国家认同、社会发展与稳定具有不可替代的作用。

其次,文化记忆理论源于20世纪20年代哈布瓦赫集体记忆概念,而哈布瓦赫继承了涂尔干"集体意识观",认为记忆是属于社会范畴。扬·阿斯曼在阐述文化记忆理论时明确表述,文化记忆具有媒介、时间、功能、权力与建构5个维度,这5个维度中表现了"国家与社会"的关系,这里的权力主要是国家记忆专制的传统承载者。亦可以理解为,文化记忆的建构与发展是受到政府的控制与引导的。民众的交往记忆就如同社会中"私"域,它与文化记忆之间相互交互、影响且相互建构。在"国家与社会"关系中国家权力对记忆具有塑造作用,特别是国家通过各种媒介手段来建构记忆以达到认同和合法性的目的(钱力成、张翮翱,2015)。当然国家权力对记忆的塑造并不是万能的,也受到社会环境和行动者能动性的影响。随着社会制度和时代背景的变迁和延续,记忆也同时不断被建构。在中国,无论是记忆承载着的是个人还是集体,国家在他们的生活世界和生命历程中一直是"在场"的状态。中国社会记忆研究具有强烈的底层立场和社会关怀,这也是"国家与社会"分析框架适配于唐山震灾文化记忆研究的主要原因之一。

最后,记忆研究具有受体制影响的特点,近代以来急剧变化的政治、社会体制和特定的国家与社会关系紧密联系在一起。国家或地方记忆研究深受政治社会变迁的影响,特别是自第一次世界大战开始便经历社会变迁的欧洲国家。中国由于自身体制的特点,在新中国"国家与社会"关系中研究国家记忆,无疑为记忆研究提供了更好的历史契机和理论土壤。唐山震灾记忆发展经历近半个世纪的社会变革时期,"国家与社会"理论分析框架不仅能够帮助研究者更好地理解中国社会,还可以通过与西方对比和对话,对整体的文化记忆理论研究作出贡献。

第三节 研究框架

本书在"国家—社会"理论分析框架下,对唐山大地震45年来修建的地震纪念建筑物媒介进行探讨。以文化记忆理论为理论支撑,多维度分析地震纪念建筑物与记忆之间的复合关系,同时,探讨唐山震灾文化记忆是如何通过纪念建筑物媒介一步一步建构及演化的。

本书深度探讨纪念建筑媒介与记忆角色、功能和演化过程,努力回答阶段性修建唐山震灾纪念建筑物的纪念表征状态及构因。同时,回答集体记忆在第一次"沟堑"中的呈现状态,即交往记忆与文化记忆之间在半个世纪的动态过程。最终,解释震灾记忆建构的社会需求以及记忆的演化过程。

以"国家与社会"二层关系为分析框架,以文化记忆理论为支撑,从理论适配层面来看,唐山大地震纪念建筑物媒介记忆建构分析框架,既可以避免单纯的结构分析所可能导致的类型化和目的论诠释,又可以避免单纯的纪念建筑物媒介分析可能导致脱离时代政治、文化背景与社会需求的随机性讨论,如图1-3。从实践与社会关怀层面看,这一框架也可以观照我国改革开放初期国家与社会、中央与地方政治的文化关系,映射45年来震灾纪念建筑物的社会需求与情感寄托。唐山大地震纪念建筑物媒介自1986年开始呈现周年性阶段修建模式。笔者发现,如果单纯地分析建筑的传播特质和表征内容,可能忽略社会层面个体记忆的作用与需求,导致经验现实与理论解释的落差。

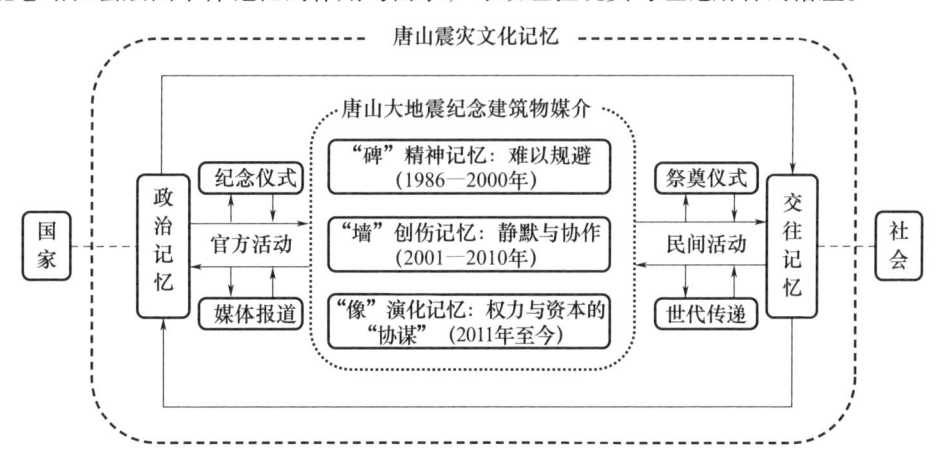

图1-3 纪念建筑物媒介记忆建构基础分析框架

作者根据"国家—社会"理论框架、文化记忆理论及唐山震灾纪念建筑物媒介整理而成

需要说明的是,本书并未采用一个纪念建筑群分析贯穿,而是分别在不同的章节分析了能够说明问题、论证观点的阶段性纪念建筑物媒介。由此,可以说"国家与社会"并未在全书中各章节表现得耳目昭彰,而更多的是在各章节分析过程中所隐含的

逻辑思维。也可以说，这一思路是研究者建构自然灾难文化记忆研究框架的理论自觉。

第四节 研究问题及意义

一、研究问题

哈布瓦赫及其理论继承者阿斯曼夫妇认为记忆是一个动态被建构的过程，而不是一成不变的状态。本书以震灾纪念建筑物媒介为研究对象，探讨唐山阶段性修建的纪念建筑物媒介记忆表征形式，纪念建筑物媒介对于文化记忆的建构、传播、延续、演化作用，并努力回答以下若干问题：

（1）探究在不同时代环境背景下，唐山大地震震灾记忆是否呈现动态被建构的状态？震后阶段性修建的纪念建筑物是如何通过其自身的空间结构、记忆表征和仪式活动等方式，实现个体、集体与国家文化记忆相勾连、转化与共情？

（2）在震灾记忆的延续发展中，纪念建筑物媒介修建、表征、结构受到哪些因素影响？这些因素对记忆的建构起到了何种作用？

（3）按照阿斯曼夫妇在文化记忆理论中所言，集体记忆在约半个世纪之时将首次面临记忆消亡的挑战。唐山大地震已过半个世纪，其所呈现的震灾记忆又处于何种状态？

（4）探求自然灾难文化记忆建构对于个体、群体和国家记忆与文化认同方面的作用，以及唐山震灾45年记忆建构演化史对我国灾害记忆延续发展的借鉴意义。

二、研究意义

1. 理论意义

（1）本研究把具有记忆储存功能的纪念建筑物（建筑群）视为媒介，把文化记忆的媒介建构放置于纪念建筑物媒介空间环境中，探究不同纪念建筑物媒介的记忆表征、建构、演化过程，丰富了文化记忆的研究视角。新闻与传播学领域研究文化记忆多以大众媒体、网络媒体的文本分析为主。本研究则突破原有研究思路，将具有明显情感色彩的纪念建筑物视为媒介，探讨纪念建筑物媒介对文化记忆的传播及建构过程。

（2）"灾难记忆"是人类记忆中不可规避的文化记忆成分。站在"国家与社会"的历史发展视角，分析"特大自然灾难记忆"中纪念建筑媒介是如何从原本的灾难、死亡、创伤、苦难、挖掘精神符号，转化为国家、城市的"灾难—精神"记忆。

（3）文化记忆理论创始人阿斯曼夫妇认为记忆在40至50年意味着一个时代的

"门槛",在其后续的研究中,针对文化记忆与交往记忆的动态建构过程研究较为薄弱。本研究试图丰富在文化记忆理论中,纪念建筑物媒介对时代"门槛"时期交往记忆与文化记忆的动态建构过程,以及呈现唐山大地震集体记忆45年的记忆形态。

2. 现实意义

(1)为唐山震灾记忆的传承与发展提供帮助。不断逝去的岁月,促使"大地震"情景在人们的记忆中淡化。灾后的修复与重建、平稳安康环境让灾难场景在人们视线中逐渐褪去。为了纪念抗震英雄以及使遇难者在后人记忆中永存永生,人们修建了纪念建筑物。纪念建筑物是最好的灾难见证,它为记忆的延续不断注入新的记忆活力。2021年是唐山大地震震后45周年,唐山大地震最小的亲历者已过"不惑"之年,根据人类生命记忆伊始年龄2.5至6周岁(Peterson. C,2021),对唐山大地震有清晰记忆的幸存者最小年龄已过"知天命"之年,根据我国2018年人口平均寿命77岁数据,震灾发生时的青壮年多已离开人世。通过本研究,希冀可以为今后唐山震灾记忆的延续与发展提供一定的帮助。

(2)梳理了唐山震灾纪念建筑物媒介对震灾记忆的建构发展过程,佐证了纪念建筑物媒介的创伤慰藉与治愈作用。"灾难记忆"与其他记忆在本质上有着较大的区别,"灾难记忆"与痛苦、自然灾难、大规模人类死亡的事件相关联(钱莉莉、李罕梁、季靖,2020)。纪念建筑物是灾难与创伤的历史见证,同时对创伤有一定的治愈效果。探究纪念建筑物媒介对记忆的实践,有利于修复遇难者的创伤记忆,延续和发展时代记忆。

(3)为我国自然灾难记忆传承与发展提供借鉴。我国幅员辽阔,自然灾难时有发生。本研究探讨了纪念建筑物如何将灾难记忆转化以及给予灾难亲历者精神慰藉和情感寄托,促进民众转化心态、积极向上的生活。同时也为汶川大地震、玉树大地震等震灾地区的记忆建构与延续提供借鉴。

第二章

抗震纪念碑：难以规避的国家记忆
（1986—2000年）

1976年7月28日，唐山发生7.8级大地震，造成24.2万余人死亡，16.4万人伤残。其中，唐山市城区震亡135919人，占总人口的12.8%。地处极震区的路南区震亡34089人，震亡率高达27.6%，唐山市全家震亡共7218户，占全市总人口户数的2.97%，家庭解体15000余户（唐山市档案馆，2019）。唐山市区原房屋面积1348.5万平方米，倒塌破坏面积达1311万平方米，破坏率为95.8%，其中住宅破坏率为97.25%（蔡君馥，1984）。这场浩劫给唐山市及周边城市造成伤亡及财产损失不可估量，其震感波及大半个中国。

地震强烈度由极震区向外依次递减，唐山市区均处于10度以上；其他县区大部分大于7度；天津市为7度到8度高烈度异常区；北京市大部分地区在6度以内。这次强烈地震的有感范围涉及全国14个省、自治区、直辖市，北至黑龙江的满洲里，南到河南正阳，西至宁夏的吴忠，东越渤海达国界之外（国家地震局《一九七六唐山地震》编辑组，1982）。震后次日上午10时左右，中共中央政治局获悉唐山地震的准确性信息后，立即作出重大决策，全力支援灾区人民抗震救灾。慰问电中表达了毛泽东主席和党中央对于灾区人民的关怀，并号召灾区人民，在全国人民的支援下"发扬艰苦奋斗的革命精神……自力更生，重建家园。"从重建过程与规划角度上，唐山震后工作主要分为三个阶段。第一阶段为抗震救灾阶段，时间是从震后到1976年底。主要任务是救助灾民脱离死亡威胁，对遇难者集中消毒掩埋，防止灾难过后疫情暴发以及解决灾民饮水问题。地震当年10月到来年2月春，解决灾民御寒居住问题。第二阶段为恢复生产阶段，时间是1977年，在大地震后第8天，唐山自行车总厂就组装完成了第一批自行车；第10天，马家沟产出第一车"抗震煤"；第27天，唐山炼出了"抗震钢"；短短一年内，唐山基本恢复了震前的生产能力。第三阶段为重建家园阶段，时间为1978年以后（程才实，1994）。在全国人民、中国人民解放军的支援下，唐山市民开始了为期10年的唐山原址"重建"工程。

经历过唐山大地震并全程工作在抗震一线的ZGL说到："大地震太惨了，那时候我刚刚30岁，正值年轻力壮，啥也不怕。但是走在震后的马路上看到无处安放的尸体，晚上还是睡不着觉，几乎崩溃。那种感觉是说不出来的恐惧，庆幸震后我们一家人还活着，事后多少年那些场景还会在我脑海里偶尔出现。震后我们市里（路南区）是重灾区，除了救人，就是解决吃饭问题，说实话我作为一个领导干部，是在震后第2年以后才感觉基本善后（震灾掩埋及温饱问题）工作解决完的，也有想过是不是需要给死去的24万人立个碑啥的，不过那时候貌似也不想提，主要是震后恢复发展经济，毕竟我们是工业大市……"①

震后出生的LSQ回忆说："我虽然没有经历过唐山大地震，但是父母给我讲述地震时的场景，我是可以感知到的。因为直到我7岁，我们家才从抗震简易房中搬到了

---

① 访谈对象：ZGL，男性，年龄74岁，唐山市政府退职干部，访谈时间：2021年1月20日。

第二章　抗震纪念碑：难以规避的国家记忆（1986—2000年）

父亲单位分配的公房，地震的废墟是从5岁以后才开始慢慢地被处理掉，父母还会带我去姨妈去世的废墟处烧纸钱，以寄托我妈的思念。我虽然没有经历唐山大地震这场灾难，但是灾难过后的艰辛与不易，我是经历并深有体会的。"①

在这次震灾及重建过程中，地震亲历者的集体记忆与个体记忆十分牢固，幸存者之间的交往记忆成为主要记忆交流模式。在这段时期，世代记忆的传递最为有效，因周边震后空间环境依旧存在，世代记忆的传播受空间环境的加持，对记忆的延续具有较强的说服力。

震后恢复与重建过程中，政府举行了与地震相关的仪式。例如，1976年10月17日，召开了唐山市抗震救灾先进单位模范人民代表大会；1982年，中国地质学会主办全国首届地震科学青少年夏令营等（刘宝全，1986）。但仪式内容多为表彰和地震科研活动，对于殉难者的悼念与纪念多以民间自发形式出现（王晓葵，2008）。直至1985年7月20日，唐山市党、政、军、民举行唐山大地震九周年万人公祭大会，悼念地震中不幸遇难的亲人，祭奠为抗震抢险而献身的英雄，市委、市政府作出《关于确定"7·28"为唐山抗震纪念日的决定》（唐山市档案馆，2017）。

第一节　纪念与精神：抗震纪念碑的迟怠与记忆转化

公共空间中的建筑具有公共属性，拥有相对应的社会功能。亦可以理解为建筑物的公共性除了其自身所具备的实用功能之外，最重要的在于建筑对于人类精神生活的影响，以及人与建筑景观交互的精神化物态空间的营造（水石设计，2019）。海德格尔在《艺术作品的起源》中认为"希腊神殿作为艺术作品开启了一个世界，同时又反置这一世界于土地"（殷双喜，2004）。

作为具有记忆性的纪念建筑物，神殿把各种生命及其关联方式聚拢在一起。以潜在涉及生死、祸福、荣辱、命运等形态呈现在人们面前，这一关联包容的范围，即是这一民族历史的记忆世界。纪念碑或者具纪念碑性的建筑物媒介，被赋予保存记忆以及建构历史的功能，希冀通过纪念碑这一不易腐朽的书写媒介，使某位历史人物或重大事件永远被铭记（殷双喜，2006）。在一座城市或一个国家，纪念碑或具有纪念碑性的建筑物媒介，承担着一个社会群体的世代记忆、精神纽带，它们可以成为民族社会中记忆与精神永恒表征的中介物，充当着生与死、过去与现在、现在与未来的桥梁。作为仪式场和祭奠场所的建筑物，是一种精神象征的符号，其最大的价值为可生成精

---

① 访谈对象：LSQ，女性，年龄45岁，中石油冀东油田分公司职工，访谈时间：2020年11月15日。

神意义，并以其相对应的崇高理想召唤公众的心灵，从而帮助纪念建筑物媒介建构文化记忆，以便记忆的传承和延续（Panico M，2018）。

一、"碑"：从地方祭奠到国家精神纪念

在唐山辖区内当谈到唐山大地震时，诸多唐山人的第一反应就是1986年震后修建于市中心的唐山抗震纪念碑。但鲜有人知道在震后不到一年，唐山基本完成震后救援及防疫工作后，一些地方企业及民众便修建了与之团体相关的罹难者纪念碑。民间利用纪念碑作为部分民众集体祭奠的媒介，行使着家庭墓碑同样的职能与作用。

陡河电厂一期、二期工程是国家"四五"计划期间重点建设项目之一，中建二局、建工总局、陕西西北电站、北京电建等来唐支援建设的工人、干部大概1万多人。1976年7月28日，唐山震灾致使陡河电厂遇难1671人，其中还包含了3名日方技术人员。次年3月31日，日本相关企业代表及其地震中遇难的日方家属共计13人，访问了当时的唐山陡河电厂，同其他遇难者家属、员工一起举行了樱花树栽植仪式，在陡河电厂罹难者纪念碑前进行了祭奠仪式（王晓葵，2008）。陡河电厂工地罹难者纪念碑修建于1977年，1985年7月重修，此纪念碑是唐山震灾后首个为了祭奠震灾遇难者而修建，在纪念碑周边就是遇难者的坟墓。在笔者实地考察之时，祭拜的鲜花、香烛依旧存在。虽然这个纪念碑只有陡河电厂的退休工人、遇难者后人以及周边老一辈村民才知道，但依旧不妨碍它作为一个集体祭奠的媒介存在，以寄托对于震灾罹难者的思念。

1977年，除了开平区陡河电厂修建的工人罹难者纪念碑外，东矿区（现古冶区）同时也修建了一处团体性祭奠场所。唐山市某部队七五化肥厂地震遇难者纪念碑修建于1977年5月7日，纪念碑位于古冶区卑家店乡徐家楼村北约0.5千米处，同陡河电厂罹难者纪念碑相似，纪念碑被院墙包围，纪念碑周边密密麻麻散落着震灾遇难的化肥厂工人的坟墓，纪念碑碑体正面书写着"遇难者永垂不朽"7个大字，根据碑文记载，该化肥厂87名干部、战士、职工及家属不幸遇难，墓园门口左右两侧的方形门柱上镌刻着"地震遇难者，英灵长存"的字样。当笔者前去探访之时，凝望碑文，碑身字迹已被多年的雨淋风蚀变得模糊不清，且碑体有细微的道道裂痕，但是依旧可以看出大部分坟墓有后人祭拜过的痕迹。

唐山震灾发生后，唐山地方企业团体及民众对于遇难者的祭奠并未如外在所看到的表象一样。家庭较为完整的、有能力对遇难亲友进行自行埋葬的幸存者依旧进行了后期传统的祭奠活动。震灾遇难者较多的、未在震灾中受过多影响且有外来支援建设员工遇难的企业，对遇难者进行了集体掩埋，并为遇难者修建了纪念碑。此时修建的纪念碑与震后10年唐山市修建的唐山抗震纪念碑，在本质上有着较大的区别。

陡河电厂工地罹难者纪念碑与七五化肥厂地震遇难者纪念碑的"碑"呈现相似表象。它们均是对团体性灾难死者的集体祭奠，其周边就是震灾遇难者的坟墓，起到集体墓碑的作用。虽然个体坟墓由后人伫立了家人的墓碑，但是纪念碑碑体依旧镌刻了全体遇难者的名字、遇难时间及地点，对集体遇难者的碑文（悼词）。其次，它行使了集体的祭奠作用，是非亲属前往祭奠的建筑媒介。最后，它的作用与价值在墓碑之上，是集体遇难者的悼念与记忆的封存，但其并未彰显任何精神，更多的是伤痛与祭奠的媒介。震灾过后民间或是社会团体对遇难者祭奠是较为普遍的，正如 ZZH 在回忆那段经历时所说的一样："那个时候（震灾发生后）大家的心都是麻木的。我还清晰地记得，大地震过后，文革就基本结束了，时间不久毛主席去世了，他是我们的精神食粮，大街上、家里哭得比震灾中失去亲人还要厉害……城市需要重新建设，没有时间管所谓那些死人，没有家庭领走的就集体掩埋了，等到家里亲人反应过来或是远处（外县区）来找的时候早就不知道埋到哪里了，这个也不能怪谁。不过确实那些人也苦命，连个碑都没有，小人们（后辈）都不知道去哪烧纸（述说者流泪）……"①

如学者王晓葵所说，唐山大地震后政府的官方祭奠是缺失的（王晓葵，2016）。唐山震灾纪念活动受当时时代环境、国家政治、经济发展等多方面的因素影响，并未出现灾难过后的国家祭奠，直到震后 9 年才举行了万人祭奠大会、震后 10 年修建了抗震纪念碑。这种纪念更像是"战胜"灾难、弘扬抗震精神的"庆功宴"和"表彰大会"，缺乏了震灾的伤痛和对死亡的凝视。相比较而言，具有政治文化色彩的纪念碑，对于真正死难者的祭奠却远不及市区百里内那鲜为人知的早期遇难者纪念碑实在。

二、抗震纪念碑的精神符号记忆

党的十一届三中全会，提出建设社会主义精神文明指导思想，国家发展逐步迈入正轨（宋学秦，2018）。1983 年，唐山市委作出在地震 10 周年举行大型纪念活动并建立抗震纪念碑的决定，将碑文起草工作交给市委办公厅负责。为记载历史上罕见的唐山大地震事件，纪念大地震后全国军民抗震救灾、重建家园的英雄业绩，悼念大地震中 24 万多殉难者及在救灾中牺牲的英雄，故修建唐山抗震纪念碑广场（唐山抗震纪念碑、唐山地震资料陈列馆及纪念水池）以见证历史。唐山抗震纪念碑广场是社会主义物质文明与精神文明相结合的艺术形象（冯瑞海，1986）。1985 年 4 月 9 日，时任中共中央总书记胡耀邦为即将修建的唐山抗震纪念碑题写碑铭"唐山抗震纪念碑"。该碑于 1985 年 6 月 16 日奠基修建，同年 7 月 21 日，纪念碑主体工程竣工（唐山市档案馆，2017）。纪念碑广场位于唐山市中心区域，新华道与文化路交叉口西南部分，建设路路东。

---

① 访谈对象：ZZH，男性，79 岁，唐山市古冶区某中学退休教师，访谈时间：2021 年 1 月 22 日。

唐山抗震纪念碑广场位于唐山市中心位置，新华道在1986年前后一直被视为唐山中西贯穿的主干道，东接205国道（现中央大道），途经开平区、古冶区（原东矿区），西至唐山站。其地理位置居于市核心区位，是民众日常生活、南来北往必经之地。现如今，其位置属于商业中心和城市休闲旅游中心，纪念碑广场东侧为万达广场，西侧为凤凰商业大厦和银泰城，北面为唐山百货大楼和唐山时代广场，南侧为李大钊公园和唐山新世界中心，毗邻唐山市中医院、唐山市工人医院、唐山市政府、凤凰山公园及唐山市第十中学、开滦一中等。此区域集政治、经济、文化、商业、旅游功能于一体，所经过的民众均可看到屹立的唐山抗震纪念碑。

1984年，唐山市以设计竞赛方式面向全国公开征集纪念碑设计方案，共收到设计稿142部，其中一等奖空缺，二等奖两名。呈现在世人面前的就是二等奖作品之一，由河北设计院李拱辰老师所设计的唐山抗震纪念碑（程才实，2002）。

唐山抗震纪念碑碑身均为钢筋混凝土浇筑，屹立于巨大底座之上。李拱辰老师在访谈中谈及，震后一个月，他被派往唐山，主要任务是研究唐山震后房屋受灾情况。到达唐山后，他们的脚下是覆盖了整座城市的废墟，他的眼前是正在清理的已经腐烂的遇难者的尸体，他说震后唐山的惨状，无法用"惨不忍睹"来形容（程才实，2006）。这也为其后来的设计作品奠定了情感基础。

唐山抗震纪念碑由主碑和副碑构成。唐山抗震纪念碑第一层台基是象征着1976年大地震断壁残垣的副碑，更上一层的台基则是四根柱子突兀而起的主碑，主碑设计由单元构件重复组成，构件之间留出缝隙的设计形式，促发民众关联到地震的裂缝。四根碑身与地面以圆滑曲线相交，恰似从地面自然升起。主碑碑柱高30米的梯形截面花岗岩贴面，象征新唐山鳞次栉比的楼房从废墟中拔地而起，展现新唐山抗震精神。顶端为抽象手的造型，宣示人定胜天的真理（李拱辰、苏天民，1986）。

碑柱半腰偏下正面为一块长3.86米，宽1.6米巨大的不锈钢匾额，下部八块浮雕组成正四边形的环，环绕碑身，象征唐山大地震后来自全国四面八方的支援。浮雕总面积100平方米，浮雕北面（正面）雕刻"震灾发生的时刻"呈现出城市变为废墟，灾后幸存者抢险救人的场景；东面浮雕则刻画"协力抗震救灾"画面，表现了通往唐山的条条公路，车轮滚滚，以中国人民解放军为主力的各路救灾大军，日夜兼程，奔赴灾区，支援救灾；南面浮雕则是以"恢复生产，重建家园"为图景，表现了乌金滚滚，钢花飞溅，一幢幢高楼大厦崛地而起；最后一片浮雕为"凤凰涅槃，唐山新城"，展现出10年建设后唐山高楼林立，道路纵横，行人如织，老人怡然自得，孩童翩翩起舞的画面（孟海庆，2003）。四面浮雕的转角处，由蒙难、救援、重建、崛起四部分组成，与主浮雕相互呼应，如图2-1（李拱辰，1987）。

图 2-1 唐山抗震纪念碑环形浮雕

纪念建筑物常以浮雕来充实细部，高处应该使用高浮雕，一般浮雕比例不宜超过真人尺度，因浮雕有效视距短，剪影性浮雕比例越大愈显松散无力。浮雕位置一般不低于视平线，稍带仰视可凸显庄重神圣且不易被遮挡视线（谭恒、吕典雅、朱谋隆，1987）。浮雕对纪念建筑具有史诗性职能，其具有满足观众情感需求，传承记忆与文化符码的作用（李少桃，2016）。唐山大地震纪念碑浮雕以精练的雕刻技术展现了唐山大地震灾难时及震后 10 年的城市变迁与市民精神面貌。对那场灾难的幸存者而言，这四片浮雕是过去宝贵的记忆，是触发回忆的导火索。对于未曾经历的后代而言，浮雕内容是过去灾难的佐证，画面的冲击力远高于文字，浮雕展现出的精神与记忆更有利于后世传播。

副碑位于碑基座正前方 33.5 米处，碑高 9.5 米，宽 2.96 米。副碑采用花岗岩石块为原料，雕砌成一座"废墟"形式风格的建筑，碑体犹如一堵断垣残壁，这一建筑形象，概括性地表现了唐山大地震这一灾难性历史事件。副碑正面以磨光青花石镶嵌，上面镌刻着由著名书法家夏湘平同志撰写的汉隶体碑文，背面则翻译成英文以方便海外参观者阅读。碑文内容并非来自于个人，而是唐山全体广大干部与民众集体的创作，是六百万唐山人民的心声。初稿形成后先后送往河北省委、指挥过抗震救灾的英雄处，再经过全国知名作家、学者（魏巍、姚雪垠、孙犁、吴祖湘、王力、启功等）的润色。初稿先后修改完善长达一年才形成如今的唐山抗震纪念碑碑文。碑文中清晰地呈现了震中、震级和地震烈度的整体情况，如图 2-2。

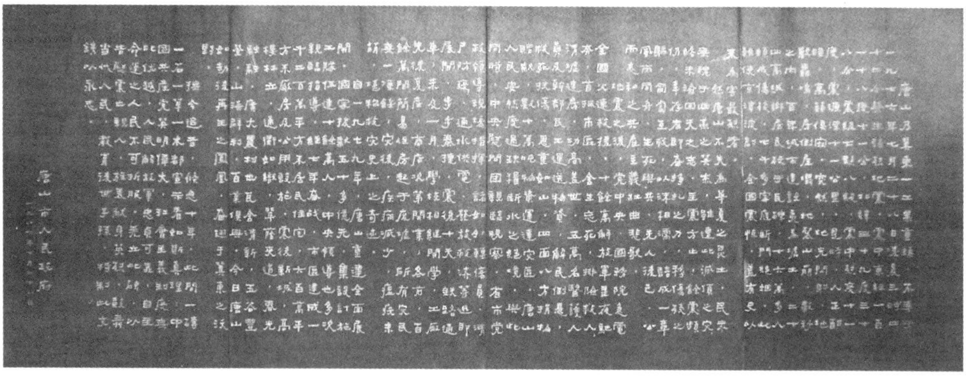

图 2-2　唐山抗震纪念碑副碑碑文

副碑文没有拘泥于传统的八股文模式，而是立足于现实，与时代接轨。碑文撰写采用了半文半白样式，碑诔相谦的体式既体现了基层民众的人文关怀，又不缺失文化的厚重感，达到真正的雅俗共赏。碑文的表达深刻而富有内涵，总共分为5个段落，其中前4个段落与纪念碑浮雕相关联，起到图文呼应的效果，能够触发观众对过去的回忆，促进记忆的延续。

碑文中详细介绍了唐山大地震的灾情、救灾、恢复生产和新唐山重建的全过程。第一段，碑文说明了1976年7月28日唐山大地震成为一场震惊中外、有史以来伤害最大（死亡人数、财产损失、房屋坍塌率等）的地震；第二段，碑文说明在党中央的号召下，全国人民从四面八方涌入唐山救援，展开了一场可歌可泣的抗震救灾战斗；第三段，碑文解释了震后恢复生产、重建家园，抗震救灾初战告捷；第四段，表达了新唐山如"凤凰·涅槃"，重现神州大地。在最后的段落中写道"抚今追昔，倏忽十年……中国共产党英明伟大，社会主义制度无比优越……教育后世子孙。特制此文，镌以永志。"这段文字展现了唐山人民对中国共产党的信任与拥戴、对社会主义制度的优越与自信以及对人民解放军的感恩之情。"爱力此碑"从内心表达出民众对震灾中遇难亲友的思念，对英烈的敬畏，告示唐山市民及后代子孙不忘恩情，勿忘历史，自强不息。

主碑与副碑建立在巨大的石基底座上，四组台阶分别分布在纪念碑四面，每组台阶共7步，共28步，象征着"7·28"这一难忘的灾难，也象征着唐山人民在全国人民的帮助下一步一步迈向"新唐山"的路途。

三、纪念馆的记忆更迭与建构

（一）纪念馆建筑的扩建

唐山地震资料陈列馆于1985年9月底正式动土兴建，1986年7月开馆并投入使用。唐山地震资料陈列馆是我国第一个收藏陈列地震资料实物的专业展馆。陈列馆为二层方形建筑框架结构，五开间五进深，建筑面积1500平方米。中央大厅部分一二层贯通，二层建筑围绕12根圆柱，形成一个八边形天井。屋顶为钢架结构玻璃屋顶，阳光可透过玻璃直接射入一层地面和陈列纪念物品，寓意灾难灰暗过后的阳光、积极与明媚之感。陈列馆坐东朝西，大门朝向抗震纪念碑，如图2-3。

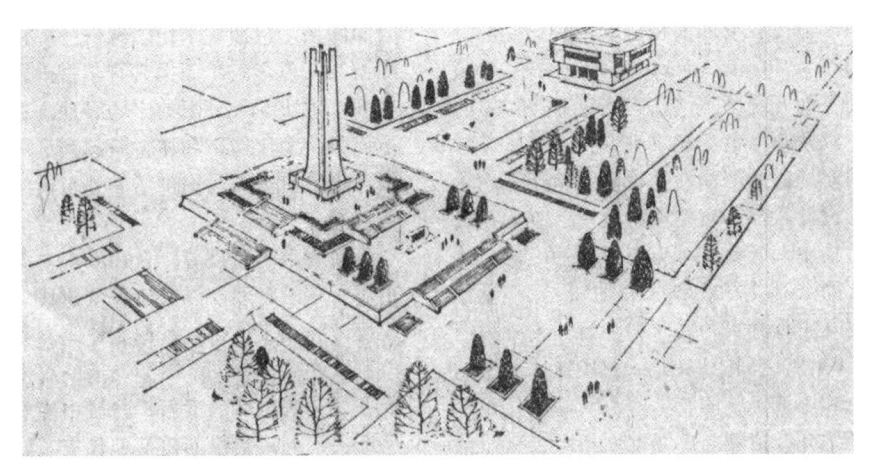

图2-3　1986年唐山抗震纪念碑广场手绘图（马春勤，1986）

陈列馆一楼门厅中央摆放着一台模拟汉代张衡的地动仪。迎面墙壁上镶嵌着"地震科技发展：生命之树长青"的大型壁画，面积41平方米；四周为放映室、资料室、接待室。二层为陈列厅，陈列内容为：地震基本情况、宏观地震灾害、救灾复产、新唐山建设。整个设计严格按照河北省建筑设计院李洪辰设计师的设计方案执行，李洪辰全程驻守监督直至整体施工完成。

1995年9月，为更好展现唐山人民震后20年的发展建设以及唐山市未来规划，唐山市委、市政府决定对唐山地震资料陈列馆进行改扩建，并将陈列馆更名为"唐山抗震纪念馆"，由时任国务院副总理方毅题名。新的设计方案采用了同济大学设计研究院设计，在原有的基础上建造，所建设的新馆以台阶状形态，自西向东向唐山抗震纪念碑倾斜，以圆形三面环抱老馆，形成外圆内方的建筑样式，巨大灰白色弧形体环绕原红色方形老馆。改扩建后的陈列馆，在原址的基础上建筑面积扩至7700平方米，陈列面积升至5380平方米。新馆的整体建筑风格更像是一尊雕塑，建筑形态与建筑规格在视觉上更加凸显了抗震建筑的稳固性，以及其在抗震纪念碑广场的地位（唐力强等，2007）。同时，环状台阶既有利于新馆室内采光，也预示着唐山人民步步高升，在震灾后一步一个脚印地迈向新的生活。

（二）纪念馆职能的变迁

唐山抗震纪念馆（地震资料陈列馆）在1996年、2006年和2018年进行了三次较大的变革。在历史发展中,纪念馆的职能一直随着政治、文化与社会需求而改变,直到2018年才基本确定下来。展览时间主线从原来单一的唐山大地震时间点,扩展至前后,向前延至唐山近代工业发展史,向后则是根据时代变化而逐步调整。唐山抗震纪念馆的职能变化与2008年兴建的唐山地震遗址公园中的地震博物馆有着直接的关系,唐山抗震纪念馆将部分地震资料陈列的职能分划给唐山地震博物馆。

　　修扩改后的纪念馆主要展览设计依旧按照原有模式两层展览为主,在基本地震灾害的基础上融入了唐山抗战英雄人物以及文化历史。一层从"抗震厅"更名为"序厅",其原有的地动仪更换为唐山直辖区模型展,南—北—西三面巨幅浮雕壁画分别为生命之光、唐山工业和市民生活,一楼大厅展与地震历史记忆牵连度甚低。在二层加入了地震科普知识展。唐山抗震纪念馆展览从原有展览模式改换为以时间主线展演模式,从大地震纪念物逐步演化为唐山市发展历程展览,纪念馆大厅也随之发生了巨大变化。

　　改建过后的唐山抗震纪念馆成为唐山城市发展与抗震结合的综合性抗震精神展馆,通过时间主线的展览方式,将抗震纪念馆展主要划分为五部分:第一部分"人杰地灵、工业名城",第二部分"灭顶之灾、回天之志",第三部分"涅槃新生、惊艳全球",第四部分"认识地震",第五部分是临时展厅(表2-1)。其中前三部分为核心展览部分,通过板块划分以及陈列物品可以看到,第二部分"灭顶之灾,回天之志"跟大地震记忆紧密相连,在展馆陈列中处于承上启下的作用,这一部分主要讲述唐山震灾中的工业、农业、公共设施以及交通运输的受灾情况。在这部分重点展览唐山人民在中国人民解放军和全国人民的支援下英勇抗震的英雄事迹。同时,我们也可以发现,在国家精神记忆叙事的架构中加入唐山大地震亲历者讲述的视频、孤儿和孤老截瘫的创伤叙事,虽然这种灾难记忆和个体创伤在整个历史叙事中占比较少,但在展馆扩改前是很难见到的。第二部分的第一章节"大地之殇"采用虚拟实景现场搭建的展演模式,表现出唐山大地震后唐山火车站及周边建筑受灾情况,废弃墙面上白底红字写着"军民团结、抗震救灾、重建家园"的标语,激励着当时受灾的民众不畏艰险与抗震救灾。"百折不挠、勇往直前"的雕塑,同样展示出一种不屈不挠的抗震精神。但是我们可以发现,这些激励标语与精神雕塑虽然属于唐山大地震记忆的一部分,但是其缺乏了震灾的苦难、死亡创伤。即使在震后45年的现在,在唐山震灾记忆的国家叙事中,死亡与创伤记忆依旧会被弱化和转化,抗震精神一直是其主流的震灾记忆叙事。

　　正如唐山抗震纪念馆的赵容琦馆长所言,"唐山抗震纪念馆因为所属位置在市中心,其主要代表的是唐山精神,也就是文化记忆的象征,是精神的标识。而唐山地震遗址公园的功能主要是祭奠,是对过去灾难记忆的铭记与对遇难者的悼念。"[①]

---

① 访谈对象:ZRQ,女性,唐山抗震纪念馆馆长,访谈时间:2021年5月14日。

第二章 抗震纪念碑：难以规避的国家记忆（1986—2000年）

表2-1 唐山抗震纪念馆展览主题内容概况

主题	章节	主要内容	表达形式
第一部分 人杰地灵 工业名城	近代工业的摇篮	唐胥铁路（1881）"中国铁路网之源"；中国第一台蒸汽机车；开滦矿务局（1876）；细棉土厂（1914）	图片、灯箱、仿真模型等
	历史上辉煌的高等教育	知名校友罗忠忱、竺可桢、茅以升等73名国内外知名院士；唐山交通大学	图片、图表
	革命传统代代相传	革命星火李大钊；他们特别能战斗邓培；浴血抗战节振国；艰苦创业；震前工业现状等	图片、灯箱片
第二部分 灭顶之灾 回天之志	大地之殇	震灾时的物品；工业建筑震灾；公共建筑震灾；交通、外围、农田水利震灾等；唐山大地震亲历者讲述视频	照片、图表、模拟场景、实物、视频
	共克维坚	众志成城，抢险救灾；开滦煤矿工人自救；全国人民、解放军支援；党姓孤儿与孤老截瘫	照片、灯箱片、文件等
	爱满唐山	恢复生机，自强奋斗；全面恢复生产；十年重建	照片、视频
	共建新城	市民搬入新居	图片、书籍
第三部分 涅槃新生 惊艳全球	繁荣唐山 靓丽唐山	唐山港；"一带一路"；凤凰新城；唐山市公共设施（体育馆、图书馆、大剧院等）；三女河机场	图片、灯箱片
	幸福唐山 文明唐山	古长城；凤凰山；居民生活、活动	图片
	生态唐山 绿色唐山	农业生产；高铁工业制造；海上石油勘探；公园绿化与海滩旅游	图片、灯箱片
第四部分 认识地震	地震逃生训练	倾斜屋地震逃生实感体验；逃生技巧讲解；逃生知识储备等	视频、真实体验、图片
	地表运动讲解	地壳运动模拟机；地震模拟机；地表活动模拟机等；3D全息投影房屋结构及地震实况	科学仪器、图片、视频
临时展厅	唐山大地震老照片	唐山大地震时官方与民间摄影爱好者存留的老照片、官方媒体地震报道	图片、报纸

注：作者根据唐山抗震纪念馆展览整理。

（三）记忆的更迭与建构

唐山抗震纪念馆从成立之初是地震资料陈列场所——对物的记忆，随着时间的流逝，地理空间位置的调整和唐山地震遗址纪念公园的修建，唐山抗震纪念馆逐步发展为唐山精神文化记忆的场所。正如唐山抗震纪念馆赵馆长所言，唐山抗震纪念碑广场是唐山人民抗震精神的彰显，是我们唐山人民宝贵的文化记忆。

从历史的时间发展脉络上看，唐山地震资料陈列馆到唐山抗震纪念馆是从物质到精神上的发展，1986年成立之初，其基本陈列内容为地震基本情况简述、抗震救灾过程以及新唐山发展情况，更多是对于过去的一种现实"物"的再呈现。纪念物不是使记忆具身化，而仅仅是取代了记忆。① 在纪念馆后期发展中，从大地震的基础记忆逐步融入震后赋予的精神文化记忆，尤其是在1996年7月28日，时任国家主席江泽民对于唐山抗震精神进行了文字化精炼表述：弘扬公而忘私、患难与共、百折不挠、勇往直前的抗震精神，把新唐山建设得更美好，为唐山抗震记忆的延续提供了强劲动力。

展览馆在原有地震物陈列为主的基础上，详细地介绍了唐山市发展近况、城市取得的成绩及未来发展，震前、震灾与震后的城市发展情况形成了强烈的对比，凸显了唐山抗震精神。李格尔将纪念馆、纪念碑划分为意图性纪念空间，在一般情况下意图性纪念空间会"通过一些建筑结构元素（例如门柱、雕塑或碑刻等）来进行表征，从而形象地塑造与限定空间"。

在抗震纪念馆后期的布展中，主要通过纪念物、照片、灯箱、视频、部分雕塑等媒介形式，利用其自身属性特点结合隐喻、暗示、联想与关联等展演手段，调节布展空间环境、引发受众思考、激发受众想象、促发受众回忆，从而表达物质性空间的纪念性。从空间的纪念性基础上更凸显出精神文化的共同体，即精神共同性。从而促发记忆的回顾、现实与展望，实现更好的文化记忆建构与延续。

第二节 纪念广场：纪念、交往与记忆涵化

纪念性广场与其他场所相比存在着自身的独特之处，其以突出纪念氛围、传达纪念性情感为主要内容。它是政治权力与功能的表达，是历史、记忆、权力通过符号表征与建筑之间交织的一种体现（Da Riva, 2018）。纪念广场修建的目的是让人们铭记某一重大历史事件或在这次事件中作出杰出贡献的历史英雄，利用纪念碑、纪念雕塑、绿化或水体来烘托环境气氛。利用形式美、象征、隐喻等表现感情的抽象手法，引发民众回忆与共情，触发人们对于事件的感情，稳固历史记忆并延续记忆传承，并从中受到教育和启发（荆其敏、张丽安，2003）。唐山抗震纪念碑广场，既属于纪念性文化景观又具有精神象征的作用。

一、"永垂不朽"：国家震灾的纪念仪式之地

1986年7月28日，唐山抗震纪念碑与纪念馆建成投入使用，填补了唐山大地震

---

① 阿斯特莉特·埃尔：《文化记忆研究指南》，第445页。

10年来官方纪念之地的空缺问题。百姓除了民间的祭奠方式外，官方开始涉足纪念仪式与唐山大地震记忆建构，悼念唐山大地震遇难者以及表达对抗震英雄的崇敬之情。1985年7月28日，唐山市党、政、军、民举行唐山大地震九周年万人公祭大会，悼念大地震中不幸遇难的亲人，祭奠为了抗震抢险而献身的英雄。原唐山市委书记岳岐峰在会上讲话，市委、市政府作出《关于确定"7·28"为唐山抗震纪念日的决定》。这是唐山大地震后官方第一次对地震遇难者与献身英雄的悼念，除去媒体报道、书籍，这次祭奠活动标志着唐山大地震集体记忆仪式进入了官方阶段，同时唐山市政府声明每年的"7·28"是唐山大地震纪念日，并在唐山纪念碑广场举行全民纪念仪式。1991年11月13日，唐山市第九届人民代表大会常务委员会第25次会议决定借鉴国际做法将"7·28"定为"唐山市减灾日"，从而动员和组织各方面力量开展减灾活动，保障人民财产安全（程才实，1994）。"7·28"对于唐山已经不是一个普通的日子，既是对遇难亲友和抗震英雄的悼念，同时也是警钟长鸣的震灾科普日。自2009年"全国防灾减灾日"确立后，唐山市"减灾日"依照国家"5·12"时间执行，但在唐山抗震纪念馆一楼大厅右侧，常年内设"防震减灾"宣传栏并提供宣传手册供参观者免费参阅。

哈布瓦赫在对集体记忆的论述中提出，民众想要更好地了解过去，主要通过象征符号、互动仪式以及史志和传记（莫里斯·哈布瓦赫，2002）。文化记忆的奠基人阿斯曼在阐释仪式时指出，无论是中国还是古埃及，先人们都是借助仪式理解并传达知识以及思想，从而达到一致性。知识为仪式服务，但仪式不再仅是知识的储存媒介或场所，在仪式进行过程中，知识、信息以仪式为媒介进行了展现与外化。从文化史角度看，这是一种典型文化意义的转移，从而促成文化记忆的"一致性"。自然条件无法形成过去的记忆，它必须经过人为的建构与再现。文化记忆受到社会、权力等特定的动机、希望、目标所主导，并按照时代的发展框架所建构。哈布瓦赫对于过去的见解无可置辩，他深刻论述了一个社会对过去记忆的重塑建构，实际上就是特定群体对自身连续性的虚构。文化记忆并非借助基因承载而延续，而是需要通过文化手段进行世代传播，即文化记忆术。文化记忆术指文化记忆的储存、激活和传达意义的方式，它的作用在于保证文化记忆的连续性，即身份认同（高晓倩，2020）。纪念仪式或仪式活动是集体记忆延续的主要方式之一。

在互动仪式链（Interaction Ritual Chains）相关理论中，认为仪式是那些具有情感和意识人类群体中瞬间际遇的过程。在纪念仪式中，情感、记忆、文化意识通过机遇链传播，实现群体回忆、文化记忆的传播和民众的意识认同（兰德尔·柯思林，2018）。1986年7月28日，河北省委、省政府在唐山抗震纪念碑广场举行唐山抗震十周年的纪念大会，国务院原副总理万里、省委书记邢崇智、省长解峰、国务院秘书长陈俊生等出席。唐山抗震纪念碑成为唐山大地震之后第一个纪念建筑景观，纪念碑广场成为首个唐山抗震精神、大地震文化记忆建构的空间场所。这也标志唐山抗震纪念碑广场成为首个唐山大地震官方认定的震灾纪念场所。

在日常生活中，仪式可以作为表达性艺术。仪式只有通过他们的显著性的规则，才能成就其表达艺术，其表达艺术呈现出程式化、重复性。纪念仪式具有形式主义和操演作用（Performativity），但纪念仪式明确地涉指原型人物或事件，其事件真实性毋庸置疑，故有其自身独特的属性，我们可以把其描述为纪念仪式的重演特征，且在纪念仪式操演中具有其特定的感官知觉与事件情绪。康纳顿在理解纪念仪式中提示，需要牢记纪念仪式中等值（Equivalence）和同一性（Identity）之间的差异。纪念仪式中的事件观念不是纯量化概念，时间不可以无限划分成前后相继的不可逆的单位。相反，仪式表现出同质性，年代的类似性促使同样活动具有同样的主体重复性，这也证明纪念仪式在某一阶段呈现出相似性。相同的仪式操演和符号表征附属于纪念仪式的过程，使其看上去像两者之间的精确复制（保罗·康纳顿，2000）。

自1985年7月28日决定每年的"7·28"为唐山抗震纪念日后，"7·28"这个日子与中国传统文化中的大地震中遇难者的"忌日"重合。从而形成对大地震遇难者及抗震英雄的"国家与社会"两层形式的悼念、纪念活动。"国家"纪念主要指自1985年7月28日唐山市党政军民举行九周年万人公祭大会开始，官方对唐山大地震以纪念仪式的形式呈现在民众面前，对唐山大地震的纪念仪式一直持续到现在。另一官方活动为1991年后的"唐山市减灾日"，在减灾日，唐山市政府及地方组织市民、学生参与地震实战演练、科普抗震减灾知识。"社会"祭奠指唐山市地方民俗对于逝者的祭奠方式，时间主要为清明节、中元节、寒衣节和"7·28"。受地方丧葬民俗文化的影响，唐山大地震后，每年这4个时间点，唐山会出现"烧纸"祭奠死者的民间仪式。因死者亲属无法得知遇难者具体埋葬区域，所以仪式地点在唐山市及外县区大小十字路口（王晓葵，2008）。火光、纸灰、泪水和哭诉声构成了特殊时间点的民间祭奠仪式。

记忆的延续与传承既需要交往记忆的世代传播，也需要文化记忆的建构与发展。与交往记忆相比，文化记忆的塑构与传播，更加依赖官方纪念仪式。时间与空间是纪念仪式举行的必要条件，纪念仪式的时间一般是固定的。纪念记忆的空间场所亦是固定不变的，这一固定的场所具有特定的社会意义或精神象征。"7·28"是唐山抗震纪念日，唐山抗震纪念碑广场在1986年至2015年承担着纪念仪式的空间场所作用。2016年7月28日，唐山抗震纪念40周年，国家主席习近平前往唐山地震遗址纪念公园地震博物馆，向大地震罹难同胞和在抗震救灾中捐躯的英雄敬献花篮。官方主要纪念仪式场所由唐山抗震纪念碑广场转移至唐山地震遗址公园纪念墙处，本书第三章会详细解读纪念场所的更迭，此处只略微说明。

纪念仪式是文化记忆的重要组成部分，仪式作为媒介，是文化记忆存在的一个修辞的维度。柏林犹太学专家舍费尔（Peter Schäfer）所说的阐释文本能够保证"天地之间的和谐"，作为其承载的物质性载体，纪念建筑物往往也体现出符号表征的修辞建构。虽然，纪念建筑物媒介形成的空间给民众一种"时间定格于某一时刻的情感印象"，但抗震纪念碑、纪念碑广场与唐山抗震纪念馆所呈现的封闭纪念空间系统不同，它们属于开放性、可塑性的象征体系（李晓愚、路端，2019）。在开放性纪念仪式中，仪式互动体现在语言文本的视听转化方面，同时景观空间所呈现的情感环境也会促发受众记忆的共鸣，"沉浸式"仪式体验对于文化记忆的传承具有较好的传播效果。唐山抗震纪念碑广场作为纪念性景观建筑空间，开启了唐山人民对于大地震文化记忆的空间生产与建构。

二、"目交心通"：社会民众交往记忆的场所

传播的历史是人类社会的历史。在原始社会，人类使用尖叫、微笑、手语等方式传递信息，但这样的简单交流仅仅延续了较短的时间，符号交流在传播中具有稳定性，因此其更加持久，例如，一幅壁画可以重复传播同样的信息（迈克尔·伍兹、玛丽·伍兹，2013）。碑刻是中国古代一直延续至现代的一种基础传播媒介，在中国文化传播史上具有举足轻重的作用。一种固定媒介的延续，不仅代表着其具有稳定的媒介属性，还说明其社会传播功能在不同时代得到了肯定。碑刻是我国重要历史事件或个人/集体功勋的书写媒介，碑刻、浮雕以及纪念碑一直是我国本土文化的重要传播媒介。纪念碑及浮雕承担"记事、褒奖、警策、记功、颂德、纪念、昭示、抒情、精神、标识"等功能（金其桢，2001）。纪念碑具有公共性，是城市公共空间文化意识与记忆生产的溯源建筑，是形成民族、社会、城市或集团的文化记忆及精神文明的向心力，可强化某一时代或事件的记忆、思想、信仰、精神或价值观（殷双喜，2006）。

纪念建筑物的作用固定且具有相对持久性，呈开放性、半开放性或封闭性空间状态，是延续至今的较为古老的传播媒介，其承担着地域民族的精神文化传承与历史记忆功能。一座纪念碑的功能与它的材质与形状存在一定的关系，但是更重要的是承担保存历史、建构文化记忆的功能，唐山抗震纪念碑广场（纪念馆、纪念碑及广场）建成后，成为唐山市市民前往市中心必去的场所之一，是唐山市最为重要的地景标志建筑景观。它成为唐山市民继家庭私人空间外，为数不多的可以回忆过去、对后代讲述自己震灾经历的场所。就如 LAG 在访谈中说："我经常会带我闺女（十六岁）儿子（五岁）到抗震纪念碑广场玩，一是附近有商场可以购物，家就在附近住，走路二十分钟就可以到家，儿子在这里玩滑板很方便。唐山大地震时我刚 1 岁多点，震后就活了我和我姐，我们可以说是政府养大的。我后来一路读书、工作、结婚生子还算顺利，我现在在唐山市某高校任教。有时候，我儿子那边玩（纪念碑广场），我就会和我闺女讲我震后的故事，地震时我太小，对震后十年复建的记忆也是模糊的……但是那时候的情感经历和自己的生命过程，除了家里就是在这休息的时候偶尔聊聊。"①

虽然不是所有的震灾亲历者都喜欢跟家人聊起那段惨绝人寰的灾难，但是抗震纪念碑成为他们愿意打开回忆大门的"钥匙"，如经常在李大钊公园（纪念碑附近）练习

---

① 访谈对象：LAG，女性，46 岁，唐山市某高校教师，访谈时间：2021 年 1 月 20 日。

乐器的退休职工ZGL所说："我退休了，只要天气好我们几个就会来这边练习吹小号。我们休息的时候会在这聊聊过去的事情，不过不愿意聊，年龄大了，回想起来难受。只是有时候有人（像你这样的人）来问，我们会讲讲，讲完我们几个（一起练乐器的人）还会聊聊大地震的事。不过有时候事儿赶事儿，尤其是有人出事（熟人去世）时，我们会想时间过得真快啊。"①

唐山抗震纪念碑广场在建成后，承担着唐山大地震集体记忆储存功能，同时作为集体记忆的媒介符号传播着其被赋予的文化记忆，虽然它不是地震以后残留的纪念物，但其代表了唐山人民的抗震精神与灾难创伤。对于外地人来唐，无论是商务出差还是游玩，受地理位置优越性的影响，外地游客均会前往抗震纪念碑广场参观，以示对唐山遇难者和抗震英雄的悼念，尤其是涉及唐山大地震后期重建恢复建设阶段的支援者们。就如北京市建筑设计院副总工程师白德懋，建设完唐山后再次回到其挥洒汗水的地方，与其家属一边拍摄照片一边讲述当时支援建设的故事（崔刚，1986）。

随着时间的推移，人们精神文化的丰富以及媒介技术的快速发展，前往抗震纪念碑进行世代记忆传递，以及旅游打卡沉浸式体验的逐步减少，正如抗震纪念碑广场周边卖饮品的SYY所说的："我在这里（纪念碑广场东北角）卖水、冷饮20多年了，下岗以后就一直在这。现在生意可不比以前了，玩的地方多了，以前都是一家老小来这边参观，父母给孩子讲大地震的故事，到我这买水、买玩具、风筝啥的，现在来的人少了，来了也就是简单看看，经历过的给大家讲讲，更多年轻的就是过来看看，证明自己来过了。"②

纪念碑作为物质化媒介，为社会提供了公共交流的场域，受其周边环境的影响，这里发生的交往记忆更加具有世代传播能力（Ohl Jessy J，2021）。唐山抗震纪念碑作为唐山大地震公共纪念空间场所，虽然呈现全开放的状态，但步入其所涉空间环境中，庄严感便油然而生。面对唐山抗震纪念碑讲述过去的故事，能够促进记忆中精神的文化洗礼，从而帮助传承与发展文化记忆。作为唐山抗震另一个纪念空间的唐山抗震纪念馆（原唐山地震资料陈列馆）则呈现相反的状态，其属于半封闭空间，虽然门票免费，但是来参观的人相对较少。参观抗震纪念馆的人员更加容易进行记忆回溯或历史的回顾。在这个相对封闭的展馆空间中，"情景再现"与"情感共鸣"式的集体记忆"回流"会更加容易让受众接受，从而建构记忆。

三、"日往月来"：建筑物涵化日常生活记忆

20世纪60年代，美国学者乔治·格伯纳（George Gerbner）提出"涵化理论"，又称为培养论或是教养理论，认为人们对现实社会的认知与态度受媒介的影响，从而

---

① 访谈对象：ZGL，男性，74岁，政府退休职工，访谈时间：2021年1月20日。
② 访谈对象：SYY，女性，53岁，唐山纪念碑广场附近小商贩，访谈时间：2021年1月21日。

形成自身的思想图景（George Gerbner，1986）。涵化理论强调的是通过媒介产品所搭建的较为复杂、具有周期性和持续性的广泛空间动态内容体系，并非是一种单一、较微观、临时的媒介内容对受众的说服，它润物无声、潜移默化地影响着受众的生活、生产空间环境与认知（Potter.W，2014）。列斐伏尔促发空间与生产两个概念双向互动与互释，展开了社会性关系与空间的互动性解释与讨论，他认为，诸多事物都可以生产出相应的自身空间（刘怀玉，2018）。纪念广场的社会活动、物质建筑与集体记忆之间存在着密切的联系。纪念碑广场空间是通过精心设计建筑元素，与城市空间分隔开来的。纪念碑广场在创建初期经过了严格的规划与设计，其空间的制作过程和空间呈现，揭示了它的社会、政治、经济和文化力量（Vander Vyver，2017）。

纪念碑广场属于公共交往的空间，是唐山大地震集体记忆的传承担当，同时也具有城市广场的部分功能。列斐伏尔认为，空间具有三元辩证的关系，即空间的表征、空间实践与表征的空间。空间表征主要指代空间背后的生产准则与行为规则，是一种自上而下的空间表达方式。空间实践多关注空间中表征与表征的空间的相互转化、相互作用的方式与方法。表征的空间代表着发生于日常生活之中的空间生产，即为日常生活的实践（王丰龙、刘云刚，2011）。

唐山抗震纪念碑广场毗邻李大钊公园，是唐山市金融、教育、文化、娱乐购物的中心。每天傍晚，李大钊公园的空地上都有广场舞、太极拳和其他活动，但是这些娱乐活动都不浸染抗震纪念碑广场。纪念碑广场与李大钊公园没有围墙与道路的划分，看似是一个场所，但这两者的功能在市民心中泾渭分明。就如广场舞爱好者 WGZ 所言："我们在大钊公园跳广场舞，是因为这里是'人民公园'，是玩的地方，纪念碑（指纪念碑广场）是给英雄们立的，我们不能去打扰他们。那个地方是我们唐山人的骄傲，我们只可以过去看，但是不能过去跳，那是不尊重我们死去的亲人和英雄，再说我一直认为那是一个集体的墓碑，虽然现在有了纪念墙，但是还是觉得去那儿娱乐不好，没有听过有人去'纪念碑'跳舞的。"[1]

"我们想过去宽敞的广场（抗震纪念碑广场）边缘去跳，但管理人员（唐山市应急管理处工作人员）建议不要，没有规定说不允许，他们说影响不好。后来自己想想也是，就没有去了。那边都是大家乘凉聊天，偶尔有小朋友玩轮滑的地方，不过这几年玩轮滑也少了，更多是乘凉、聊天、休息……"[2]

"我居住在附近，经常会带孙子在这边玩。如果跳舞还在这边（大钊公园）。乘凉的时候会去纪念碑那边，那边比较宽敞，小孩子可以撒欢儿跑，这边（大钊公园）湖水太深不安全。在那边还会给他讲讲我们那时候的故事，教育教育小辈儿。"[3]

---

[1] 访谈对象：WGZ，女性，52 岁，中石油冀东油田职工，访谈时间：2021 年 5 月 17 日。

[2] 访谈对象：ZX，女性，46 岁，个体商贩，访谈时间：2021 年 5 月 17 日。

[3] 访谈对象：LSY，女性，61 岁，政府退休职工，访谈时间：2021 年 5 月 18 日。

通过部分访谈、区位地图及实地观察可以发现，李大钊公园与抗震纪念碑广场在唐山市重点商圈中心位置，附近居民、周边购物及休闲的市民均把此区域空间视为可停歇的休息场所。两个场所虽未有明显的建筑区域划分，但在市民心中，两个场所还是具有一定的职能区别的，娱乐一般只在李大钊公园区域，而乘凉、停歇的部分人群会选择纪念碑广场。英国著名建筑历史及理论学家罗宾·埃文斯（Robin Evans）将日常生活的图景与建筑的平面并置，发现受众行为与建筑空间耦合关系不言而喻（罗宾·埃文斯，2018）。在日常生活中，纪念碑广场除了集中少数时间从事纪念、集会、宣传活动等外，还被赋予了休闲娱乐的功能（雷天来，2019）。市民在驻足、停歇时，纪念碑的附属文化记忆传播通过视觉传播开来。在无形之中，唐山大地震文化记忆便在市民脑海中重现或构现。未经历过大地震的民众可以通过纪念碑感知文化精神，经历过唐山大地震的民众可以通过纪念碑回忆过去。同时这里也是除了家庭空间外，另一处世代记忆传递的空间。目视唐山抗震纪念碑，耳边听着祖辈、父辈讲述其经历震灾的故事，通过视、听双渠道进行时代与文化记忆的思维构建，更加有利于增加后辈对于唐山大地震的了解。市民可免费领取抗震纪念馆门票，在馆内可以更加详细地了解唐山市发展状况，以及沉浸式体验、观看唐山大地震部分震灾情况以及救灾过程。

唐山抗震纪念碑广场在修建完毕后，除了作为唐山大地震官方纪念场所、日常活动场地外，还为大型政府活动、社会团体集会、教育展演与商业活动等提供了场地。虽然活动主题内容跟纪念碑广场的震后记忆氛围不相吻合，但是参与者在抗震纪念碑广场的空间环境中，目之所及之处皆为纪念碑碑文、浮雕与纪念碑，在无形之中个体记忆被涵化。按照兰德尔·柯林斯（Randll Colloins）所言，社会活动也是互动仪式的一种表现方式，即使是小范围的面对面互动，也是行动的场景和社会行动的基点（兰德尔·柯林斯，2018）。

从强调活动意义上说，参与活动的个体就是互动仪式链分子，个体前期已经具备以往的文化情感。参与者受所处空间场域与情感影响，即使进入一个新活动主题，个体依旧受到周边情境的影响，如图2-4。空间情境是由纪念建筑物的空间情感所形成，个体受前期文化记忆与情感影响，从而自然而然地受到纪念建筑物的空间情境影响。这种空间情境呈现出包含与被包含的关系，情境有自身的规律与过程，这也是互动仪式理论（IR）所关注的。互动仪式可以被视为活动的核心，它是一个较为完整的过程。在这个过程中，参与者可以发展出共同的关注焦点，彼此感受到自我身体的微观情感与节奏（邓昕，2020）。而情感的共联则受地域空间与自身记忆的影响，共同趋近的经历或记忆对于个体之间的互动与情感能力驱动具有促进作用。

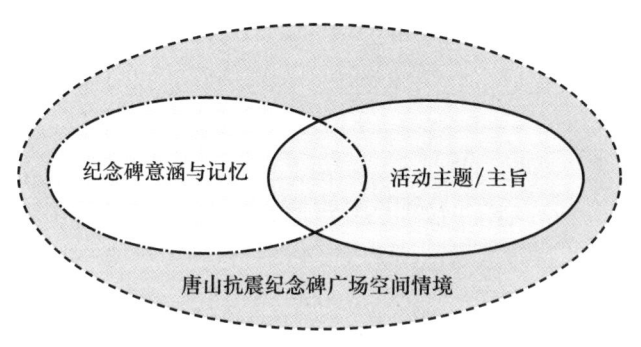

图 2-4　唐山抗震纪念碑广场空间情境图

在活动主题的外部空间环境中，建筑空间所形成的记忆环境依旧是唐山大地震文化精神内涵。可以理解为，在此区域空间的活动自身拥有一个主题，活动主题是显性的，固定的唐山大地震文化记忆传承建构的主题呈现隐性状态，这也促使在日常生活中，民众潜移默化地受它影响进行记忆建构，民众处在纪念碑广场空间中，将"物"转化为"人"的记忆，将个人记忆通过纪念建筑媒介转化为文化记忆（邱冰、张帆，2021）。集体记忆通过景观媒介符号传播给"在场"的民众，这种传播是一种无声的文化记忆涵化。纪念建筑物媒介的符号表征具有一定的记忆储存功能，是一种文化记忆延续的表现（Pokorna.P，2018）。唐山抗震纪念碑广场修建后，这片空间就对附近民众、经过此区域的路人产生了潜移默化的影响，同时对唐山市市民与参与过那场震灾战役的英雄而言，抗震纪念碑成为那段灾难的见证，是震灾文化记忆不断延续与传播的标识。

唐山大地震是唐山城市发展中无法规避的特大灾难，因此，抗震纪念碑广场活动地点具有鲜明的情感标识和社会地位。受地点情境的限制，抗震纪念碑广场所举办的社会活动多为政府、社会团体、教体单位举办的公益、教育、倡议类活动。依照惯例活动开始前需要对地点进行介绍，对历史进行回忆。即在唐山抗震纪念碑广场举办的活动，参与个体首先是在广场的空间情境中进行，再由主办方强调活动主题的同时，纪念碑文化意涵与记忆符号除了通过身体的视觉、触觉传播外，人际传播同样存在。两个或两个以上的个体同时集聚在一个空间场所，无论他们是否彼此特意关注对方，他们身体所形成的在场感都会相互影响（兰德尔·柯林斯，2018）。同理，纪念碑广场虽未与活动个体、团体进行实质互动，但其作为纪念建筑物媒介对于受众的影响是无形且存在的。

唐山抗震纪念碑作为文化记忆储存的媒介，将其特定的意识形态、价值观和文化记忆，通过普遍性或共享性的"符号"（Symbol Reality），让在场活动参与者无形之中形成情感"共鸣"与记忆巩固。时间、地点、事件、内容，是人类参与社会活动的主要记忆概要，受活动次数、时长、活动内容及附属互动等复合因素影响，人们对于地点的记忆将会尤为突出。抗震纪念碑广场作为集体记忆储存媒介，除了具有传播功能，还拥有附属的情感。纪念建筑物的情感空间是不能通过视觉察觉到的，其情感空间不是目之所及，但所处其中的人们却可以感知到。这种建筑空间情感受自身文化内涵、建筑情感符号表达、文化记忆共同体影响，在建筑媒介的勾连下呈现出来（荆其敏、张丽安，2003）。

唐山抗震纪念碑广场除了前期承担唐山大地震纪念日仪式外，同样是唐山广场中少有的能够升国旗场的场地。例如1991年11月24日，唐山市在抗震纪念碑广场举办反盗窃斗争成果展并召开赃物发还大会（唐山市档案馆，2017）。1996年6月1日，唐山市在抗震纪念碑广场举行六一儿童节《童手绘唐山，爱心献儿童大会》，大会开幕时升国旗、奏国歌，市领导张玉书发表《唐山儿女不忘唐山抗震精神及美丽家园建设》的讲话（唐山市档案馆，2017）。同年7月30日，上海第二医科大学40名专家学者（其中17名医生在20年前参加过唐山抗震救灾）赴唐山医疗服务考察队专家在抗震纪念碑广场开展专家义诊活动，现场万人参加（伊明，1996）。此后唐山市政府升国旗、每年"3·15"、生产安全月宣传、国际禁毒日以及其他公益活动等均在唐山抗震纪念碑广场举办。

随着唐山城市建设、各种公共设施广场兴建，唐山抗震纪念碑广场活动才开始逐步减少。不过即使到现在，唐山抗震纪念碑广场依旧是唐山市政府、团体活动以及举办爱国主义教育、政府活动倡议等主要活动场所之一。这些广场活动虽然主题或主要内容与唐山大地震不符，但是在这样的地域空间环境中，能够对地域的属性与功能进行潜移默化的强调。正如约翰·杜海姆·彼得斯（John Durham Peter）在《奇云：媒介即存有》中认为，媒介哲学中的"环境"就是"传播媒介影响人的感知、情感、认识和价值"的媒介环境学（约翰·杜海姆·皮特斯，2020）。纪念建筑物空间具有文化的属性，空间、地点可视为传播的主线（Verstraete Ginette，2016）。唐山抗震纪念碑广场从修建之日起，对于唐山市民众而言就是文化记忆的标识，是一个时代的记忆，一个充满困难、创伤但要铭记的集体记忆。

第三节　仰望精神：纪念建筑物的空间记忆显现

纪念广场是城市地域空间的一部分，在我国诸多城市均建有各式各样的纪念广场，它们多具有清晰的空间特性，是一个由具体现象组成的生活世界。场所是空间"形式"背后的"内容"。日本学者隈研吾在研究日本关东大地震震后建筑与场所空间时指出，空间就是"虚空"，人们不再将建筑只作为物质性建筑物体考虑，而是从物体与物体的虚空角度考虑建筑，这种理论被其理解为"空间"（隈研吾，2014）。列斐伏尔认为，空间必须从三个维度给予理解，社会存在着空间生产的不同模式，从自然空间到复杂的社会空间。每一种模式都是介于时间的空间想象、感知再现或空间理论、日常生活实践之间的三元辩证关系。

诺伯格·舒尔兹（Christian Norberg-Sch）场所理论中，根据空间图式、知觉空间变化与形成意义，划分出五种空间概念：肉体行为的实用空间、直接定位的知觉空间、环境方面为人类形成稳定形象的存在空间、物理世界的认识空间、纯理论的抽象空间（诺伯格·舒尔兹，1990）。这一空间顺序划分就形成以实用空间为基础、理论空间为定点的状态，空间图式逐步抽象化，逐渐形成扩展式"传播"内容。纪念建筑物作为场所是"存在空间"的一种表现形式，是比较稳定的视觉图式体系。亦可以理解为"形象"表征存在固定的空间领域，是从纪念建筑中抽离出的抽象表达，具有作为传播对象的性质。唐山抗震纪念碑广场作为城市公共场所，在创建之初便是唐山大地震文化记忆的建筑标志，是震灾文化记忆的重要组成部分之一。其作为唐山大地震的文化记忆媒介符号，在城市中不停地传达着它自身所散发出的"文化政治情感"，是永恒记忆和延续传承的纪念建筑媒介。

一、唐山人民：抗震精神的守望

1986年7月28日，唐山抗震纪念碑建成，碑文最后说到："爰立此碑，以告慰震亡亲人，旌表献身英烈，鼓舞当代人民，教育后世子孙……"[①]纪念碑广场属于唐山大地震后首批唐山大地震纪念建筑物、文化记忆和抗震精神相互统一的公共场所。作为唐山市中心地标建筑物，尽管唐山抗震纪念碑广场在不同时代进行了不同形式的扩改建，空间连续性存在细微变化，但其纪念性及意义一直处于相对稳定的状态。

从空间生产理论来看，地域空间并非物理学意义或地理学意义上的纯粹的实体，它更多体现出"人化的自然"产物，具有社会性、文化性、历史性。在建构空间文化意义的过程中，空间中的个体多以隐喻、意指、象征等实践方式进行表征（谢纳，2019）。纪念建筑物立于城市之中，占据一定的空间和场地，因此具有一定空间属性。它们通过形体、轮廓、色彩、质感等方面和角度进行塑造，演变成碑体、石刻、遗址、场馆、广场等多种类型的纪念景观形式。多种形式的纪念建筑物是一座城市的文化记忆重要组成部分，一个时代的重要标识。对于人类记忆而言，纪念建筑可作为记忆的基本要素（Gurler E. E., 2018）。唐山抗震纪念碑广场的水平高度由边缘向中心逐步增高，站在不同角度瞻仰唐山抗震纪念碑的视角不同，展现出国家精神叙事为主，社会"声音"相对被弱化的"国家中的社会"时代背景，如图2-5。

---

① 唐山抗震纪念碑碑文。

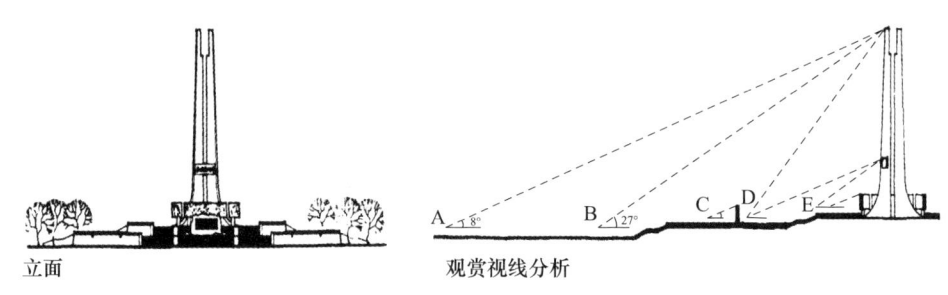

图 2-5　唐山抗震纪念碑正面、侧面角度图（李拱辰，1987）

　　游览者根据所站位置及注视角度的不同，看到的纪念碑面貌也是不同的，由此纪念碑所呈现出的纪念性符号意涵也不尽相同。A 位置处于道路的边缘，可以在人体 8° 视角看到碑体全貌。唐山抗震纪念碑建成初期，因建筑高层技术以及民众对于震灾的预防，周边无高层建筑，站在远处即可看到威严伫立的纪念碑。这一空间传达出的纪念性是综合全面的视觉表达，是抗震纪念碑及广场全面的视觉呈现，其以媒介途径，传达唐山大地震的文化记忆与精神传承。进入纪念碑广场 B 区域，观摩者需要 27° 视觉角度进行全貌浏览，这个角度是成年人向上微微仰头的角度，身体呈现仰视的形态，是对 1976 年震灾中遇难以及英勇抗震的英雄们的瞻仰，是经历过大地震浩劫的幸存者对于过去顽强抗震奋斗的肯定与回忆，但更多的是这里所镌刻着一个时代的国家政治情感与社会记忆。正如 ZHT 所说："我每次路过唐山抗震纪念碑广场的时候，只要时间允许，就会默默地站在碑下，抬头看看纪念碑，回忆几十年前，自己在雷雨交加余震不断中爬出废墟并帮助邻居的场景，最后累得躺在雨水、血水混合的液体中……想想如果换到现在绝对也算是个英雄，所以这个纪念碑也算有我的一份……"[①]

　　进入 C 区域观赏者主要阅读碑文内容，从而能够深入了解唐山大地震。D、E 区域是对纪念碑局部的观赏浮雕或是抬头仰望其庄严的场景，场所具备其所附属的文化记忆与历史意涵，具有固定的场所精神（冯一鸣、田焯玮、周玲强，2021）。浮雕符号从基本的图像传播，逐步演化到图像所代表的意涵传播。可以理解为，纪念碑浮雕作为媒介，除了具有故事叙事性的功能，还具备情感抒发和文化记忆的功能。唐山抗震纪念碑具有其独特的气场和灵魂，其自身的历史特性和精神属性，是唐山市乃至全国对于 1976 年 7 月 28 日那场浩劫的记录。

　　唐山抗震纪念馆与纪念碑相互呼应，纪念碑具有更加明确的视觉标识，空间视域更加广阔，纪念馆的空间则相对封闭。两层结构的纪念馆从"唐山地震资料陈列馆"到唐山抗震纪念馆，其空间陈列根据名称的变更而有所改变。唐山抗震纪念馆与抗震纪念碑不同，其所承载的文化记忆更为详细，通过图片、视频、纪念物等媒介传播。在展馆内的排列具有严格的顺序和空间摆放要求。纪念馆作为文化记忆实践的重要场

---

① 访谈对象：ZHT，男性，78 岁，唐山陶瓷集团退休职工，访谈时间：2021 年 02 月 20 日。

所，场景成为继内容、形式、社交之后的另一个媒介要义（张允、张梦心，2020）。空间场景成为其空间与环境、受众与记忆的重要勾连要素。布展的空间环境不同，或是说陈列顺序不同，参观者感受到的空间情感便不同，游客在参观时的记忆感受亦有较大区别。

唐山抗震纪念碑广场是唐山大地震集体记忆、文化记忆的标志，其开启了大地震文化记忆的建筑物媒介记忆模式，唐山抗震纪念碑是一座固定的不会随着历史的发展而改变的纪念建筑物，其空间记忆是持久开放的。唐山抗震纪念馆的记忆空间是半封闭的，是根据时代变化所更迭改变的。纪念碑广场位于唐山市中心位置，开放的记忆空间与半封闭的记忆空间相互辅助，呈现文化记忆的起点、延续、更迭与呼应，两者相辅相成，是唐山大地震文化记忆以纪念建筑媒介为载体的伊始，也是唐山大地震记忆传承、政治精神树立与延续的重要载体。

二、声达心通：建筑声音的记忆润饰

西汉礼学家戴圣所编写的《礼记》云："音之起，由人心生也。人心之动，物使之然也。感于物而动，故形于声（杨天宇，2004）。"声音作为传播的媒介，其传播具有其特殊的符号表征，从现场感、时效性、情感性而言，声音与画面是密不可分的，视觉的冲击配合声音的辅助，将大幅提高传播效果。人类与诸多动物一样，以声音为主要传播媒介，不同形式的声音作为媒介，具有不同的传播效果，它具有传递信息、表达情绪、宣泄存在的作用。但受视觉为主的思维框架影响，以声音以及其使用议题的传播研究，过于倾向关注声音在传播过程中受众的接受程度，从而压缩了声音的三维空间性，忽略了声音环境的情感形塑、声音的空间属性以及人类视觉、听觉、触感的互动。

纪念建筑中的声音包含三部分，一种是建筑自身作为媒介所产生的声音，另一种为建筑空间中附属的声音（音响、民乐等），最后一种是纪念建筑空间中人类所发出的声音（齐琨，2020）。第一种声音是建筑景观自身等声音，多来自于自然，风吹过建筑而产生的声音、雷声与建筑产生的共鸣、雨水击打在建筑上的声音……这些声音虽是自然界与建筑媒介共同产生的声音，但是因为纪念建筑物的历史记忆符号属性，其发出的声音便具有了一定的文化意涵。无论是所谓的封建迷信还是正能量赋值，其所传播的一定是纪念建筑建造之初以及后续文化记忆赋值的符号化外溢内容。第二种建筑物声音是其环境情感附属的声音，纪念建筑作为文化记忆的传播媒介，其周边环境情感被建筑固化（Sarfati.L，2020）。情感和意识形态的物质性在唐山抗震纪念碑广场中实现，促发建筑物空间情感稳定。增添与其环境情感相匹配的音乐，能够起到烘托氛围的作用，以达到预期纪念效果。第三种声音多来自于有建筑物空间中的人类，纪念建筑物空间中"纪念性"凸显，在唐山抗震纪念碑广场被修建后，其代表着不只是震灾中遇难的亲人与牺牲的英雄,还代表着幸存者对去世亲人的思念,也同样执行着"无名墓碑"的职能。直到唐山南湖公园大地震遇难者纪念墙的出现,唐山抗震纪念碑的"墓碑"职能才逐步弱化,成为纯粹的唐山抗震精神符号象征。在建筑物空间中人们通过与逝者的"谈话"寄托哀思,通过对纪念碑碑文的朗读凝固过去的记忆,人们对着纪念碑的哭诉及自身的苦楚的抒发等声音都是对于纪念建筑物的诠释。

纪念建筑与其他建筑不同,其具有明显时代的特征、历史使命以及文化记忆,它所辐射的空间范围都受其自身情感属性影响。作为传播媒介,其所属的声音对于其情感与记忆的传播有着潜移默化的渲染作用,同时也无形之中涵化着陌生人,从而达到纪念碑的纪念性作用以及与文化记忆传播相融合的效果。

三、抗震纪念碑:震灾文化记忆的初始标识

每一种文化都会形成一种"凝聚性结构",它可以起到一种连接或是联系的作用,这种作用表面呈现两个层面:社会层面和时间层面。凝聚性结构帮助人与人相互联系并取得信任,促使彼此形成一种"象征意义体系"空间(扬·阿斯曼,2015)。在这空间中,共同的经历、经验,对未来的期待、象征性情感代码和行为空间起到了连接与约束的作用。唐山抗震纪念碑广场在震后10年建设,其所属空间位置位于唐山市市中心,也属于市民日常生活中会经过的地方。震后10年,城市完成基本重建,抗震纪念碑、纪念馆则是对那场惨痛记忆的遇难者的悼念、对幸存下来的民众的精神再造。共同经历过浩劫的民众,对于那段记忆铭记于心,纪念碑是他们与逝者沟通的桥梁,是遇难者与幸存者经历过灾难事件的事实证明。

莫斯·哈布瓦赫在《论集体记忆》中论述,"想象力可以借助实体感知的形式存在,这些实体存在或曾在于某个地方、某个时代出现过。从而证明这些实体(事件)在这个世界存在过,就在此时,人们保存了对英雄或是伟大事件的记忆,以一种崇拜或是崇高的形式讲述他们的故事并纪念他们,以防止此段时代与地方的记忆消失(莫里斯·哈布瓦赫,2002)。"1976年,唐山大地震过后,生存、温饱是唐山市民面临的主要困境,解决震灾幸存者的生活问题成为灾后的基本问题。十年灾后重建后,唐山市民生产、生活、学习等问题已得到基本解决。死亡并不是人的肉体的消失,而是活着的人们心中的问题(毕治国,1996)。生活问题基本解决后,需要对过去的事件给予总结,给遇难者一个交代,给幸存者建立记忆的空间。唐山抗震纪念碑广场作为唐山大地震事件的佐证建筑,是人类社会活动的结果,反映出了人与社会的关系,同时这种关系一直在持续发展变化。对于文化记忆而言,纪念建筑物联系着过去、现在和将来,它的产生依托于历史事实,其产生时的当下意义立足于对历史的理解和分析(邱冰、张帆,2021)。纪念建筑物的产生源于政府、社会群体或个人的怀念、崇敬之情,能够传达特定的情感、表明所持的态度,展现审美格调,可以传播一定的历史记忆与政治精神,影响他人的思想

观念与文化认知,从而培养社会凝聚力与城市认同感。因此,纪念建筑物具有明显的文化记忆属性,对于文化记忆的传播与延续具有重若丘山的作用。

文化记忆的作用方式是双模的,它既是指向群体起源的巩固根基式回忆,又是指向个体的亲身体验、框架条件(即"晚近")的生平式回忆。巩固根基式回忆主要通过文字或非文字性的、已经固定下来的客观外化物(Objektivation)在发挥作用,这些客观外化物的形式包括仪式、图式、服装、纹身、绘画、舞蹈、雕塑、建筑等。总而言之,各式各样的符号象征系统,支撑着其所代表的回忆与认同(扬·阿斯曼,2015)。唐山震后10年修建的抗震纪念碑广场(抗震纪念碑、地震资料陈列馆、纪念水池等)均属于巩固根基式回忆建筑。一般在生活中产生社会互动作用的记忆被称之为生平式记忆,巩固根基式记忆不是自然生长的,多是由社会外力扶持的,多以固定捆绑的形式通过国家权力的途径实现。

唐山抗震纪念碑广场正是那场浩劫面前唐山人民以及全国人民抗震精神的象征物。就如震灾幸存者ZZH所言,地震那年他16岁,刚刚参加工作。地震发生后,他的第一反应就是救人,把家里人救出后,哪里有呼救声就跑到哪里,已经忘记了赤裸身体的自己,现在回想起来还有些不好意思。震灾不久后毛泽东去世,更是给大家精神上沉重的打击。[①]震后几年里,随着社会的稳定与温饱问题的解决,也就是活着的人要活着,大家对亲友逝者的思念才开始逐步高涨。而纪念碑的修建就是对那场灾难最好的纪念,展现了那个时代特有的精神。

随着城市十年重建规划启动,废墟基本清理完毕。1983年8月9日,唐山市市政府颁发《关于保护地震遗迹问题的通知》,7处具有代表性的地震遗迹被列为国家重点保护项目(唐山市档案馆,2017)。原有废墟建筑的清除与震后新建筑的修建,以及百姓温饱、生命财产得到保障,社会秩序逐步恢复稳定。民众对灾难中去世亲人的追悼"仪式"开始逐步兴起,以前是在遇难者的废墟旁,在死者忌日、生辰、清明节、寒衣节等时点烧纸,以寄托追悼之痛、思念之心。在唐山的民间信仰与民俗中,祖先崇拜,宗法制度下的血缘亲情,会以家庭为单位进行定期的祭祀,从而使家庭有了信仰和祭祀的功能。但家庭多不设祖亲排位,而是选择在坟前祭奠,无坟死者亲人则选择在十字路口烧纸钱唤其名字(张铁铮、李权兴,2007)。这就导致每年"7·28"、清明节、寒衣节在唐山大街小巷的十字路口22点至24点间,随处可见通过可视化"祭品"(逝者之前喜欢的食物、用品等)的方式表达哀悼思念之情。对于唐山大地震不幸遇难的家属而言,借助这种所谓的虚拟悼念形式来祭奠亲人,是他们寄托哀思最有效的途径之一。这一民间习俗随着抗震纪念碑、地震遗址公园的修建,以及国家环保部门规章制度的执行,唐山市区内逐步减少"烧纸"现象,民众开始携带鲜花前往地震遗址公园祭祀,或通过"7·28"纪念网、网上纪念馆等线上纪念场所进行纪念活动。2017年3月28日,唐山

[①] 访谈对象:ZZH,男性,55岁,开滦集团特殊工种退休职工,访谈时间:2021年5月15日。

市市政府颁布"唐山市人民政府关于清明节期间文明环保祭扫的通告",要求禁止在市、县城市建成区内道路路口等公共场所开展焚烧纸钱、烧香焚纸等不文明祭扫行为。倡导唐山市民移风易俗,采用鲜花进行祭扫、网络祭扫或者家庭仪式追思等文明祭扫方式(陈菲,2017)。① 伴随震灾亲历者的逐渐逝去,环保力度加强,在唐山市区内盛行40余年的十字路口烧纸以寄哀思的民俗行为基本消失。

民间烧纸活动是个体的社会追思行为,唐山抗震纪念碑广场的修建是国家政治文化需求,是对于震灾事件的集体回应或是定性行为,其具有群体认同与记忆的共性。在集体记忆的文化部分,集体的文化记忆认同中包含一种庄严隆重的、超出日常的东西,从一定意义上讲,它超越生活、出乎寻常,成为典礼、非日常社会交往涉及的对象。悼念亡者属于"社会交往"的范畴,因为它是人类常见的一种行为,同时,从它发展出了自己的专职人员、仪式和机构来看,它就具有"文化"性质,属于文化记忆的一部分。在1986年抗震纪念碑广场修建完毕后,纪念碑广场成为外来游客、本地居民祭奠大地震遇难者的集聚地,同时也成为日常活动的集散地。唐山抗震纪念碑广场(纪念碑、纪念馆)成为文化记忆的标志性建筑,也成为唐山大地震文化记忆的主要场域之一。

第四节　大众媒体:抗震纪念碑的记忆映照

伴随媒介技术发展,媒体对社会的影响力也逐步加深。媒介涵化理论指出,人们生活在媒介环境中(报纸、电视、广播、新媒体及物质媒介环境)的时间越长,所形成的价值观与媒体内容的一致性程度越高(Jennings Bryant)。而伴随媒介空间的影响深入,媒介对于个人感受、情感认知和信息获取的比重越来越大。唐山抗震纪念碑广场作为物质性纪念建筑物媒介,除了其空间范围内的文化记忆传播外,作为大众媒体的赋意对象,在媒体的空间中,会在其基本意涵的基础上进行文化记忆、精神意涵的加固,形成大众媒体上的纪念碑"景观",这两种"景观"衔接后,使唐山大地震集体记忆的传承与建构更加"自然"且相得益彰。

一、报刊中的抗震纪念碑媒介赋意

为了深入了解大众媒体对于抗震纪念碑广场的媒体赋意,考虑时代特性、媒介技

---

① 陈菲:《唐山市人民政府关于清明节期间文明环保祭扫的通告(唐政通字[2017]7号文件)》,《唐山劳动日报》2017年3月30日,第6版。

术发展以及主流报纸的权威与核心因素。故选取三级（市、省、国家）党政机关报为媒体文本分析对象，对1985—2021年《唐山劳动日报》（唐山机关报，1949年毛泽东亲自命名，原称《救国报》《冀东日报》《新唐山日报》）及《河北日报》《人民日报》逢五、十周年关于唐山大地震抗震纪念碑广场的相关报道。因为我国党政机关报具有"上传下达"属性，故筛查出相同新闻文本（新闻文本相似度高于80%），以防止文本编码节点与权重发生偏差，相同新闻报道本文采用最高级单位归属。

经筛选，共选取涉及抗震纪念碑广场相关报道223篇，其中《唐山劳动日报》高度相关报道125篇；《河北日报》55篇；《人民日报》43篇，文本字数约为17.23万字。运用QARInternational开发的定性和多重混合方法，结合分析软件NVivo12.0Plus对文本进行编码分析。根据对223篇关于抗震纪念碑广场相关文本进行三级编码，一级节点编码设置为唐山抗震纪念碑广场，二级节点编码包含抗震纪念碑、抗震纪念碑广场的意义、抗震精神、其他抗震纪念碑和抗震纪念馆（地震资料陈列馆）5项，三级节点编码包含城市精神烙印、纪念碑广场祭奠等。见表2-2。

我们可以发现，抗震纪念碑广场的主要节点数量集中在抗震纪念碑（合计节点294）和抗震精神（合计节点285）。而在三级编码节点数量及覆盖率上可以发现，城市精神烙印、纪念碑广场祭奠/纪念仪式、精神丰碑、文化象征、震灾的历史记忆这5项节点为50以上，覆盖率在10%以上，分别为86/14.59%、77/13.21%、128/20.83%、60/10.10%、69/11.53%。抗震纪念碑广场在媒体叙事中的主要形象为国家城市精神烙印（符号）、精神的丰碑，同时也兼具了悼念和纪念仪式的场所。对于具体的集体记忆而言，更多是地震资料陈列馆（抗震纪念馆）展现了记忆的叙事功能。而在唐山抗震纪念馆内的数次改扩建后，震灾的个体记忆和灾难的集体记忆展览甚少，更多展示的是抗震的过程与今日的"胜利"。

表2-2 唐山抗震纪念碑广场相关新闻报道三级节点编码、参考点数及覆盖率表

一级节点编码	二级节点编码	三级节点编码	参考点数	覆盖率
唐山抗震纪念碑广场	抗震纪念碑（294）	唐山城市符号	22	7.84%
		人民对生命尊重	33	8.59%
		后世教育与记忆延续	54	9.67%
		抗震纪念碑的精神象征与解读	29	5.42%
		抗震纪念碑之歌	10	4.21%
		文化象征	60	10.10%
		唐山城市精神烙印	86	14.59%

续表

一级节点编码	二级节点编码	三级节点编码	参考点数	覆盖率
唐山抗震纪念碑广场	抗震纪念碑广场的意义（148）	国家防震减灾科普教育示范基地	19	7.02%
		纪念碑广场祭奠/纪念仪式	77	13.21%
		城市的传奇	14	5.23%
		对于殉难者和英雄的告慰	38	9.25%
	抗震精神（285）	精神的丰碑	128	20.83%
		抗震文化	23	7.94%
		唐山人文精神	42	9.32%
		中国梦注入精神力量	12	4.56%
		抗震精神融入血液	31	8.45%
		唐山精神	49	9.85%
	其他抗震纪念碑（11）	古冶/丰南/天津等纪念碑	11	3.21%
	唐山抗震纪念馆（抗震资料陈列馆）（185）	教育后世与记忆传承	46	10.02%
		震灾的历史记忆	69	11.53%
		唐山大地震集体记忆	39	9.76%
		震灾个人记忆/事迹/故事	31	8.12%

注：通过 NVivo12.0 Plus 软件对《唐山劳动日报》《河北日报》《人民日报》1985—2021 年相关新闻报道文本统计制作。

在大众官方纸媒的报道中，抗震纪念碑是唐山的城市符号象征，是这座城市的文化象征，它具有教育后世、延续记忆的作用。同时，它也是唐山抗震精神的物质化景观的解读和媒介，代表着对生命的尊重。唐山抗震纪念碑广场是见证唐山这座城市的传奇标识，同时也是对于死难者和英雄们的告慰。抗震纪念碑广场在1986年建成之后成为抗震精神的物质化景观标识，抗震精神有了物质载体，一座是屹立于城市中心的纪念碑，一座是映射在唐山市民心中的"精神丰碑"，二者相互依存与映照。抗震纪念馆则是集体记忆建构、个体记忆叙事、灾难历史传承的综合记忆的中介空间，其弱化了抗震纪念碑所表征的国家政治情感记忆，融入了震灾的苦难与创伤，以此来烘托唐山民众战胜震灾的奋斗精神。

通过 NVivo12.0 Plus 聚类分析对唐山抗震纪念碑广场相关新闻报道文本进行分析。聚类分析是对文本内容相似程度的统计，聚类分析图是通过文字、编码和属性值的相似性所展现的数据图，用来可视化新闻文本材料和节点编码的异同，如图 2-6。唐山

第二章　抗震纪念碑：难以规避的国家记忆（1986—2000年）

抗震纪念碑广场在新闻报道中的叙事主要集中在抗震纪念碑的附属意涵上，其中也包含抗震纪念馆。通过图中聚类关联线可以发现，关联度较高的主要集中在抗震精神与精神符号标识上。

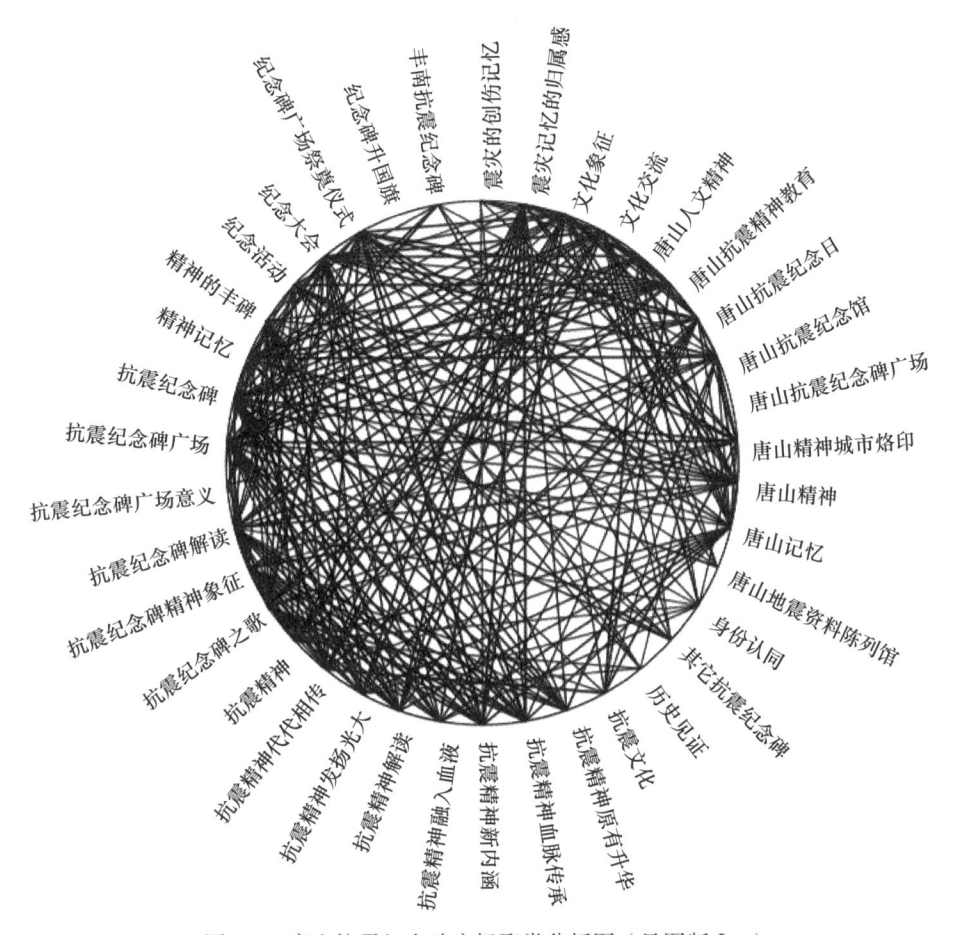

图2-6　唐山抗震纪念碑广场聚类分析图（见图版Ⅰ-6）

通过NVivo12.0 Plus软件对《唐山劳动日报》《河北日报》《人民日报》1985—2021年相关新闻报道文本统计制作。

在《唐山劳动日报》《河北日报》以及《人民日报》的报道中，提及唐山抗震纪念碑或抗震纪念馆时均在新闻报道内容中阐述了抗震精神、精神记忆以及城市标识等内容。这也造成了唐山大地震的抗震记忆强化，灾难记忆弱化甚至被遗忘的现象。在纪念建筑物作为媒介融入民众的日常生活后，加之20世纪80年代、90年代和21世纪初传统媒体的"绝对"传播能力，唐山民众对于抗震纪念碑的记忆更加稳固。正如许步东创作的《抗震纪念碑之歌》中歌词："抗震纪念碑哟，屹立在冀东平原上。你是唐山人民不屈的形象……抗震纪念碑哟，镶嵌在凤凰城中。你是唐山人民英雄的勋章。

凝聚着逝者的遗愿，寄托着生者的希望……像一部浓缩的史书铭记着十载春秋，像一块闪光的丰碑，吸引骨肉同胞（许步东，1988）。"受当时传统媒体行业的垄断和权威性影响，报纸是百姓日常生活中获取信息的重要途径之一，就如GZQ回忆说："抗震纪念碑修建的时候我只有六七岁，不太记事情，只记得每年'7·28'都会来这里举行升旗仪式和纪念活动……它是看着我长大的，是我们唐山市最重要的建筑，是对过去的记忆……而且那时候没啥娱乐，跟现在没法比，主要信息来源就是报纸，电视还是后面才有的……"①

"大地震时我十六岁，修建抗震纪念碑那会儿我刚调到市委工作，我还记得那时候去那边对接过接待的工作，不过时间过得太快了……它就是我们这一代（经历过大地震）的记忆啊，那时候多苦啊，啥也没有……我感觉有它，大家就知道那段灾难，哪怕后代没经历过，去看看纪念碑，起码（就应该）心里有个数（知道大概的震灾事件）。"②

在唐山抗震纪念碑广场修建之初，唐山抗震纪念碑广场就被媒体赋予了"精神记忆"的符号意涵。在抗震救灾和城市重建中，满目疮痍的城市、痛失亲人的市民激起了中华儿女血液中奋勇直前、顽强不懈的精神。抗震纪念碑广场作为纪念物的象征，是震后记忆的总结与升华，是国家给予抗灾集体记忆的肯定。纪念碑的修葺就代表着记忆的铭记与遗忘，遗忘是为了更好地记忆。抗震纪念碑与地震资料陈列馆成为当时震灾记忆的主要物质承携。但是随着年代变迁，地震资料陈列馆也被赋予了国家"精神"的意涵，扩改后更名为唐山抗震纪念馆，更加强调了抗震记忆而淡描了震灾时的苦难与死亡。

在唐山人内心，唐山抗震纪念碑广场（抗震纪念碑、抗震纪念馆）已经融入到这座城市之中，是对震灾记忆的凝练与升华，成为这座城市的"根基"。同时，它所表征的记忆符号与精神意涵，已经深化到每个唐山人的脑海中，而且这种记忆的建构从它屹立之日起便一直持续。就如《人民日报》写道："站在抗震纪念碑广场，仰望雄伟庄严的抗震纪念碑，它见证过去的灾难，也指引我们前行，灾难已经远去，'抗震精神'需要世代相传（王明浩、韩立强，2008）。"唐山"7·28"大地震已经过去45年，震灾中的苦难记忆可能在后世的脑海中只存在只言片语，但是抗震精神的记忆似乎深融于唐山人民的血液中，一代又一代被传承。

二、影视作品中纪念碑的镜头语言

以唐山大地震为原型的纪录片、影视剧、电影，在播出后一度引起唐山人民乃至

---

① 访谈人员：GZQ，男性，42岁，个体工商户，访谈时间：2021年07月30日。
② 访谈人员：LSY，女性，61岁，政府退休人员，访谈时间：2021年05月18日。

全国人民的关注。影视作品具有更好的记忆辅助功能，通过镜头的符号加工、场景展演、群体认同的表征实践，进行集体记忆的建构及文化记忆的循环，从而展现震灾记忆的价值与精神需求（徐丹丹、秦宗财，2021）。

纪录片的本质是展现真实，因此纪录片影像的呈现以纪实性为主，从而唤起目标受众的集体记忆。根据唐山大地震为原型题材的纪录片主要以周年形式呈现。1976年由八一电影制片厂拍摄的《军民团结抗震灾——唐山大地震实录》、1979年由吴均导演拍摄的《英雄战震灾》等均被视为宝贵的历史文献资料。中央电视台摄制三集电视纪录片《唐山大地震二十年祭》（安瑞华，1996），凤凰卫视拍摄《唐山大地震二十九年祭》在播放之时均受到唐山民众的关注与支持。

2006年，在唐山大地震30周年之际，上海电视台纪实频道摄制组来到唐山市拍摄《唐山大地震》纪录片，在一个月的时间内征集了大地震亲历者3000余人，其中包括震灾时前往唐山救灾的解放军战士、医生与护士还有舍己救人的搜救队员、陷入绝境后奋力自救的市民、顾不上救自家儿女而先帮助他人脱险的母亲等。通过"素人"亲历者的访谈模式讲述过去的创伤记忆，利用蒙太奇的镜头叙事方法将访谈者讲述与废墟建筑景观相结合，从而引发观众的情感共鸣与记忆回溯。这种情景再现的模式对文化记忆的形成以及记忆术下的历史记忆有着巨大的辅助作用。

在《唐山大地震》纪录片中，纪念建筑物不仅存在镜头画面里，现实生活中依旧存在。摄影师采用过肩镜头模式，展现出唐山抗震纪念30周年之际，代表着唐山市未来的初、高中生们齐聚唐山抗震纪念碑广场，为震灾中的殉难者与救灾英雄们敬献花圈，唐山抗震纪念碑作为文化记忆书写媒介，民众在其场域内形成传播磁场，而屏幕前的受众通过镜头一样会受到纪念碑广场文化记忆符号的影响。

基于影视作品，通过启用个人记忆资源生产回忆、内嵌至集体情怀的符号表征、历史事件改编以及集体记忆建构过程，从而建立"在场""不在场"者某种记忆情感的存在（庄金玉，2021）。影片中的故事情节、叙事都存在相对的情感元素添加，无法做到纯客观。但镜头中的纪念建筑景观与受众真实生活中的建筑景观是相同的，更容易让观众牵引至现实生活中的震灾建筑物，从而对现实中的纪念建筑的文化记忆感受更加深刻。

灾难性事件具有地域属性，根据灾难性事件改编的电视剧、电影都具有较强的地域群体特征，包括《唐山大地震》电视剧版、《蓝光闪过之后》《那座城市这家人》《你我一样》《唐山绝恋》《非亲兄弟》《无情海峡有情天》《今生是亲人》《唐山孤儿》《唐山大地震》电影版等。除此之外，唐山地方媒体单位每年也会拍摄一部分关于震灾周年纪念的纪录片、微电影等。例如，为纪念唐山大地震43周年，唐山劳动日报社以"致敬英雄的城市"为主题，拍摄了微记录短片《新唐山24小时》。唐山电视台新闻频道拍摄了电视新闻专题片《唐山抗震纪念碑》等，在这些微记录的影视、新闻作品中，唐山抗震纪念碑依旧是重要的镜头叙述内容。

唐山大地震是唐山历史回顾、现实发展、未来展望都难以回避的特大自然灾难，而唐山抗震纪念碑是这场灾难事件的核心纪念建筑物之一。唐山抗震纪念碑自修建之初就被国家赋予了抗震精神的标识，是唐山人民"战胜自然"、奋发图强、艰苦奋斗的重要表现。只要是涉及唐山历史发展以及唐山震灾记忆的影视画面，唐山抗震纪念碑都是其重点呈现的纪念建筑物。在纪录片、商业片乃至新闻专题片镜头中，我们可以发现，无论是镜头的拍摄（包含无人机拍摄角度）还是镜头匹配的情感解说词画面都是以仰拍、崇敬的镜头叙事为主。这也说明国家在1986年修建唐山抗震纪念碑之时，就将震灾记忆通过纪念建筑物的形式做了政治记忆的基本铺垫。

影视镜头中的抗震纪念碑与现实社会生活中的抗震纪念碑在情感表达与瞻仰视角、记忆书写上存在着一定的出入。并不是每个人都会详细地去阅读碑文、浏览镌刻、回忆过去，更多身处抗震纪念碑前的民众是在体会整体的震灾感受，甚至诸多参观者认为它只是一座大地震事件的证明"物件"。就如退休工人ZZH所说的一样："唐山抗震纪念碑，对于我们经历过大地震的那批人来说是我们抗震精神的象征，我们没有被大地震毁灭，反而生活得更好，它代表了每个唐山人的内心故事。但是，对于现在的年轻人，感觉更像是一个旅游拍照（打卡）的地点，拍个照片证明我来过，有心的（对震灾事件有求知欲）会去看看碑文，没有心的拍完照片就走了。以前他们还要再去纪念馆看看，现在疫情防控期间，嫌进馆麻烦，去都不去了……"①

影视作品促发抗震纪念碑作为震灾记忆媒介的二次传播，视频镜头具有目标对象特点放大的属性，可以综合运用光线、色彩、影调等提高拍摄对象的艺术表现能力（孙一萍，2021）。在传播过程中因为其自身的文化记忆属性，镜头会将其固有属性进行放大，也就是说，在镜头中的唐山抗震纪念碑会更加突出其自身的文化记忆属性，而缺少了空间场所给受众带来的情感体验，这也是诸多唐山抗震纪念碑使用仰拍镜头的主要原因。也正是这些镜头促进了唐山抗震纪念碑文化记忆的二次传播和"打卡"身体实感，提高了唐山抗震精神的传播范围与受众认知。

第五节 象征记忆：作为精神归档的纪念碑广场

无论是在东方还是西方国家，纪念碑都有着悠久的历史和持续发展的脉络，在人类文明初期阶段已形成雏形，例如，游牧民族的图腾帆、部落时代的图腾柱等。但这些承载物多以木制品为主，木制品易腐蚀故难以保存与传承，而近年所使用的符号承

---

① 访谈对象：ZZH，男性，55岁，开滦特殊职业退休职工，访谈时间：2021年5月15日。

载物多为石料（花岗岩、大理石等）和钢筋混凝土，其在经历风吹日晒岁月洗礼后依旧完整如初。纪念碑作为纪念性符号的媒介一直延续到现在，承载着震灾记忆与精神，并承担着祭祀场所的功能。

一、灾难与重建：精神记忆光环下的创伤

约翰·布林克霍夫·杰可逊（John Brinckerhoff Jackson）在其出版的《对于废墟的需求》一书中讲述道"纪念碑可以是任何形式"。他的这一观点强调"类型学和物质形态不是断定纪念碑的主要因素，真正使一个物体具有纪念碑性的是其内在的纪念性与礼仪功能"（Wu Huang，1995）。这也是一种"泛纪念碑"的观念，他扩展了人们对纪念碑性的认识，同时也深化了纪念碑的研究。但在谈论纪念碑时，我们更多地想到依旧是物质性建筑纪念碑，当然这也促使我们在研究物质性纪念碑的同时，民众心里的纪念碑依旧是不可或缺的研究领域。无论是纪念碑还是具有纪念碑性的建筑，最主要的是把握"纪念碑的地位和体现"。

从文化记忆的角度审视纪念碑，任何一个人造物、遗址或遗迹，作为特定历史和文化记忆，无论是个人、社会还是国家都具有与其相对应的纪念性价值与意义（赵炎，2021）。只是这种意义会受到对象、地点和时间的限制。例如，唐山抗震纪念碑作为传播媒介，最佳的传播时间可定为每年的"7·28"唐山抗震纪念日，地点在纪念碑广场，而有效对象则为经历过震灾、震灾中有亲人遇难及唐山区域民众。对于时间、地点、对象而言，纪念碑作为传播媒介的传播效果是最好的。但对于掌权者而言，纪念碑的功能不仅仅是纪念，也是迎合政治、文化需要（洪长泰，2019）。而设立唐山抗震纪念碑这座文化记忆产物，可以更好地去建构、延续与传承唐山大地震抗震精神的集体记忆。莫里斯·哈布瓦赫讲述道，"空间是持久永恒的，我们要透过保存下来的环境及具体事物，才能明白历史"（Maurice Halbwachs，1980）。唐山抗震纪念碑广场作为唐山抗震的集体记忆承载建筑，不仅是满载震灾的集体记忆，同时也体现当权者的信念与愿景。

1986年，唐山抗震纪念碑广场修建完毕，它是唐山市民乃至全国人民对于地震中遇难群众与抗震救灾中光荣牺牲的烈士致哀的仪式场所，是"十年重建与振兴"阶段成果汇报，更是唐山人民艰苦奋斗、团结抗震精神的记忆符号（石德连、徐建中，1986）。经历了抗震救灾的洗礼，唐山获得了新生。在震灾、恢复与重建期间，唐山人民展现的"唐山抗震精神"，同样是一笔宝贵的财富。抗震精神作为国家"挖掘"出的震灾记忆是唐山大地震文化记忆的一部分，是一个时代的唐山人创伤记忆积极转化的过程。在国家震灾记忆的发展中，伤痛逐步被掩埋与遗忘。但大地震的亲历者，尤其是在震灾中失去亲人或自身伤残的唐山人的创伤是无法被消减的，只是时间淡化了创伤，一旦回忆过去，伤痛依旧刻骨铭心。时间冲淡了过去，但心底的"伤疤"依旧存

在，众人只是不愿意去重新揭开它，但震灾记忆另一处的奋斗精神在国家的建构与涵化下，就像记忆基因一样在亲历者身上延续到下一代。

经历过大地震的唐山人，对于生死产生了豁达的看法，就如 WXG 在讲述震灾发生时他的亲身故事："地震的时候，我爸妈都没了，如果当时没人及时救我，在 45 年前我也死了。所以活着就是对救我的解放军最好的报答。当时人都'好'（淳朴），左邻右舍相处得好，不跟现在很多界比儿（邻居）都不熟，我被救出来，自己胳膊和腿没事，就赶紧跟着去救界比（邻居）的人去了……年轻的时候经常去市里（唐山市市中心），顺便会去纪念碑坐会儿，我现在不咋去纪念碑了，岁出（年岁/年龄）大了不方便，还有就是人没了，就没了，自己不想回想很久以前的事了，心里免了难受。那地儿（纪念碑）就是一个念想儿吧，不过南湖那儿（地震遗址公园纪念墙）我清明和'7·28'让我儿子他们去，看看他爷爷和奶奶啥的……"①

"我父母他们是经历过大地震的，但我家在开平区的农村，听我爸说，我们村基本没有死人，但是受伤的人不少。抗震纪念碑就在我们单位旁边，我认为它还是非常有必要的，虽然我没有经历过大地震，但唐山动不动就小震（地震）一次。看到纪念碑脑海里就会浮现一些电影画面惨状，心里会不舒服，虽然没有经历，但抗震精神还是要传承下去。"②

"我只有路过，没去过那儿（纪念碑），就连南湖（地震遗址公园）那离我家这么近我都没去过。不是不想去，是怕自己受不了。我们家没（震灾遇难者）的人太多了，去了太难受了。有些东西是忘不了的，但是又没办法，只有继续活着，好好活着。"（ZSY，20210518）③

时间已经过去 45 年，有些创伤虽已被时间所掩埋，但是其依旧存在。伤痛随着震灾亲历者的逝去而逐步被遗忘，但震灾记忆却被选择性地留了下来。留下的震灾记忆可能少了伤痛，但多了一份坚强、勇敢、团结，抗震纪念碑就像记忆术的石柱，将过去的精神与记忆书写于不腐的石碑之上，长久地保存与传承。而记忆长久发展的基础则是情感的延续，强烈的情感在记忆延续上发挥着必不可少的作用（阿莱达·阿斯曼，2016）。纪念碑作为情感触发的纪念建筑媒介，具有移情、回忆、怀旧等情感牵引的作用，有助于集体记忆的重构、文化记忆的传承与个人记忆的回溯（张昱，2021）。唐山抗震纪念碑广场作为唐山抗震纪念最主要的建筑物媒介，其所代表的不仅仅是震灾记忆的建筑符号，是一座城市在废墟中重建的肯定，是当权者对上级的汇报，也是城市发展中的自我肯定。它是这座城市民众的精神共同体载体，它所形成的空间区域是这座城市前进的核心文化动力。唐山抗震纪念碑广场作为纪念建筑媒介，既是对过去的

---

① 访谈对象：WXG，男性，66 岁，路南区小山街道居民，访谈时间：2021 年 5 月 18 日。
② 访谈对象：BJN，男性，31 岁，唐山万达广场工作人员，访谈时间：2022 年 1 月 1 日。
③ 访谈对象：ZSY，女性，69 岁，路南区广场街道居民，访谈时间：2021 年 5 月 18 日。

回忆、对现在的肯定，也是对未来的期许。

二、尘封与展演：记忆的遗忘与铭刻

有些记忆需要随着时间的流逝而尘封，有些记忆需要努力地传承与延续。我们今天面临的不是记忆难题的自我消解，而是它的强化。借此，鲜活的记忆将借助媒介支撑以达到记忆延续的效果。这种媒介具有突破时间的能力，并具有自身附属的空间属性。

个体记忆是独立个体所固有的记忆方式，其回忆的过程往往是随机发生的，或是在特定时间、地点引发的，个体记忆的引发符合心理机制的一般规则。个人记忆的发展与认知受到集体记忆的建构影响，但集体记忆的建构同样受制于个人记忆的前期呈现（Mannik Lynda，2015）。不同年龄段的人，回忆的清晰程度与客观性存在较大区别。事件的自传性记忆又严重受到时间和权力的限制，故在集体记忆与个体记忆的建构中，年龄小的亲历者对于过去记忆的建构更加容易（Schuman Howard，2014）。亲历者因其一部分记忆已经固化，就容易和后期建构记忆产生部分分歧，从而影响后期记忆的建构。这也要求我们在后期文化记忆转化过程中尊重历史与现实，在其基础上进行建构，同时尊重个体记忆，在个体记忆形塑的基础上形成集体记忆。

唐山抗震纪念碑与唐山抗震纪念馆（原唐山地震资料陈列馆）有所不同，前者从修建之初就是唐山大地震文化记忆的符号标杆，其为唐山大地震的抗震精神给了政治上的肯定，对震灾事件保留了较为客观的记录与展演。唐山抗震纪念碑是一个"虚化"的集体记忆建筑景观媒介，它代表大地震的记忆，但是又无法将灾难与创伤记忆书写，其作为媒介可在空间范围内唤起亲历者尘封的创伤记忆，也让未亲历者通过记忆术铭记那段记忆。唐山抗震纪念馆扩、改也同样验证了从个体记忆到文化记忆的变迁，让其成为集体记忆的容器。现如今的抗震纪念碑广场（纪念碑、纪念馆、纪念水池）已经逐步发展为唐山大地震文化记忆的主流，在报告文学、电影、电视剧、科普等记忆术作用下，不管是震灾亲历者还是现在的年轻人，对于大地震的记忆基本呈现趋同方向。

抗震纪念碑广场就如同一个记忆的"提示"，震灾亲历者看到会勾起过去的回忆与感慨，未曾经历震灾的唐山民众脑海所呈现的影像，则更多是来源于影视、书本、学校教育所提供的场景与画面，而后者的画面则是"虚化的"、易建构的。后期转化的文化记忆与亲历者的个体记忆不同但又相似，相同的是震灾的精神与部分励志、感人的历史故事，不同的则是文化记忆更有利于铭记与传承。唐山抗震纪念碑广场在震后10年修建，对于社会民众而言稍晚，但对于国家与当权者而言适逢其时。亲历者大部分犹在，新生儿依旧生活在震灾"重建"的环境空间中，其抗震氛围依旧存在，震灾遗迹与废墟还是目视所及。纪念碑广场在后期的发展中促进了个体记忆的固化，也促进了震灾记忆的建构与发展，其作为唐山抗震精神核心地标媒介，为今后唐山大地震文化记忆的传承持续输送力量。

三、记忆与精神：纪念建筑物媒介的转化

阿斯曼夫妇的文化记忆理论有两个源头：法国社会学家莫里斯·哈布瓦赫与德国艺术史学家阿拜·瓦尔堡。这两位从心理学和生物学的角度将"记忆"延伸至社会学和文化学之中。除此二人之外，孙江认为瓦尔堡对于扬·阿斯曼的古代研究具有启发性的意义，而对于阿莱达·阿斯曼而言，除了哈布瓦赫的深刻影响外，还应该加上尼采（Friedrich Wilhelm Nietzsche）。尼采讨论了历史与"生"的关系，"我思，故我在"强调了以"生"为起点和中心，他揭示了历史与"生"的辩证关系，正面意义上是历史对生的掣肘，反面意义为"生"对历史存在滥用（黄璐，2019）。现代人类在自我身体装置了大量的无法消化的知识与信息，尤其是自媒体时代，信息泛滥般涌入人的大脑，由于过量的生活残损而退化，历史也紧随其后地逐步遗忘。应该选择记忆（现在／生），还是选择历史（过去／死），这是尼采提出的强制性的二者择一（安晓东，2014）。在阿斯曼看来，历史与记忆犹如磁石的两极，历史是宏观而抽象地立足于个体，但又超越个体的研究过程，执着于主观的记忆是饱含情感的活生生的个体回想。而文化记忆关注的则是回忆的起源，能成为主观经验与科学的客观化的历史的媒介。阿斯曼认为，一座纪念建筑的价值不在于它的质地与年岁，而在于它是否见证了人类的历史（阿莱达·阿斯曼，2017）。记忆是被物化的过去，随着信息技术的不断发展，促使展品的物质性实体与象征意义被分离甚至剥夺，而博物馆、纪念碑是对抗共识性侵入历史性有力的武器。

纪念建筑物作为书写储存媒介具有存续性，而这种存续将"被遗忘的记忆与未来时代捆绑到一起"，以此在这个急速跃进、流光易逝、信息爆炸的世界里维系一种延续性与认同感（刘亚秋，2020）。个体创伤性记忆因灾难性事件而形成，其后期还有一个系统的建构过程，这个建构的过程不仅会影响个人记忆同时也会逐步转化为一个区域的集体记忆。而在这个转化的过程中，纪念建筑物作为媒介充当过去与现在、集体与个人、集体记忆与个人认知的中介，是承载记忆的建筑媒介。

唐山大地震十年缺失的官方悼念仪式与记忆活动，对于唐山大地震的集体记忆而言影响不大。因为震后进入了全民复建的过程，受当时生产力以及科学技术的影响，整整利用了10年才基本上解决了百姓居住问题（其实还有部分居民依旧居住在震后简易棚）。震后的记忆在这10年中是逐步深化的，再加之当时的革命精神与奋斗号召，受众从极度悲伤中激发出了"激进"的"干劲"，而这种"干劲"就是没有物质实化的唐山抗震纪念碑的"抗震精神"。这个过程中，国家利用媒体宣传与口号无形之中将震灾的记忆逐步转化为精神记忆，在10年后这种记忆呈现一种峰值（十年重建完成）并通过唐山抗震纪念碑广场（纪念碑与地震资料陈列馆）将精神记忆"书写"至纪念建筑物之上，以继续将这段记忆发扬传承，至此，在唐山纪念碑广场的空间中，纪念碑所表征的时代记忆与抗震精神并存。

第二章 抗震纪念碑：难以规避的国家记忆（1986—2000年）

　　自然灾难性集体记忆的发展受到物质基础、科学技术、政治环境等综合因素影响。唐山大地震的物质化文化记忆符号——唐山抗震纪念碑及地震资料陈列馆（现唐山抗震纪念馆）与其他城市有所不同，它的修建与开放与受灾时间间隔10年，但是依旧起到至关重要的震灾文化记忆传承作用。在莫里斯·哈布瓦赫及阿斯曼夫妇的记忆研究框架中，物质媒介是记忆的延续基础之一，是实然的。但通过唐山大地震集体记忆与文化记忆的发展来看，集体记忆中文化记忆的抽离同时可以依靠集体的活动或一致的奋斗目标"集中力量干大事"，而在这过程中建构出的文化记忆是持续发展并上升的。亲历者依旧还在，在到达"干劲"高峰的时刻，具有政治情感色彩的精神记忆符号景观标识出现，对于当时一代或两代人的记忆乃至后世记忆的承携具有空前的力量。这也是为何唐山大地震纪念碑虽然时隔10年才建造，但它作为纪念建筑物媒介在唐山民众心中依然具有重要地位。

第三章

罹难者纪念墙：创伤记忆的静默与协作（2001—2010年）

改革开放以来，随着中国社会经济的发展，市场经济导向下的社会组织迅猛发展，社会呈现出多元化发展与建构的景象（宋学秦，2018）。随着"以人为本"理念提出，人与人、人与社会、人与自然的发展成为不可分割的和谐整体，民众精神文化需求得到前所未有的关注（朱炳元，2019）。在此时代环境背景下，以唐山民众祭奠为主的文化记忆诉求逐步行至台前。

在记忆发展与建构过程中，家庭记忆传承起到了关键的作用。血缘关系具有个体化的性质，因此他们本身只属于个体之间的情感与记忆，但是家庭的结构关系又会影响和延续长辈们的记忆，成为世代记忆。但受时间的影响，世代记忆一般持续两到三代并逐渐弱化（莫里斯·哈布瓦赫，2002）。民间祭祀对死者的祭拜给家庭带来了稳固纽带的关系，是定期与已经去世亲人的记忆交融，可对过去的记忆重新回顾并再次确认。这些稳固记忆的悼念仪式无疑是对记忆的传承与建构（张东赞，2019）。2008年，唐山新建的地震遗址纪念公园，既属于遇难者家属震灾后祭祀悼念之地，又属于震灾教育科普及文化记忆传承建构的场所。

第一节 "祭灵之墙"：社会记忆需求下的国家公共服务

对死亡的意识促使人们一开始就把生命与不朽努力地联系到一起，文化记忆的人类学内核就是死者记忆（Totenge dächtnis），其想表达的意思是，死者家属有义务在记忆中保留死者的名字，并尽量使其流传后世。死者记忆有一个"宗教"或者风俗的维度，我们习惯性称之为"尽孝"（Pietas）和"声望"或"名声"（Fama）。尽孝除了指对死者生前的照顾，还包括后人的义务，保证对死者进行满怀敬意地纪念。而对于声望，我们将其视为一种光荣的纪念，是某个人生前较为荣耀的留念，称之为自我不朽化的形象符号，是一种较为世俗的表征形式（阿莱达·阿斯曼，2016）。罹难者纪念墙上所镌刻的逝者名字就包含了其中的两种意思，这就体现了名字在墓碑上展现的重要性。

对于墓碑是死者标识与存于世的记忆说法，《释名·释典艺》云："碑，被也。此本葬时所设也……臣子追述君父之功美，以书其上……"墓碑是死者存活于世的证明，同时也是后世纪念的场所。从中国墓碑的历史发展及变革来看，从古至今，立碑的主要目的及意义表现有以下几点：一是作为标注死者所埋葬之地，为后人、亲友墓祭提供可辨识性；二是显示死者（墓主人）生前或后世的身份地位，有利于对于死者今后的歌功颂德，以便永垂后世；三是表达后世对于死者的思念与悲伤之情；四是通过借助名人、权贵的墨宝，提升墓主本家的家族声望（贾兵，2018）。以上这4点多表现为墓碑显性的文化意义，而在源远流长的中国丧葬和碑刻文化中，墓碑的文化意涵更为深远。

一、创伤记忆的博弈：罹难者纪念墙初建与再建

1976年7月28日，唐山大地震后，百万唐山人有一个集体的忌日，却没有一个提供祭奠的地方。唐山市地震资料研究会副会长葛昌秋认为，唐山市应该有一个针对24万死难者同胞亲属后代祭奠的建筑物或是场所（郭煦，2006）。2001年之前，唐山市只建有抗震纪念碑广场（纪念碑和纪念馆）以及保留下来的7处（现5处）地震遗址，并没有修建一处死难者的集中哀悼之地。这也致使每年的清明和7月28日入夜时分，市内的大街小巷会同时燃起上万堆祭火以及哀哭声一片的景象。大地震亲历者LYL说："当时震后用'哀鸿遍野'来形容一点都不为过，马路上到处可见遇难者的尸首，最后为了防止灾后爆发瘟疫，对尸体进行了集体掩埋，其中有一大部分遇难者尸体就是掩埋在凤井塌陷区（现南湖公园），当时一层尸首一层石灰，我当时还在工作，参与了其中的部分工作，最早的纪念墙就是在那附近。"[①]

唐山南湖地震科普纪念园（原开滦矿130年形成的塌陷区）纪念墙（以下简称科普园纪念墙），是由河北省华盈集团2000年开始与世纪星（香港）集团共同投资建设"南湖地震科普纪念园"商业项目之一。华盈集团创办人王立祥也是一名唐山人，大地震发生时他17岁，在震灾中他失去5位亲人，正是为了纪念亲人，2000年有了在南湖义地（埋葬地震遇难者的地区）修建纪念墙的设想，2001年开始征集信息。纪念墙属于"唐山南湖地震科普纪念园"纪念、科普、休闲三大功能区域之一。

科普园纪念墙一期打下了六座墙的地基，因种种原因当时只完工三座，中间一座因建设最早，墙的正面几乎刻满了名字。但因其设立纪念墙"哭墙"属于民营资本的介入，并不是政府公共服务政策，华盈集团科普园公司总经理李丽在接受媒体采访时说："华盈公司的收费标准是镌刻一个姓名正面1000元，背面800元。我们现在刻了3000多个，1000多是在地震中遇难的解放军将士，有很多我们优惠甚至免费刻，真正按照正常标准全额收费的没几个"（李鹏，2006）。此事件在当时引起了唐山市民较大的反应，有其他媒体在报道中指出民营资本介入集体记忆，修建唐山大地震罹难者纪念墙属于唐山政府部门"公共服务的缺失"。

唐山南湖地震科普园纪念墙2001年开始投入使用，2006年政府强制拆除。归其原因，一位知情的工作人员说，"当时只想小范围纪念，不想把事情弄大，没有想到时隔30年，唐山民众的祭奠热情依旧这样积极。而且更重要一点是对于资源型城市，

[①] 访谈对象：LYL，男性，82岁，唐山政府退休干部（参与指导部分震后工作），访谈时间：2021年1月21日。

'大地震'这个词语依旧是影响投资的敏感字眼。这也是政府一直没有积极去面对大地震这件历史巨大灾难的祭奠活动的原因,其实从我们地方《唐山劳动日报》就可以明显看出,30年来,报道大地震的事情少之又少,更多是经济恢复与成就展"(王永超,2006)。

唐山市地震史料研究会副会长葛昌秋认为,震灾文化是唐山不可再生的文化资源,这些文化资源来自于24万罹难者的生命以及震后十年全民的奋斗精神,这座城市的地方政府理应为他们以及他们的后人,修建一处集体祭奠的公共服务场所,而不是依靠商业收费,替代政府本应该履行的职责(艾林,2004)。

截至2006年8月4日,科普园纪念墙也就是"哭墙"已经刻上去了12000震灾遇难者和震灾牺牲英烈的名字,成为需要妥善处理的问题。祖先、英烈"墓碑"已刻无法拆除,只能迁移(马立威,2006)。不论因为招商引资对于"大地震"的隐晦不言,还是在唐山大地震后民众的公共服务缺失。可以确定的一点是,民众对震灾中遇难亲人的怀念和祭拜心情有着极大的需求,集体记忆在个体记忆尚未消逝前出现了应激反应。

唐山大地震震后25年,在民营资本的推动下,科普园纪念墙"哭墙"出现在南湖"义地"之上,中间4年间经历了合法、不合法、继续修建、移除等多方博弈,如图3-1。在民营资本介入的基础上出现了个体记忆的祭奠高潮,激起了民众对于震灾中遇难亲人的祭祀。震后32年,在政府、资本、民众、媒介的8年博弈中,"哭墙"改变了地理位置,但合法性、延续性得到了保障,这也为后续唐山市清明、"7·28"严禁烧纸等规定有效执行奠定了基础。

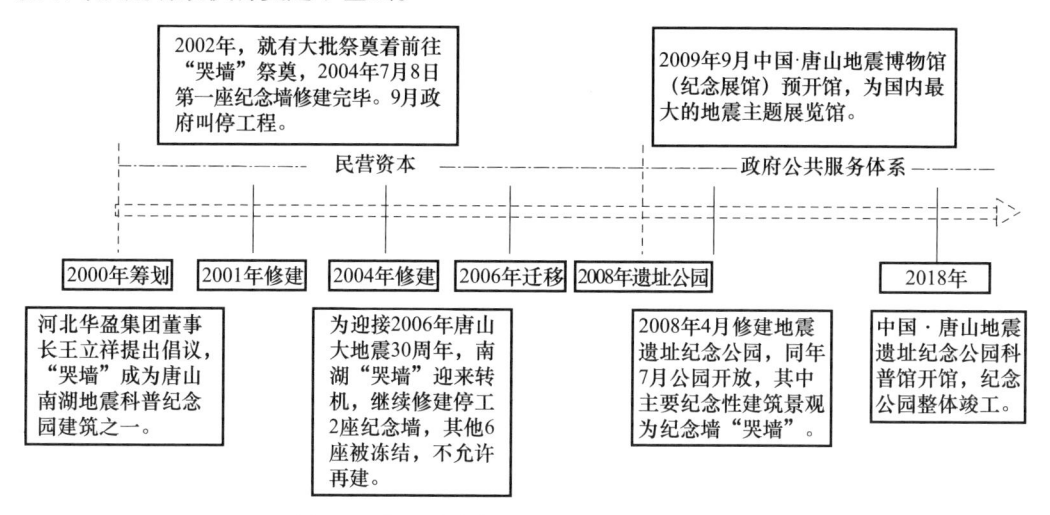

图3-1 唐山罹难者纪念墙"哭墙"的发展史

每个时代或社会在其文字、图像和固定仪式的延续发展中,均会建构出与其文化、政治相匹配的文化记忆。每一个阶段的文化记忆延续,都需要等到所在时空被界定的群体重视，尤其是得到当权者支持（莫里斯·哈布瓦赫，2002）。群体的支持可以促使记忆整合，并产生一定的结构模式。城市发展和政府政策，对于记忆机构以及媒介的赋权、记忆建构与延续有着本质的制约作用。

20世纪90年代末，我国开始将工业旅游纳入文化旅游行业。唐山市在2004年开始便有一批工业、企业进入国家工业旅游示范点，例如唐山市海格雷骨质瓷有限公司、唐山栗源食品有限公司、唐山钢铁集团、开滦矿山公园等。唐山市也随后宣布发展工业旅游道路。在《唐山市2008年政府工作报告》中明确指出"转化重工业发展模式……重点做好工业旅游、生态旅游与文化产业发展。"从2004年唐山市海格雷骨质瓷有限公司作为首个国家工业旅游示范点后，唐山市开始注重工业旅游、文化旅游等第三产业发展。在作者看来，唐山市经济发展转型是促使地方政府2007年积极筹划并重金修建唐山地震遗址纪念公园的主要原因之一。同时，也是为唐山震灾死难者家属提供一个祭奠的公共场所。

2007年8月22日至25日，唐山市规划局与中国建筑学会共同组织了方案评审，由7名国内外著名专家组成的专家组，对276套参赛方案进行了评审，并由唐山市公证处进行了全程公证。经过4轮投票，共评出了10个获奖作品，最终选出1个一等奖，作为纪念公园的实施方案，随后，公园的建设就进入具体施工阶段（红珊，2007）。唐山地震遗址纪念公园2008年4月开始兴建，2008年7月陆续开放，其中地震罹难者纪念墙（以下简称"罹难者纪念墙"）成为遗址公园的一道特有的纪念建筑物，原来南湖公园的科普园纪念墙上的遇难者名字免费为其铭刻，同时全国征集信息，把在唐山大地震遇难者的名字逐步填补，时至今日，这项工作一直在持续。

莫里斯·哈布瓦赫（2002）认为，权力对于记忆的控制是从古至今的，就如西方基督教国家，为了迎合基督教的时代需求，基督教对其集体记忆的生活细节、以及细节所出现的记忆点都进行建构。唐山大地震是区域集体性灾难，25年时间不足以冲淡个体记忆，当集体记忆的把持者未为个体记忆提供服务，个体记忆未被时间消化殆尽之时，会出现个体记忆的反扑。也就是唐山大地震罹难者纪念墙"哭墙"的民营资本出现，生活、资本、经济、文化都会成为团体性灾难事件中带有集体性质的个体记忆反制现象。这也是文化记忆发展过程中在某个特殊时期容易出现的个体记忆爆点现象，而这种现象在汶川大地震文化记忆发展中就很难出现，因为在震后，纪念碑、纪念墙、纪念馆、纪念遗址都得到及时修建，个体记忆与集体记忆乃至延续出的文化记忆都很难出现矛盾点，故不会存在社会促进修建纪念建筑物的行为。

二、"哭墙"：民间世代记忆回溯与传递

哭墙（Walling Wall）最早是来源于耶路撒冷旧城犹太国第二圣殿的一段，是第二圣殿仅存的遗址，犹太教将其视为圣地，因为此处遗址见证了犹太圣殿的存在。此处

成为犹太民族国家的符号象征，在节庆、成人礼、大屠杀纪念日等时点，哭墙前面的广场上都会举办庆典或悼念仪式（赵萱，2018）。唐山地震遗址纪念公园中的纪念墙与耶路撒冷的哭墙有着较大的区别，从时间、对象以及目的上都存在较大的出入，不过在现场表征上，存在相似之处"哭"。地震遗址纪念公园的纪念墙可以理解为"墙"，也可以理解为集体的"墓碑"，但是在关注集体的同时又体现出了个体。

地震遗址纪念公园的罹难者纪念墙被百姓称为"哭墙"，除了与其他纪念建筑物不同外，"哭墙"前面极少有亲人、游客拍照留念，主要是因为它具有家庭墓碑的职能，遇难者的亲人及后世在墓碑前哭泣。在我国传统文化或情感表达中这是真切的思念、是对已故亲人的情感共联、回忆的应激表现。大地震给唐山人民造成了巨大的物质损失和生命威胁，也给人民造成了严重的心理伤害。这种伤害一直深埋心底未曾痊愈，这也是在每年"7·28"纪念墙下哭诉声绵延不断的原因。

罹难者纪念墙其实是诸多人的无名之碑。一些人在震灾中全家遇难，有的甚至不知道遇难者的名字，只能由某某之女、某某之子、某某之妻、某某之夫来代表在震灾中遇难的死者。这与北方墓碑文化相似，是在集体中呈现出个人的简易模式。不少遇难者亲人的照片粘贴于纪念墙刻名处，这也是幸存者寄托对于亲人思念的一种方式，名字这一方寸之地就是其"碑名"。

墓碑在中国丧葬文化中就是凝固记忆的物质化媒介表征，是亡者与生者交流的媒介，记忆共联的枢纽。纪念碑或是纪念碑性的集体性质的纪念墙作为文化的载体，其传播内容十分广泛，具有传播历史文化记忆传承与社会价值观念的作用。纪念碑或纪念墙作为物质化景观媒介，在文化传播上发挥了它的社会教化与文化记忆延续功能（柯卓英、岳连建，2006）。地震遗址纪念公园中的罹难者纪念墙虽然从南湖"义地"迁移至此，但这并不妨碍它作为"墓碑"的使用，再加上园区内见证震灾的地震遗址，整个园区的复杂空间中呈现出和谐的纪念布局，纪念建筑媒介对空间建构和记忆生产更加具有粘合力，从而在纪念性的仪式活动中，参观游览的民众在其空间范围内记忆会更易稳固与深化，从而难以遗忘（Bertens Laura，2021）。

罹难者纪念墙"哭墙"这一"墓碑"式记忆区域，个人的记忆在家庭记忆的方向突出出来。在这里，个人记忆空间与地方记忆空间且不在场的那些人（逝世的）记忆交织在一起，从而个人的回忆主动融入到集体的记忆之中（阿莱达·阿斯曼，2016）。

唐山大地震给亲历者造成身体与心理的严重创伤，创伤性经历是记忆的爆炸物，在持久的效应后会爆发出来，罹难者纪念墙就是亲历者创伤爆发的归因媒介。清明节、"7·28"等纪念日，是其周期性情感抒发的时间。纪念墙上镌刻的名字，是死与活的中介，是幸存者唯一可以看到遇难亲人标识的地方，是进行生与死的会话、诉说与缅怀回忆交织的地方。在这里鲜花逐步取代了"7·28"街头十字路口烧纸现象，文明祭祀在这里得到了较好的彰显。

"7·28"当日，前来祭拜的民众络绎不绝。人群主要分为四大类，第一大类是前来祭拜亲人的民众；第二大类为参观人员，有部分外地游客和部分市内非唐籍外来人员；第三类为前来纪念墙悼念的政府官员；第四类为国内媒体和少部分海外媒体人员。

在震灾 45 周年地震遗址公园的罹难者纪念墙下，我们看到一对夫妇坐着轮椅，看着纪念墙上镌刻着亲人的名字，LHJ 说："我是大地震时腿被压到受了伤，不过那时候腿还是可以走的，年龄大了现在就只能坐轮椅了，地震的时候我爸妈都没了，大地震后就剩下我和我老伴还有俩孩子……我们只要不死，就会坚持来这里，现在市里（政府）不让烧纸了，这样也挺好。我跟我老伴在这看着他们，心里真难受啊，现在生活这么好，他们都没赶上……不过有了这碑（纪念墙），我们也算有个寄托，我嘱咐过我的孩子，即使我不在了，也要到忌日时，来看看他们的长辈和兄弟。"①

随着时间的流逝，"哭墙"下的哭泣开始转变为倾诉，是生者对遇难者的讲述，也是内心创伤的疏解，就如 LSY 在访谈时所说："时间长了，平时还好，一般不想（大地震），也不愿意想，想了难受。清明会给我爸妈在十字路口烧点纸，'7·28'的时候回来这看看她们，跟她们说说话（哽咽）……跟我爸妈说说她们外甥今年考上河北大学的研究生了，外甥女也生孩子了，我也当姥姥了，时间过得太快了……以前是在十字路口，现在有了这个碑，上面有我爸妈的名字，我还给她们贴上照片（此刻她用手指给我看），这就是她们的墓碑吧，其实他们具体埋在哪我根本就不知道。这就不错了，有这个（纪念墙），起码我有地方跟他们说说话……"②

对于遇难者家属而言，罹难者纪念墙是他们寄托哀思、祭奠亲人的地方，而对于前来参观或是媒体工作人员而言，这里除了具有新闻素材外，还拥有了一种悲情的使命或是历史诉说的职责，ZZP 在访谈中说到："我们是唐山自媒体中心的，这不是又到了'7·28'日子，我虽然没经历过大地震，但父母也会说，上学的时候老师也会讲，每年学校都会组织地震逃跑（逃生）演练……主要是我觉得这些记忆应该传承下去，看到纪念墙前来祭拜的人，看到一些感人的画面我就想记录下来，让全市乃至全国的人看看这场灾难给唐山带来的伤痛。我想通过手里的相机把它记录下来传播出去……"③

唐山地震遗址纪念公园罹难者纪念墙作为纪念建筑物，既是人的社会活动的结果，也能够反映出人的社会关系与记忆传承（张红卫，2018）。普通民众的坟墓大多由亲属所建造，是家族关系的反映。但是因为震灾 24 万余人遇难，死亡人数太多，只有小部分遇难者由亲人亲自掩埋立碑祭奠，绝大多数是集体掩埋。这也是"迟到"的纪念墙出现以后引起民众应激反应的主要原因之一。

罹难者纪念墙的再次修建，体现出社会创伤的影响，也促使国家承认灾难的死

---

① 访谈对象：LHJ，男性，83 岁，企业退休职工，访谈时间：2021 年 7 月 28 日。
② 访谈对象：LSY，女性，54 岁，路南区女织寨乡村民，访谈时间：2021 年 7 月 28 日。
③ 访谈对象：ZZP，男性，32 岁，唐山自媒体联盟中心记者，访谈时间：2021 年 7 月 28 日。

亡与创伤，将社会百姓的创伤记忆融入国家震灾记忆体系中。墙面上密密麻麻的名字都是45年前鲜活的生命。站在墙下仰望，这些名字不只是数字，而是一场灾难过后留下的伤痛。政府主导修建纪念建筑物——罹难者纪念墙，可以给民众一个寄托哀思的场所，是一段记忆的集体回忆，同时培养了唐山民众的集体认同以及凝聚力。

罹难者纪念墙既突出了个体的祭拜活动，又彰显了其强大的社会属性。在文化上，纪念建筑物具有潜移默化的教育功能，尤其像唐山遗址纪念公园的罹难者纪念墙这类镌刻个体记忆的集体性纪念建筑。后人携妻儿在忌日前来祭拜，除了是对长辈的尊重，也是对后代的教育，对大地震记忆的传承。这种祭拜行为具有普及历史知识与文化记忆建构作用，也能够提升自我道德修养，深化震后精神，促进城市文化认同。

三、群体纪念与个体祭奠下的记忆延续

文化记忆是从个体参与社会框架中的角度来定义，而非从本体论和形而上学的角度。每个人不仅以第一人称"我"的单数形式存在，还同样以不同的"我们"的复数形式存在。个体同时归属于不同的群体，这样不同的"我们"就会采用各自不同的"社会框架"，每一种"社会框架"都意味着共同的关注点、价值观、经历以及叙事等隐含的结构（阿莱达·阿斯曼，2021）。

有一部分学者认为，我们所说的集体记忆根本不是记忆，而是对特定社会中值得记忆内容达成的一致（Sorcan Valentina，2018）。个体记忆与集体记忆之间最重要的联系机制之一就是同理心，它有助于"穿越"以语言或物质符号表达的他者的记忆。个人记忆生活的自主叙事又可作为群体历史的叙事（Е.О.Труфанова，2020）。无论从自然科学还是社会科学的视角看我们记忆的价值有多大，我们都必须依赖于自身的记忆，因为正是记忆让人之所以能成为人。个体记忆可以说是支撑集体记忆发展的基石，集体记忆同时又在不停地影响个体记忆的发展，二者可谓是相互促进的发展模式。

个体记忆与主观经验有关，并且有一个稳定的立场，但是它依然具有社会属性，因为个体记忆就是在交互性体验中建构的，而且总是与其他人的记忆相关联。例如，在地震遗址纪念公园罹难者纪念墙"7·28"现场，每个个体都是大地震集体记忆的分子。一名男子坐在地上，按照年龄、辈分摆放着震灾中遇难亲人的照片，他们的样子停留在45年之前，照片后面是零食、饮料等祭品。这幅景观既是个体记忆的自我叙事，同时也是整个纪念墙空间中大地震集体记忆的建构元素。无论是白发苍苍的老人面对至亲的名字潸然泪下，还是儿女们在他们名下献上鲜花，甚至是后世青年集体在纪念墙默哀献花，这些都是在个体记忆活动和集体记忆的社会架构中进行，建构集体记忆的同时自我的个体记忆被涵化与影响。

第三章 罹难者纪念墙：创伤记忆的静默与协作（2001—2010年）

仪式对个体记忆的唤醒是由外部提醒和内部驱动两方面因素共同促成，集体记忆的建构特点呈现当下性、结构性和群体性的特点（郭云娇、陈斐、罗秋菊，2021）。柯林斯认为，互动仪式的过程中，情感能量是一个重要的驱动力。人们在仪式中发挥积极情感有利于记忆的深化，这种积极情感的仪式再生出一种共同关注焦点，一种共同的情绪，并促进形成群体的情感共鸣与身份认同（兰德尔·柯林斯，2018）。仪式有助于形成时空范围与集体记忆的关系，以及建构个体记忆、集体记忆与文化记忆之间的关系。个体记忆与主观经验有关，并且有一个稳定的立场，但是它依然具有社会属性，因为个体记忆就是在交互性体验中建构的，而且总是与其他人的记忆相关联。

每年"7·28"，罹难者纪念墙下的祭奠仪式都会对集体记忆产生不一样的影响，时间、社会发展都会促使集体记忆发生迁移。随着时间的推移，第一代祭拜者（经历过地震的人）逐渐离世，第二代祭拜者（震灾幸存者后人或遇难者后人）将会锐减，第三代祭拜者（震灾经历者的孙辈）呈现出的个体祭拜将难以延续。在地震遗址纪念公园工作的保安纪师傅谈到前来祭拜的人员时表示出了自己的担忧："我在这儿（地震遗址纪念公园）工作好几年了……这儿刚修好时，祭拜的人很多，我虽然不在这工作，但是我家就在附近，我爸妈就在那边的第二块碑上，所以每年都来。现在来的人已经不如十几年前了，再过几年经历过地震的这批人也就该没（死亡）得差不多了，'指着儿'（唐山方言依靠的意思）我儿子、闺女来这给他爷和他奶来献个花难得很，都不在唐山工作生活，'7·28'祭日就第一次他们来着，后来就不来了。以后（前来祭拜的人）会越来越少，这比我来这里工作的时候都少了很多。不过平时旅游团的会经常来，不要钱免门票，你明白……"①

在地震遗址纪念公园中罹难者纪念墙作为书写媒介，其促使个体记忆与集体记忆产生关联，二者形成了一种互文。但随着第一代亲历者的去世，第二代逐步老去的现状，"哭墙"的场景将逐步缩小甚至消失，也就是场景空间中"在场"的主体将逐渐消失，从而"景"的现象将逐步弱化。这也将影响这部分纪念建筑物作为媒介的传播效果，个体仪式逐步弱化，集体仪式（官方集体吊唁）的效果只会为这段记忆赋值或是扶正，可能不足以延续叙事的传播能力。这也是地震遗址纪念公园工作人员目前所担心的，时间会淡化记忆，前来祭奠的人少了，记忆淡化会更加迅速。虽然有部分游客会来打卡，但是"7·28"祭奠的主体所携带的个体记忆是完全不同的，前者属于记忆的后续建构，后者则是个体记忆的延续与集体记忆的建构，只有促发地震遗址公园相关的文化记忆附加，才可促进这段记忆的延续。

---

① 访谈对象：JHJ，男性，58岁，访谈地点：中国·唐山地震遗址纪念公园，访谈时间：2021年1月21日和2021年7月28日。

第二节 "遗迹之物"：集体记忆的回眸

西塞罗说"在地点里居所的回忆力量是巨大的"（Pichugina Victoria，2020）。他让我们关注到了地点特殊的记忆力与联系力。图像和地点是记忆术的砖石，图像有利于将部分知识与文本赋予情感，从而强化记忆，而地点多是被作为规划记忆的顺序，便于将某些记忆搁置面前，方便被找到。一个具有"历史专场"性的空间场所带给受众的感受，要比某些空洞的知识和无力的阅读更加具有说服力和印象感（阿莱达·阿斯曼，2016）。即使地点本身并不具备记忆的内在能力，但是其本身就是记忆的佐证与表征，对于文化记忆的空间建构具有不可忽视的作用。

一、断井颓垣：震灾记忆的佐证与赋能

"地点的记忆"明确指出地点对记忆的形塑，有利于促进并形成文化记忆与身份认同（Hoelscher.S，2014）。唐山大地震后的十年原址重建期间，1983年8月9日，唐山市人民政府发布《关于保护地震遗迹问题的通知》，将7处地震遗址列为国家重点保护项目，分别为唐山矿冶学院图书馆（现北京交通大学唐山研究院图书馆旧址）、唐山机车车辆铸钢车间地震遗址、唐山钢铁公司聚落部地震遗址、唐山陶瓷厂办公楼地震遗址、唐山市第十中学院内地震遗址、吉祥路地震遗址、唐柏路食品公司。随着城市资本扩张、城市道路建设与民营资本的介入，部分遗迹已经在城市中消失。吉祥路"树行错位遗址"因大树枯死等原因，遗迹已经消亡。唐柏路食品公司已经不在，至于何时消亡已无从考证，原址展现的是一片空旷的废墟。目前7处遗迹仅存5处，但是在这5处中，北京交通大学唐山研究院是外人无法进入的状态，老十中院内已成为地震监测点，常年闭门，不接待外人参观。如今百姓们日常可以看到的，除了地震遗址纪念公园内保存较为完整的唐山机车车辆厂铸钢车间地震遗址外，就应属唐山陶瓷办公楼地震遗址，因唐山陶瓷办公楼地震遗址依旧在使用中。

建筑作为承携着记忆的媒介，应当保存着参差不齐的城市面貌，唯有如此，矛盾的历史场景方可以保留下来（阿莱达·阿斯曼，2017）。震灾遗留下来的遗迹属于典型的记忆之地。一方面，记忆之地具有神圣的、情感性的、敬而生畏的和历史纪念地的特征。另一方面，其展示了记忆之地是如何完成竞争回忆群体的斗争。家庭是世代记忆传播的主要场所，记忆之地则是家庭或群体与某个地方长期关联的中介，从此可以产生个人与地方之间的紧密关系。但是纪念之地与家庭却存在较大差异，纪念之地的特点是非连续性，也就是通过过去和现在之间的显著差别来表明的。

纪念之地尤其是遗迹或遗址等历史不是延续的，而是或多或少被外界力量所中断

第三章 罹难者纪念墙：创伤记忆的静默与协作（2001—2010年）

的。这部分中断的历史记忆以遗迹或残留物为物质性媒介。但是这些历史遗迹会与周边环境、城市发展格格不入，想让其与周边环境融为一体或"废物"改造，就要在原有物质记忆的基础上赋予其新的文化意涵。这种纪念之地的发展趋势也是皮埃尔·若拉所述的"回忆氛围"与"回忆之地"的过渡（Roots Jaime，2020）。回忆之地具有不可再生性，即是历史遗存的产物。它本脱离了社会生产的链条，在城市发展中被视为停滞的"产物"。但依据具有历史的表征特性和地方空间，其仍然保留着物质上的残留物，蕴含一定历史时期的特殊符号，这些特殊符号与残留物将成为故事元素，并由此成为一个新文化记忆的关联点。为了让关联点顺畅且易接受，促进记忆之地发挥历史的稳定性，就必须赋予它新的"故事"，也可理解为它所代表的不仅仅是废弃的遗迹，而是其背后的记忆，需要在中断的时间档补充后续所失去的"氛围"，在其物质性基础上赋予新的意涵，从而使其继续存在并传播，并被赋予新的文化记忆。

被遗忘或是消失的回忆之地，很难重新建立连续性并与目标产生勾连，但是可以借助其他媒介重新进行勾连。纪念之地的标识为记忆的连续性，其中保留的是不再存在东西的一部分，但不再存在的一部分可以通过回忆重新激活，从而激活原有的纪念之地（遗迹或遗址）的文化记忆传播的功能。唐山市震灾发生后，除了7处（现存5处）遗留地震遗址，纪念方式多以修建纪念碑为主。在唐山抗震纪念碑广场修建前后，唐山市及周边地区多以纪念碑形式为媒介形式记载唐山大地震罹难者同胞、震灾牺牲的英烈以及当时抗震民族精神。但这些是后人通过纪念建筑"书写"而成，与灾难过后的遗址相比，它们在说服力、真实性及回忆方式上有着较大的区别。

故在2008年，唐山震后32周年之际，唐山市修建了唐山地震遗址纪念公园，公园以原唐山机车车辆厂铁轨为纵轴，以纪念大道为横轴，分为地震遗址区（国家重点文物保护单位：唐山机车车辆厂铸钢车间地震遗址）、唐山罹难者纪念墙、纪念水池区、纪念林区、纪念广场、主题雕塑等区域。地震博物馆（纪念展馆与科普展馆）于2009年10月落成。地震遗址纪念公园将地震遗址这一回忆之地重新赋予了生机，在其原有的基础上进行了新的纪念性建筑媒介匹配，从而进行文化记忆的建构与传承。

遗址证实了事件的真实性，就如瓦尔特·本雅明所说的"历史是如何踱进它的发生地的（瓦尔特·本雅明，2001）。"人们围绕遗址修建的其他纪念建筑物的合法性与真实性将具有附加纪念属性，从而形成一套较为完整的后代认知与文化记忆知识体系，其自身的话语建构、记忆空间生产、集体记忆与身份认同方面有着较为紧密的内部联系（安传艳、李同昇、翟洲燕，2021）。除地震遗址环绕纪念建筑物外，唐山市地区及天津地区的抗震相关主题纪念碑也同样起到追思的作用。

地震相关纪念碑与地震遗址在功能与表征上存在着一定的差别，地点（遗迹/遗址）的记忆保证了死者"在场"，而纪念碑缺乏"见证"，更多是后人对于事件的"佐证"与思考，它是把事件的注意力从地点转移至作为象征物（纪念碑）身上，具有替换的作用。远古的纪念碑只证实了地点本身，因为只有地点是重要的，而近现代的纪念碑用符号来取代失去的东西，这在两者之间有一方认为是罪过，而另一方则认为是再现的进步，是通过符号来代替物质的崇拜（阿莱达·阿斯曼，2016）。纪念碑的表达力集中在仅有指标性的"这里"上，其纪念的内容借助艺术再现的手段，通过建筑造型、符号性等表征形式，促使其迈出了索引到象征的一步，从而纪念碑的空间限制不再依赖于具体地点。

地震遗址所映射的记忆之地是不可以被转译为纪念碑的，不管所建造的纪念碑是何种形态或是艺术表象形式，纪念碑是事件过后，在人们思考的基础上所修建的。它们属于石质的书信媒介，是人们自我意识、认知与回忆内容镌刻的固定器皿，从而将记忆传递给后世。遗址所形成的纪念之地是创建过表率功绩或是遭受过典型苦难的地方，它们是不能被忘怀的，只是被一个群体转译成一种具有积极且有意义的回忆，为其赋予了情感的、精神的力量（Patricia Hampl，1999）。记忆之地通过讲述它的故事获得记忆的稳定性，遗址也支撑着这些情感故事，并给予其真实性的佐证。创伤性的记忆之地则会受到个人压抑或群体忌讳而阻滞，其背后的死亡、阴影、伤痛会被适当掩盖，更多被赋予情感上的慰藉、精神上的安抚以及文化上的赋意。

唐山地震遗址纪念公园这一地点，明显是记忆之地的标志，或者称其为"记忆之场"。它具备了诺拉提出的记忆之场功能，但是它又突破了单一的物质、象征与功能的维度关系，呈现更加复杂多元的复合性（王玉珏、许佳欣，2021）。唐山抗震遗址公园的纪念建筑物呈现组合型模式，既有唐山大地震遗址、象征个体记忆与集体灾难的罹难者纪念墙、纪念雕塑与纪念水池等，其中包含见证灾难的地震遗址，象征墓地与墓碑的罹难者纪念墙，同时具有回忆与文化记忆建构功能的纪念展览馆及震灾知识的地震科普馆。地震遗址纪念公园所形成的纪念之场既有博物馆的功能，但又超出其功能范围，说其是墓地，它包含但是又不全是，因为埋葬遇难者尸体的地方并不在纪念墙之下。尽管游客常常在此聚集，但在唐山人心目中它又不是旅游胜地。它集合了以上所有东西的综合性意义，是一个提供震灾亲历者旧事追思、后世空间想象、情感共鸣的记忆生态系统，文化记忆延续的记忆场所。

二、感物伤怀：国家震灾记忆的共联与再建构

唐山地震遗址纪念公园是一个典型的"记忆之场"，其与唐山抗震纪念碑广场（纪念碑与纪念馆）在功能上有着本质区别，抗震纪念碑广场是震后精神彰显的场所，象征民族精神与国家政权的力量（李斌，2018）。而地震遗址公园除了震后精神的象征外更多展现出的是追忆、悼念与缅怀的记忆情感。但从遗址纪念公园的修建起，震灾的创伤记忆与死亡叙事就被纳入了国家唐山大地震震灾记忆体系之中。

唐山地震遗址公园除了抗震精神外，更多是悼念记忆的承载之地，因为对于震灾中失去亲人的幸存者而言，这里是亲人的"墓碑"。唐山地震遗址纪念公园于2008年

第三章　罹难者纪念墙：创伤记忆的静默与协作（2001—2010年）

4月兴建，2008年7月初步建成并开放，公园位于唐山市路南区，所处位置为唐山大地震震中附近，占地面积40万平方米，总投资6亿人民币。目前，唐山地震遗址纪念公园是世界上第一个以"纪念"为地震主题的公园，园区建筑设计以与环境规划体现出"敬畏自然、追忆历史、关爱生命和探索科学"四大主题理念。

纵观唐山地震遗址纪念公园浏览示意（图3-2），1号门为大门，其进门为唐山大地震发生的时间表盘，2号门临近1号门，主要是游客服务中心和停车场，一般情况下参观（悼念）人员都是途经2号门进入园区，因2号门服务中心可以免费提供纪念墙罹难者名字具体位置查询服务，且有较为宽敞的停车场。博物馆与2号门之间的是纪念大道，纪念大道东北侧为罹难者纪念墙，上面刻有约24万震灾遇难者的名字。纪念广场上放着张衡地动仪的模型，地动仪西北角则为国家重点文物单位——唐山机车车辆铸钢车间地震遗址。出于保留原真性的目的对地点（遗址）进行保护工作，就不可避免地意味着丧失了原真性，当这些地点被保护时，它们已经被遮掩、代替或意涵迁移（阿莱达·阿斯曼，2016）。建筑会不断的修葺与维护，遗迹的原真性随着时间的流逝会离残留物越来越远，最后剩下的只是地点的"这里"，过于看重地点记忆力量的人，他们可能会把已经建造的纪念之地与历史遗迹之地进行打包，从而在后世人看来这里就是记忆之地。

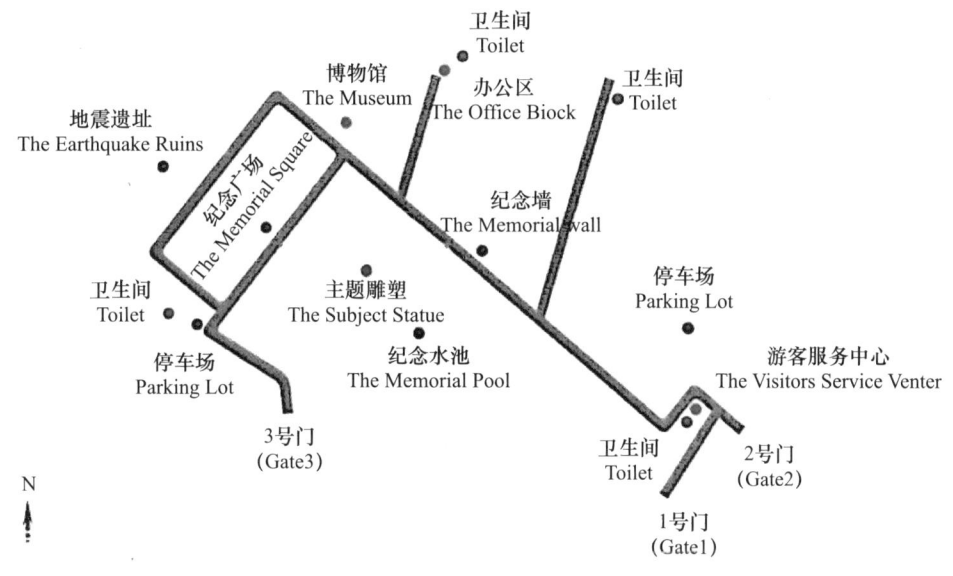

图3-2　唐山地震遗址纪念公园浏览示意图
唐山地震遗址纪念公园提供

唐山地震遗址纪念公园属于一个记忆之场，从时间使然的遗忘，迈向积极应对回忆，再迈向象征性的纪念。这是其纪念建筑作为媒介所传播出的空间环境与情感表达。回忆显然不仅仅是把早已经过去或是失去的东西加以延长保存或是人工重建，它同时也是一种力量。这种力量要抵抗遗忘和压抑的情感来发挥作用，同时其也具有身份建构的作用（Ugur-Cinar Meral，2021）。纪念公园的纪念建筑物空间中，原真性遗址只有地震遗址，其他建筑都为后人所修建，包括地震罹难者纪念墙。至于当时政府选址，也是考虑当时较为完善、且周边未大规模开发的遗址只有唐山机车车辆铸钢车间地震遗址，再加之地震震中居于附近，故将此处选址为地震遗址纪念公园。遗址的原真性为公园的真实性奠定了基础，同时也为其他纪念建筑景观提供了纪念性附加属性。

在纪念公园的空间生产中，既有遗址、纪念墙、纪念雕塑、纪念水池，又有博物馆（科普展馆和纪念展馆），从震灾发生真实场景的时间洗礼，到个人、家庭、集体记忆的铭刻墓碑（纪念墙），再到文化记忆塑构的雕塑艺术与纪念展馆，直至科学地了解地震知识。地震遗址纪念公园从震灾的情景再现到情感共鸣都在促发亲历者的回忆与后世的记忆建构，同时对参观者或唐山后代的记忆进行填补，与文字相比，体感式或沉浸式的体验对个体记忆的影响更加深刻。身体自身作为记忆的媒介，透过身体的触觉、听觉、视觉以及空间中散发的沉寂与苦难感，会使得记忆的建构更加清晰与坚固。

第三节　俯视追思：文化记忆整合与地震科普教育

思维具有抽象属性，但回忆往往是呈现具体的过程。一个事件若想在群体记忆中世代传承，就需要一个真理来丰富自身内涵。这种真理需要不断被建构与转化，在经历道理、概念、象征或精神的过程后，才可能获得意义，即我们所说的真理，成为国家社会主流思想体系的一部分（扬·阿斯曼，2015）。而在这种概念和经验的共同作用下就容易产生我们所说的回忆形象。被物质化的空间是回忆形象得以实现的基础，而特定的时间是其现实化的"添加剂"。回忆形象在时间与空间上总是呈现具体的状态，而文化记忆就是这种具体状态上所凝练的"结晶点"。

一、地下纪念馆的旧物归忆与记忆创设

旧物主要指代过去的物体、物件等。在《晋书·王献之传》中："献之徐曰：'偷儿，青毡我家旧物，可特置之。'羣偷惊走。"旧物就表示过去的遗物或是去世长辈遗留下来的物件。历史是被反复建构和物化的过去，在新媒体时代，数字化媒介产品的使用与呈现方式，逐步与物质性实体及它们的象征意义相剥离，而遗址、档案及博物馆等具有纪念碑性的物质媒介，则成为与其对抗的核心武器。记忆的建构之人（Homo Faber）与保护之人（Homo conservator）之间的冲突也必须时时得到新的协调与解决，

来解决文化记忆架构的方向与归属（阿莱达·阿斯曼，2017）。扬·阿斯曼认为，文化记忆的核心不会受时间的延长而改变，这些核心记忆是过去的命运事件，其记忆通过文化形式（文本、仪式、纪念物）和制度／政策交流而得到维护。纪念物是人造的里程碑，是人们最高文化的表现，人类创造纪念物作为自己的思想、目标和精神象征，促使他们在铭记过去的同时超越自我时代，成为后代传承的文化遗产，是过去和未来之间的核心文化纽带之一（Poirier Gabrielle，2012）。个人（交往）记忆与集体记忆之间的"浮动差距"，其文化的对象化是文化记忆形成的主要途径之一，而这一途径的持续时间大概是40年。就如哈布瓦赫所言，集体记忆不是一个不变的实体，而是取决于历史事件与其发展、机构如何重建、个体和集体意识的表现，以及这种表现的变化（Maurice Halbwachs，1992）。集体记忆不能被视为整个社会的静态记忆，而是一个动态且逐步被建构的持续工作。

一个物品具有一定的时代符号印记或是岁月记忆，它以形体表征给人留下印象，我们便把它视为有历史的、具有回忆功能的物件，我们可以称之为集体记忆的"见证物"。博物馆作为集体记忆见证物的集合空间，具有辩史和延续记忆的功能。根据近些年国际博物馆主题日中的"博物馆与记忆""处于变革世界中的博物馆新挑战和新启示""博物馆（记忆＋创造力）＝社会变革"等主题，我们不难发现，博物馆与记忆、文化、社会发展有着密切的粘合关系，而博物馆中的"物"就是两者之间的黏合剂，促进了"物"与文化或记忆与社会的转化。

唐山地震博物馆位于地震遗址纪念公园西北部，是园区内主要纪念建筑物，建筑主体分为两部分，一部分为地下纪念展馆，一部分为地下与地上两层建筑结构的地震科普展馆。两个馆的设计独树一帜，一个位于地下，一个位于地上，二者并非上下而是左右近邻。唐山地震博物馆地下纪念展馆与唐山抗震纪念碑广场在高度差距上形成了强烈的反差，一个是高耸入云的纪念建筑，一个是俯身下沿的纪念建筑。有人说纪念展馆位于地下是想表达遇难者与生者的阴阳相隔，或是幽冥相通（张晴，2016）。也有人表达震灾的创伤已经掩埋于地下，地震就是来自于地壳的运动，它所带来的灾难，理应在地下表现。

进入地下后，在纪念展与科普馆之间是一座男女组合"生命之光"的纪念雕塑，代表了唐山人民对于生命的尊重与热爱。进入纪念馆展厅大厅，映入眼帘的为抗震救灾与震后发展的浮雕壁画，前面摆放2016年7月28日唐山大地震40周年之际，为大地震遇难的民众与救灾中牺牲的英烈们进献的花篮。

纪念馆展厅以时间为主线，通过文字、图片、旧物、灯箱、景观再造、沉浸体验、视频等方式进行过去叙事，详细介绍了唐山大地震灾难发生、抗灾、重建的基本情况。展览内容包括序厅、劫难篇、救灾篇、自强篇、发展篇五部分。纪念馆展馆内设计主要突出1976年大地震历史特色与唐山大工业文化背景，本着体现历史性、真实性和客观性原则，加大了纪念物、室内景观陈列力度。唐山地震博物馆展区内陈列珍贵震灾实物近 300 件，图片 500 余幅，复原震灾场景与倒塌建筑 4 组，震灾、救灾人物蜡像 30 余尊。展馆内再现了 1976 年唐山大地震发生的整体过程，从震前、震灾、震后各阶段的基本情况进行布展，重点讲述了全国民众及解放军支援下的救灾与重建壮举。

毛白滔在《建筑空间的形式意蕴》中论述到，"功能 + 情感"与"功能 × 情感"的空间意涵生产区别，前者强调设计的"物性"，而后者则强调在设计之初就将"情感"因素考量放入空间设计布局之中，从而形成情感与展品的编制关系（毛白滔，2018）。唐山地震博物馆纪念展馆则是采用"功能 × 情感"设计叙事模式。

"灾难"纪念大致涉及因灾祸而导致个体性死亡、集体性和社会性死难等方面的纪念，其中个体性"灾难"纪念突出表现对悲剧英雄的纪念，歌颂其在灾难中献身、舍小我为大家的集体精神。集体性"灾难"纪念则突出集体精神与整体性，是由部分个体精神所组成。灾难性"回忆物"或纪念建筑形态的表现角度存在多元化特点，一方面强调"众志成城""团结奋斗""万众一心"抗灾奋斗的崇高精神，以及灾后乐观、豁达、新生的美好和谐的生活景态。另一方面会适当节制地表现灾难的悲剧与惨状。从而利用"回忆物"、纪念性建筑物作为记忆传播的媒介，利用布展的空间组织叙事与记忆建构，把灾难、悲怆与奋斗、无私、英勇的精神一同展现出来，让受众在这个展厅空间环境中感受到悲惨、苦难与震撼，在建构其集体记忆的同时又唤起受众公而忘私、患难与共、百折不挠、勇往直前的抗震精神和爱国主义热情。

歌德在《威廉·麦斯特的漫游时代》中写道："文字是碎片的碎片，发生和说出的东西只有极少被写下来，被写下来的又极少能够被保留下来（沃尔夫冈·歌德，2008）。"古埃及早就将文字视为最为可靠的记忆媒介。文字具有延续性，其可被视为永生的媒介，并对记忆进行支撑，而且文字不仅是记忆的媒介，还可形成记忆的隐喻。在博物馆文字是永远无法被取消的，作为过去的记录与解说，文字具有回忆和记忆的双重能力。图像与文字不是等价的记忆媒介，图像因其回顾性的固定形式总是指向过去的东西，而文字作为汩汩涌出的思想却指向未来（阿莱达·阿斯曼，2008）。

纪念物"旧物"作为过去事件的见证者，在博物馆中是文字的记忆传播的辅助与佐证。雷吉斯·德布雷认为，纪念物"旧物"具有强调集体记忆在时间维度代际上的聚合，认为世代之间的沟通、记忆共联和对话是通过纪念物的保留而实现的（黄显，2020）。特殊的纪念物空间环境具有其本土特殊的记忆传播能力。纪念展览馆通过文字、图片、空间感知等复合感官影响受众。在受众进入展厅空间后，其记忆被空间环境所提取，开始不自主回忆并与自我经历、经验相关联，从而更好理解、修复或弥补相对应的记忆，实现了集体记忆的延续和文化记忆的建构。

二、"警钟"长鸣：日常经验与科普教育

身体实践是记忆最好的媒介，身体是行动的工具，是记忆的移动载体。通过日常

交往、行为和仪式实践，能够潜移默化地形成对某一事物的记忆。身体保留着能够再次表演过去的运动习惯，也就是说借助于个体大脑的某种机能，身体可以做出准备，并按照已有的记忆或认知进行身体本能的行动反应。例如，通过以往对于地震的科普教育或经历，个体再次经历地震时，大脑会迅速地支配身体做出反应，行动反应取决于对于震灾自救的认知程度以及记忆牢固程度。

唐山市位于环渤海大陆断裂带，强震位于燕山隆起与渤海湾盆地这两个地质单元的边界区域，区域内多断层，易发生地壳运动而形成地震（牛琳琳，2018）。根据中国地震局台网中心数据统计，2009—2021年唐山发生3级（含3级）以上地震10余起，如表3-1。

表3-1 唐山市2009—2021年地震目录

时间	震级/震级类型	深度/千米	地点
2011-12-12 09:42:35	3.1/MS	6	唐山市
2012-05-28 10:22:52	4.8/MS	22	唐山市
2012-05-29 05:00:41	3.1/MS	7	唐山市
2013-10-27 03:32:27	3.3/MS	7	唐山市
2016-08-27 15:50:36	3.1/MS	6	唐山市
2016-09-10 18:09:36	4.1/MS	10	唐山市
2018-08-05 16:21:55	3.3/MS	5	唐山市
2019-12-05 08:02:28	4.7/MS	10	唐山市
2020-07-12 06:38:41	5.1/MS	10	唐山市
2021-04-16 16:06:36	4.3/MS	9	唐山市
2021-06-24 05:17:04	3.0/MS	11	唐山市

注：数据来源：根据历年中国地震局台网中心数据自制。

结合表3-1和图3-3可知，3级地震所对应的震中烈度为Ⅲ度，所呈现的个人感知状态是"室内静止有感，悬挂轻微晃动"；4级地震对应的震中烈度为Ⅳ度和Ⅴ度，主要表现为"室外大多数有感，悬挂物摆动，不稳器皿作响"，人类无法正常行走，会出现不稳现象；5级地震属于Ⅵ度到Ⅶ度震中烈度，呈现"房屋会轻度受损，人站立不稳，地表出现裂缝及喷砂冒水"现象。1976年唐山大地震后，唐山未曾出现6级以上的震灾，但在人类可感知范围内的震动却从未停止，不间断的震动一直提醒着亲历者或未曾经历过那场浩劫的后人震灾知识的宝贵。

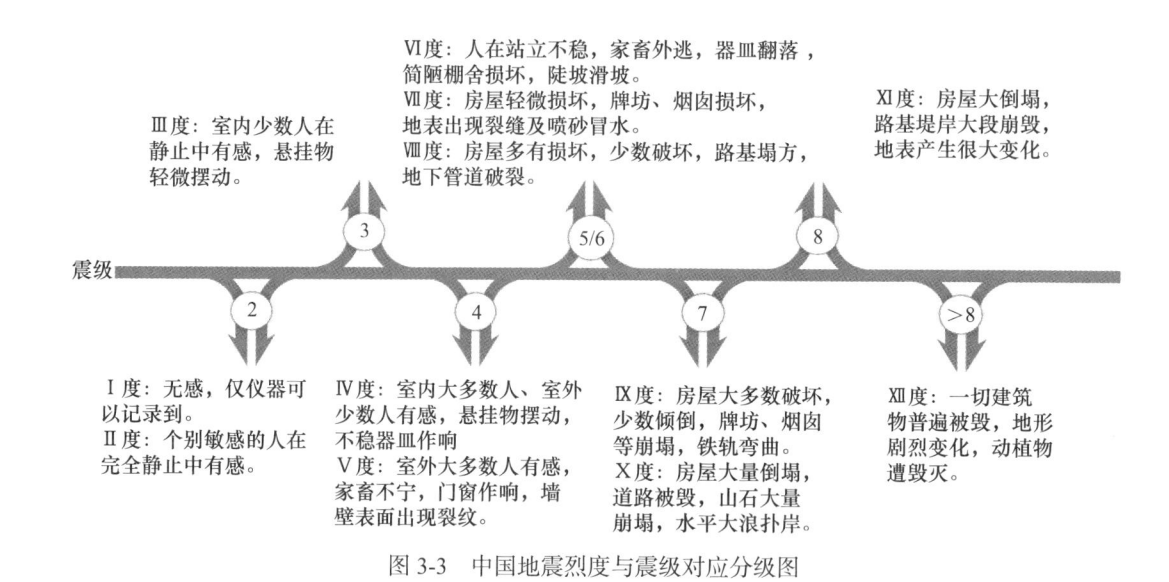

Ⅵ度：人在站立不稳，家畜外逃，器皿翻落，简陋棚舍损坏，陡坡滑坡。
Ⅶ度：房屋轻微损坏，牌坊、烟囱损坏，地表出现裂缝及喷砂冒水。
Ⅷ度：房屋多有损坏，少数破坏，路基塌方，地下管道破裂。

Ⅲ度：室内少数人在静止中有感，悬挂物轻微摆动。

Ⅺ度：房屋大倒塌，路基堤岸大段崩毁，地表产生很大变化。

Ⅰ度：无感，仅仪器可以记录到。
Ⅱ度：个别敏感的人在完全静止中有感。

Ⅳ度：室内大多数人、室外少数人有感，悬挂物摆动，不稳器皿作响。
Ⅴ度：室外大多数人有感，家畜不宁，门窗作响，墙壁表面出现裂纹。

Ⅸ度：房屋大多数破坏，少数倾倒，牌坊、烟囱等崩塌，铁轨弯曲。
Ⅹ度：房屋大量倒塌，道路被毁，山石大量崩塌，水平大浪扑岸。

Ⅻ度：一切建筑物普遍被毁，地形剧烈变化，动植物遭毁灭。

图 3-3 中国地震烈度与震级对应分级图
来源：中国地震局网站

除了唐山民众日常生活中身体记忆的地震体验外，在地震博物馆中的科普馆，同样可以体验到不同地震震级给身体带来的不同感受，这也促使民众在参观地震遗迹纪念公园时，使震灾记忆得到建构与稳固的同时，实现震灾知识的学习与应用。

唐山地震遗址纪念公园内的地震博物馆科普馆是目前我国最大的地震主题展馆，布展面积6500平方米。科普馆以中国古代地震神话开篇，详细介绍了国内外主要地震灾难情况，通过地壳变动模型科普地震科学知识，是一个以宣传地震科学知识为主要功能的科普展馆。馆内分为两层，从地上一层进入展馆，首先是序厅（地震历史及国内外重大震灾介绍），然后进入地震科学展厅（地壳运动模型观看与体验）、地震活动观测展厅（地震全过程观影），随后进入地下一层地震灾害预防展厅（震灾逃生及灾前预防）、地震模拟环幕立体影院（沉浸式地震体验与感知）、防灾体验教室（学生地震应急处理与教学）等。通过地震科普馆能够加强对地震自然灾害的了解，提高地震灾难来临时的自救技能，从以往的逃生训练上升到科学认知地震灾害与科学防范演练，科普馆在科普传播方面发挥着至关重要的作用（杨晶、王大明、刘彦锋，2018）。

地震科普馆很好地利用了情感积累和记忆术科技传播的手法，进行地震知识普及与传播。从整个地震遗址纪念公园空间分布看，园区以纪念大道为横轴，以地震遗址为纵轴，地震博物馆则为横轴与纵轴的交叉点。也就是无论在3号门途经地震遗址、地动仪模型进入地震博物馆，还是从1号门或2号门途经罹难者纪念墙、纪念雕塑与纪念水池进入地震博物馆，都要从纪念展厅（负一层）进入。按照唐山地震博物馆指导参观顺序，如两个展厅同时开放，应先进入科普展厅，从上往下参观，随后进入纪念展厅。通过地震遗址公园纪念建筑景观的前期记忆铺垫和情感疏通，受众对于地震自然灾害带来的生命与财产安全破坏有了更加深刻的认知与体会，对于后面科普厅的科技传播内容会更加专注。科普展厅通过科技模型与 3D 全息投影等记忆术方式将地震知识传播给受众，能够起到更加全面的科普效果。了解完地震的科学知识，再从地下一层直接进入纪念展厅，可以了解唐山大地震的真实记忆与唐山人民的奋斗历程。

唐山地震博物馆利用前期情感铺垫、记忆填补的方式将地震带来的灾难灌输给受众。通过记忆术的方式将需要深刻记忆的东西，通过视觉、听觉、触觉的整体感知刺激个体大脑记忆，从而使个体对地震有了更加客观、科学、准确的认知，防止在灾害发生时手忙脚乱与失去自救的机会。地震科普展厅面对地震的过去、现在和未来，利用科普仪器作为传播媒介，促发受众对于地震这种自然灾害的深刻认识，从而提高对地震的客观认知。

重复性是记忆保持的主要动力能量之一。生活在唐山或是在唐山有过较为长久居住史的民众都会形成一个震灾常识——"大震跑不了，小震不用跑"。这虽然是一个民间市井关于震灾自救的顺口溜，但也有一定的科学性，在地震遗址公园地震博物馆和唐山抗震纪念馆的震灾自救讲解中描述："大地震发生时，楼房高层住户严禁乘坐电梯、跳窗，最好的自救模式就是找到一个坚固的墙角（卫生间、房屋墙角等）避难，防止被坠落重物击中，可敲击物体发出声响等待救援。"每年"7·28"唐山大地震纪念日来临之际，全市各中小学多会进行大地震逃生演练，以提高学生们的自我震灾救助知识。保罗·康纳顿在《社会如何记忆》中论述了个体化实践记忆，对于过去的"重演"或称之为当时的情景或境遇体验，重演过去之回归，对于记忆的沉浸或建构具有非凡的能力（保罗·康纳顿，2000）。特定的身体操演或是实践，有利于记忆的形成与稳固。沉浸式体验强调将身体置身于仿真环境中，通过环境激发机体的视觉、听觉以及触觉和感官知觉（第六感），从而获得更好的感官体验，以加深记忆。

从文化记忆理论上讲，特定且重复的操演姿势可以帮助身体形成记忆。经历过 1976 年唐山大地震的唐山人，有着震灾时发自内心的恐惧，即使没有经历过那场浩劫的新唐山人，通过纪念建筑的媒介传播、记忆术（科普教育）、大众媒介与网络媒体、世代记忆的传递，对于震灾也有自我的记忆认知。再次经历地震时，感官刺激会迅速勾连回忆与认知，指导个体在地震时如何逃难。这种亲身经历的地震体验，对于个体而言终生难忘。这也是震灾集体记忆努力从创伤苦难中走出来，建构演化为精神记忆的原因之一。通过利用纪念建筑景观教育、传播、铭记震灾的过去，树立科学的、合理的地震科学知识和逃生模式，从而防止灾难的再次重演。

就如电影《唐山大地震》中的一句台词——"人，没了，才知道啥是没了。"死去的人已经成为过去，活着的人还需要继续。正是因为 45 年前的唐山大地震，我们对震灾才有了更加深刻的认识，才拥有了更为丰富抗震经验。也正是唐山大地震，促使我们更多的国人知道震灾的危害，从而科普抗震自救与自我防护的知识。认识了人与自然的关系，从战胜自然到和谐相处的过渡。让我们看到了唐山人乃至中国人自强不息、艰苦奋斗的记忆精神与力量。

人类是渺小的也是伟大的，只有不断经历磨难才会逐渐变得强大与博识。在唐山这片土地上，偶尔的"震动"时刻为我们敲响"警钟"。当我们站在雄伟的唐山抗震纪念碑下仰望，手捧鲜花在地震罹难者纪念墙边祭奠，俯身前往地震博物馆重拾回忆，嬉笑在《丹凤朝阳》巨型青铜雕塑下奋发向上时，我们会发现脚下这座城的伟大之处。通过国家的震灾记忆叙事以及时间的冲刷，后世对于震灾的集体记忆已经逐步从创伤中脱离，震灾记忆逐步转化成为唐山宝贵的精神记忆、科学知识与文化旅游资源。在岁月的流逝中，唐山纪念建筑物媒介作为震灾记忆的标志，正在源源不断地传播着震灾文化记忆，促发震灾文化记忆与这座城和生活在这里的百姓血脉相融。

三、大众创伤记忆下的精神铸化

以公共交往为中心的活动场所，在城市公共空间中具有社会文化传播的功能，具体的形式包含城市街道、公园、博物馆、体育场、广场等。纪念公园、纪念碑广场及历史博物馆等公共场所中含有丰富文化记忆元素和较高的社会文化价值，它们是一个城市历史发展的缩影，是诱发文化记忆的特殊容器。唐山地震遗址纪念公园、抗震纪念碑、抗震纪念馆、丹凤朝阳广场、《唐山大地震》影视小镇以及其他博物馆地震展厅等都充分体现了城市空间、城市公共生活与大地震集体记忆的相互渗透。其不仅与唐山民众及外来游客的日常生活交往空间产生交集，这些空间中所包含的记忆信息还赋予了人们最直接的日常生活经验和记忆的融合观念。历史性的仪式活动和日常空间的文化记忆渗透能够使集体记忆得到延续、使文化记忆得到认同。

唐山地震遗址纪念公园作为唐山城区内主要以唐山大地震为主题的公共开放空间，其内部纪念建筑物所形成的纪念空间主要以"大地震"为主，服务于唐山民众对震灾罹难者的悼念和本地、外来游客对于唐山大地震集体记忆的延续与发展。在地震遗址纪念公园纪念空间内的建筑作为记忆传播的媒介，具有一种纪念碑性的特质和博物馆化的发展过程。地震博物馆展出的纪念物"旧物"几乎无仿制品，是实实在在见证灾难与历史的原物，它们作为回忆的承载物和历史实质的化身散发着独一无二的光芒（阿莱达·阿斯曼，2017）。游客或参观者对唐山大地震的历史需求完全以物化的弥补形式得以满足，在园区内的纪念建筑物所表征的符号除了自身记忆外，还具有一定的精神意涵。而这种意涵在设计师设计园区空间结构和主题时就已经奠定了基础。雕塑师再根据园区主题基础设计雕塑，并将雕塑主题凸显和符号化，进而突出表达公园主题情感与实用价值。

唐山地震遗址纪念公园建设之初设定的主题是"纪念"，纪念大地震中罹难的亲人与救灾中牺牲的英烈。无论是在园区户外空间，还是在地震博物馆的室内空间，整个主题都一直萦绕在游客周边，随时可以被游客感知到。按照地震遗址公园参观习惯和指导路线，一般最后参观地震博物馆纪念展馆，从地上到地下再回到地上。笔者在纪念展厅的参观出口处，收集了 2021 年 3 月到 2021 年 7 月为期 5 个月的留言簿手册，并对留言手册内游客

第三章　罹难者纪念墙：创伤记忆的静默与协作（2001—2010年）

留言文本进行了誊写，共统计留言板文本984条留言，共计10542字。据不完全统计，留言游客来自五湖四海，主要集中在四川、河南、山东、福建、内蒙古、天津、河北、北京等地区，其中唐山本地人占多数。通过Nvivo12 Plus质性分析软件对留言簿中的文本进行词频分析，分组设置"同义词"，显示字数控制在200字，整合出词云图，如图3-4。

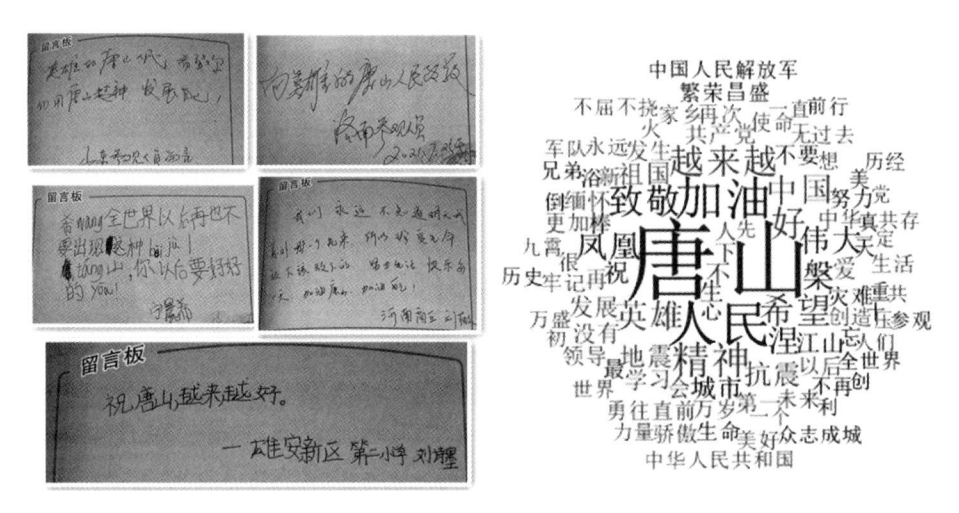

图3-4　唐山地震博物馆纪念展厅留言板文本个案及词云图（图版Ⅰ-7）
作者通过NVivo12.0 Plus软件对唐山地震博物馆参观留言簿的文本分析

留言簿设置在纪念展厅出口处，游客可在浏览后自愿写出自己的真实感受，通过图3-4，我们可以看到在留言板上有小朋友写下的"祝唐山越来越好"，有山东朋友写下的"英雄的唐山人民，希望你们用唐山精神发展自己"。在词云中我们可以看到"英雄""致敬""精神""凤凰""众志成城"等情感词语出现较多。在地震遗址纪念公园参观结束时，无论是对于唐山人还是外地游客，纪念物建筑景观罹难者纪念墙、纪念雕塑、地震遗址、纪念展等作为记忆媒介所传播的震灾记忆，在后期都被或多或少地转化为文化记忆的一部分。抗震精神从震灾的残酷、苦难、艰难、奋斗中脱离出来，凝练成精神层面、民族认同层面。

纪念建筑物作为记忆承载的媒介，单一的物质性记忆符号无法全面满足受众记忆的建构与深化，需要组合和进一步情感勾连。在回忆或记忆的同时，这些纪念建筑景观已经具有深层次的精神意涵，但受游客的认知差异和知识文化水平影响，可能无法理解或深层次体会。单一纪念物是无法进行记忆串联与建构的，需要博物馆似的空间媒介呈现复杂且流畅的记忆梳理与复原。在纪念建筑的基础上加入博物馆的深层次记忆，参观者对过去的记忆需要完全以物化的弥补形式得以满足，这种记忆物化可以通过文字、图片、视频、沉浸体验与场景复原等进行组合传播。随着时间的推移，无论是亲历者还是旁观者或是后人对于历史惨痛的集体记忆都将部分记忆逐步转化为奋斗、抗震精神层面的文化记忆，而这些记忆在个体或社会中持续的时间会更长且稳定。地上的纪念建筑物媒介加之地下博物馆纪念展厅，将满足人类对历史意识与记忆的迫切需求，并在此得到满足与强调，从而实现集体记忆中文化记忆的抽离、延续与发展。

第四节　大众媒体：国家震灾创伤记忆回归与展现

唐山大地震相关媒体报道中，抗震精神一直是其报道中的核心内容，同时也是震灾记忆的主要建构方向。伴随"国家—社会"关系发展，唐山大地震新闻报道也发生了改变。自1976年以来，关于唐山大地震的新闻报道几乎抹掉了灾难的信息，而是纯粹的宣传报道，直到1979年11月23日，大地震死亡人数才得以公布于众。到1986年媒体对于震灾的报道多以抗震纪念碑为切入点，宣传震灾的抗震精神，虽少量提及民众创伤，但在新闻报道的字里行间依旧表达着艰苦奋斗、自力更生的震灾精神，对真正的民众创伤极少正面回应。直到2001年后，科普园纪念墙在民营资本推动下修建，唐山市在社会民众的要求下，对震灾的创伤、苦难进行了正面回应。地方、中央媒体对震灾进行了系列报道，此时唐山大地震的创伤记忆才真正较大篇幅地出现在媒体的新闻报道中。

一、报刊文字中不再掩盖的创伤与追忆

21世纪初，我国"国家—社会"呈现相互渗透的关系，官方媒体中出现了唐山大地震民众创伤记忆的情感需求新闻报道，脱离了单一的抗震精神的主线。唐山罹难者纪念墙的出现是震灾民间创伤记忆中重要纪念建筑媒介，自2001年民营资本修建到2008年回归政府公共服务，8年的民间创伤记忆"长跑"在多方努力下，最终回归到国家震灾记忆的架构中。在地震罹难者纪念墙修建之初，《人民日报》曾发表《唐山将建"七·二八"地震纪念园》的新闻，新闻主要报道了"由地方政府牵头、河北华盈实业有限公司和美国绿世纪有限公司合建，25年前大地震殉难者的名字将镌刻在园内纪念墙上（王群拥，2001）。"

2008年，修建的唐山地震遗址纪念公园属于一个混合记忆的园区，它集合了民间的创伤记忆与国家的抗震精神记忆。唐山地震罹难者纪念墙经历了修建合法—非法—迁移—公共服务的过程，这个过程中充分体现了"国家与社会"的相互渗透与治理。在2008年地震遗址纪念公园正式开放之时，民间创伤记忆才算真正进入到震灾记忆的国家体系中，唐山大地震灾难性、创伤性新闻报道才逐步以官方话语的形式进入到民众视野，个体创伤记忆、群体创伤事件才开始在新闻媒体上广泛传播。

对《唐山劳动日报》《河北日报》《人民日报》关于唐山地震遗址纪念公园及其相关纪念建筑物的报道进行文本分析，共筛选出相关新闻报道127篇，除去相似新闻报

道文本，合计 121 篇，其中《唐山劳动日报》76 篇、《河北日报》29 篇、《人民日报》16 篇。新闻文本字数约 11.18 万字。通过 QAR International 开发的定性和多重混合方法，结合分析软件 NVivo12.0 Plus 对文本进行编码分析。

如表 3-2 示，在地震遗址纪念公园相关的新闻报道中，主要还是围绕地震罹难者纪念墙，尤其是在政府集体纪念仪式和群众个体祭奠上的新闻报道最为突出。2016 年 7 月 28 日，唐山大地震 40 周年，国家主席习近平前往唐山地震遗址纪念公园，在地震罹难者纪念墙前向唐山殉难同胞与抗震英雄敬献花篮，并指出"抗震精神是中华民族精神的重要体现"（杜尚泽、徐运平，2016）。这也再次巩固了地震纪念公园在唐山震灾记忆中的地位。在地震遗址纪念公园修建完成并对外开放后，我们可以发现，地震罹难者纪念墙的相关新闻报道是最多的，罹难者纪念墙作为纪念建筑物媒介成为新闻媒体报道的中心内容。

表 3-2 唐山地震遗址纪念公园相关新闻报道三级编码、参考点及覆盖率表

一级节点编码	二级节点编码	三级节点编码	参考点数	覆盖率
中国·唐山地震遗址纪念公园	地震罹难者纪念墙（180）	刻字收费风波	3	1.17%
		拆与建的曲折路	6	2.25%
		24 万遇难者的墓碑	16	6.42%
		群众个体祭奠	67	23.86%
		政府集体纪念仪式	88	32.43%
	地震博物馆纪念展厅（121）	震灾回忆	23	9.41%
		抗震自救	35	13.25%
		个人/集体震灾记忆	22	8.36%
		震灾至今唐山的涅槃发展	41	16.57%
	地震博物馆科普展厅（73）	地震科学	18	7.25%
		震灾逃生	26	10.34%
		震灾教育与体验	29	11.21%
	地震遗址（91）	震灾的佐证	43	17.13%
		过去的建筑记忆	34	13.22%
		地震科学考察	14	5.89%
	附加震灾纪念建筑物（49）	纪念水池	20	8.13%
		纪念林	5	1.08%
		纪念雕塑	24	9.27%

注：通过 NVivo12.0 Plus 软件对《唐山劳动日报》《河北日报》《人民日报》1985—2021 年相关新闻报道文本统计制作。

自 2008 年地震遗址纪念公园罹难者纪念墙进入公共服务体系后，唐山大地震周年官方纪念仪式便从唐山抗震纪念碑转移至纪念墙。这一纪念仪式地点的转变，也标志着震灾主流记忆回归至"以人为本"的理念当中，社会民众情感记忆需求得到了国家照拂，但地震遗址纪念公园的抗震精神、文化记忆建构依旧存在。在三级党政机关报中，不仅出现了个体创伤记忆的叙事，同时也出现了大量震灾科普与教育内容，这也说明舆论不再回避对自然灾难的表述，而是要推动科学认识与预防震灾。在表3-2的二级编码参考点排序中我们可以看到地震罹难者纪念墙（180）、地震博物馆纪念展厅（121）、地震遗址（91）、地震博物馆科普馆（73）、附加震灾纪念建筑物（49），在这5个二级编码中地震罹难者纪念墙的新闻报道是最多的，这也说明地震遗址纪念公园民众的创伤记忆是其最为核心的记忆表征方式。而纪念墙最大的作用就是官方的纪念仪式与民间的祭奠活动。除去地震罹难者纪念墙与地震遗址，其他纪念建筑物媒介（纪念雕塑、博物馆等）可再次利用民间创伤记忆回流，进行震灾文化记忆的再建构，从而进一步稳固与延续唐山抗震精神。

在图 3-5 中，我们可以发现，地震遗址纪念公园最为核心的作用，是民间的个体或团体祭奠与政府集体纪念活动的场所。24 万遇难者不再仅仅是一个冰冷的数字，而是成为创伤、悲惨、痛苦与死亡的象征。罹难者纪念墙上镌刻的名字也从此有了温度，除了后世的祭奠，唐山市持续纪念仪式也是唐山震灾创伤记忆延续的重要动力。地震遗址纪念公园以祭奠遇难者为主，同时修建了地震博物馆和纪念雕塑，这些纪念建筑会潜移默化地影响到前来纪念或观赏的游客，乃至附近散步的居民，这种在社会民间记忆的基础上建构国家震灾文化记忆，要比直接的抗震纪念碑的抗震精神更加有温度，体现出了政府对民众的人文关怀。

图 3-5　关于唐山地震遗址纪念公园的新闻报道编码节点层次图

通过 NVivo12.0 Plus 软件对《唐山劳动日报》《河北日报》《人民日报》1985—2021 年相关新闻报道文本统计制作

在三级报刊地震遗址纪念公园相关新闻报道文本中，我们发现即使新闻报道的主题是罹难者纪念墙民众的祭奠活动，但在整体基调除了苦难外，抗震精神依旧是其永恒的主题。在新闻报道聚类分析（图 3-6）中，我们可以看到，新闻报道主要集中在震灾记忆的传承与教育、纪念活动（仪式）、震灾亲历者的故事、防震减灾科普、地震纪念墙祭拜等。媒体通过地震罹难者纪念墙的震灾创伤来引导民众关注震灾科学与抗震文化记忆，不再是以往的单一精神记忆模式，而是选择了复合型记忆讲述与互引的叙事模式。灾难致使创伤与死亡，创伤验证精神，从而实现震灾记忆的延续与发展。

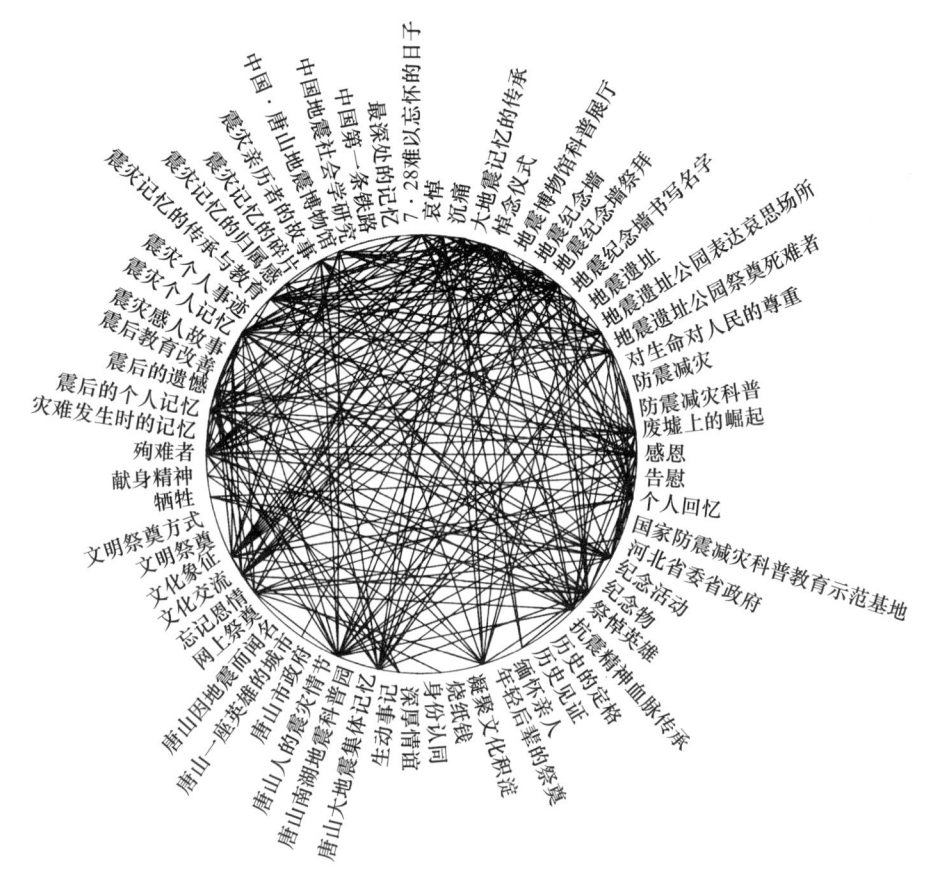

图 3-6　关于唐山地震遗址纪念公园的新闻报道聚类分析图（见图版 I-8）

通过 NVivo12.0 Plus 软件对《唐山劳动日报》《河北日报》《人民日报》1985—2021 年相关新闻报道文本统计制作。

地震遗址纪念公园是继唐山抗震纪念碑广场后修建的第二个唐山震灾纪念建筑物，作为震灾记忆的储存和传播媒介，它与唐山抗震纪念碑有着较大的区别。从《人民日报》《河北日报》《唐山劳动日报》的新闻报道来看，抗震纪念碑把灾难记忆直接升华为抗震精神，即救灾活动中激励、鼓舞和引导唐山人民艰苦奋斗、自力更生的精神力量，规避或忽略了遇难者家人的伤痛（王宁，2021）。地震遗址纪念公园的修建，填补了震灾创伤记忆的缺失。园区给民众提供了公共祭奠的场所，使创伤记忆有了物质性纪念建筑物的情感寄托，对于震灾文化记忆的延续、建构与传播发挥着重要作用。

二、罹难者纪念墙镜头语言中的伤痛

从唐山大地震罹难者纪念墙的修建到其合法化成为唐山公共服务纪念建筑物，它一直备受媒体的关注。在众多专题片、新媒体视频、电影及新闻报道中，著名导演冯小刚根据张翎小说《余震》改编而成的《唐山大地震》电影版引起了社会的强烈反响，唐山地震罹难者纪念墙借此机会出现在全球受众的面前，在唐山市乃至国内引起了较大的轰动，这也致使电影播出后，地震遗址纪念公园工作人员接待了大量填补纪念墙遇难者名字的遇难者亲友。

《唐山大地震》电影版在唐山大地震34周年之际全球上映，在唐山地区影院同步上映，影片真实还原了34年前地动山摇的震灾瞬间（媛媛、孙慷，2010）。影片结尾处唐山地震遗址纪念公园中的罹难者纪念墙作为建筑物媒介出现在电影画面中，这是罹难者纪念墙第一次出现在全球上映的电影镜头中，影片结尾宋守述站在纪念墙前面的自述，重新拉近了记忆与受众的距离，因为此处的纪念建筑物是唐山百姓清明节、"7·28"众人前往祭拜的地方。故事让我们拉近了距离，场景促使唐山民众对过去的回忆，纪念建筑物媒介帮助让我们再次回归到现实（陈星星，2010）。一座城市是有情怀的，环境是有感情的，同样一座建筑一样具有情感，其作为传播媒介，能够传播其自身的情感属性与符号表征（荆其敏，2003）。

抗震纪念碑广场、罹难者纪念墙、地震遗址作为纪念建筑物媒介，其影视镜头中与现实生活中存在的价值意义相仿却又不同。纪录片是最真实的还原，而电影、电视剧是对故事的改编和尽力还原，与历史还有着不小差异，但是可以在受众所具有集体记忆共识的基础上，达到共情与回忆的作用。镜头中的纪念性景观则与受众生活在同一时空之中，这无疑给记忆带来了合法性，为影片、镜头的真实起到辅助作用。同样，《唐山大地震》电影版在唐山大地震34周年之际上映，引起了政府、民间的强烈反应，带动了政府对于非"十"、非"五"周年大规模祭拜、报道的先例。同时，带动了唐山地震遗址纪念公园罹难者纪念墙作为书写媒介的传播能力，提高了其传播范围与受众认知。

随着传媒技术的迅猛发展，网络直播、短视频等迅速崛起，社会生活进入了视听传达为主的信息传播时代。每年"7·28"和清明节时，地震罹难者纪念墙下汇集各类人群，有前来祭拜亲人的家属、有自媒体人员、也有官方媒体，他们在地震遗址纪念公园内进行视频拍摄、直播与现场讲解，即使不是重要的祭拜时间，外地游客、自媒体人员也会进行视频创作和震灾文化讲解。

目前，唐山地震遗址纪念公园地震罹难者墙的遇难者名字补录工作依旧在持续，只是不会如修建之初大批集中补录。罹难者纪念墙上镌刻的名字是一个个在震灾中不幸遇难个体，平凡又渺小，但在镜头中的全景画面会将24万个个体汇聚在一起，形成了较大的视觉震撼性。无论是新闻报道的镜头画面、还是自媒体（如Big大世界）中用于介绍和旅游打卡的文化记忆之旅。选择纪念墙的拍摄镜头多以全景为主，仰拍全景展现出对遇难前辈的尊重，俯拍全景展现出震灾的无情与百姓的苦难，密密麻麻的名字给受众视觉形成压迫，从而产生创伤性情感共联。罹难者纪念墙镜头中的创伤不是一个遇难者、一个家庭的灾难与创伤，而是一座城市的集体灾难、集体创伤，它的存在不只是为了个体的纪念，也是群体灾难的纪念。

第五节 "纪念之园"：创伤记忆与精神记忆的混合

中国·唐山地震遗址纪念公园位于唐山市路南区南湖公园的东侧，南湖大道北侧，京山铁路线沿线，将唐山机车车辆铸钢车间地震遗址包含在内。地震遗址纪念公园距唐山市抗震纪念碑广场3千米，属于市中心边缘位置，其1号门附近就是公交车场，交通较为便捷。纪念建筑媒介呈现封闭的空间结构。

笔者进行的认知地图调研共分为三个时间段展开，第一阶段为2021年1月底到2月初新年前[①]；第二阶段为2021年4月初清明节前后；第三阶段为2021年7月28日前后，发放手绘草图共计22天。收回草图243份，有效草图218份。因认知地图中的记忆草图对绘制者要求较高，必须对地震遗址纪念公园有浏览过程的来访人员，同时还需要有较为充分的时间。为此本次问卷主要以遗址公园工作团队、商贩合作为主，本人为辅的形式，主要问卷合作对象为旅游对接（唐山某地接导游）、遗址公园门外"7·28"鲜花售卖处。研究者采用提前告知，并发放补助形式，对前往和离开的居民、游客等进行了认知地图手绘调查工作。

GIS[②]认知地图要求对地震遗迹纪念公园有游览需求（祭拜、旅游、休闲）的人，也就是整体浏览过地震遗址纪念公园且大致可以画出一幅简图的游览者，标出包含公园纪念墙、纪念雕塑、纪念水池、纪念林、地震博物馆纪念展览馆、地震博物馆科普馆、地震广场、地震遗址等纪念建筑物的位置及名称。被调研者不需要参照任何资料，只需要一份白纸在规定范围内手绘即可。

---

① 唐山地方风俗，年前需要给去世的亲人烧"寒衣纸"。

② 本部分主要采用GIS的空间统计分析方法，实证研究中国·唐山地震遗址纪念公园来访者集体记忆的聚焦点以及纪念性建筑景观作为传播媒介对受访者记忆影响的研究。采用认知地图、问卷和访谈的三种形式完成实证研究。

运用 ArcGIS10.5 软件进行空间叠置、密度分析和反距离权重差值分析，目的是通过实证数据的可视化地图揭示来访者（唐山地震遗址纪念公园）的集体记忆特征。空间叠置分析是指将同一区域的两个或两个以上该地区要素（地图）重叠，从而产生新的行为特征（新的空间地形或空间位置上的新属性过程）的分析方法（张王菲、姬永杰，2018）。通过叠置分析所产生的新的空间关系，将建立起多个数据属性联系，帮助区域空间产生关联性。两者在空间叠置的基础上可以形成更为深化的研究内容。

研究者结合为期约半年的田野调查与访谈（非结构化测量方法）完成如下研究成果。

一、视觉图式：园区纪念建筑物的文化记忆表征

地震遗址纪念公园中纪念建筑物媒介区位、形状与赋意不同，所呈现出的记忆建构形式也不尽相同，但是可以看到它们之间包含或显或隐的记忆关系与牵连。这种内部的情感与记忆牵连通过视觉与场景感传播给受众，从而形成心理图式。康德最早提出"图式"概念，在他看来，个体在接受新信息或是思维概念时，只有与其原有脑海中的经历或知识相关联，才可以产生新的意义（Mary B，2002）。而"视觉图式"则主要指，通过视觉图像、外部表征、图形表现的形式将熟知或原有认知建构，形成新的知识结构（茹峰，2007）。

我们所熟知的视觉图式，都包含着设计者的认知、价值观、记忆与阅历。任何人创作一件作品，首先是经过其自我的认知思维和掌握的方法去思量，在此基础上探寻灵感，尝试新方法与路径，寻找共通的契合点，从而在受众观赏作品时，以作品为媒介，形成与受众的心理共情。图式理论是传播心理学在研究媒介表征与受众心理需求的主要理论之一，不同媒介形式的符号表征对于受众的心理具有一定的影响作用。

以建筑物所呈现的视觉图像为传播媒介，它的空间展现与视觉图式在传播过程中对受众的感官具有刺激性作用。视觉图式在其特定的环境中会衍生出相对稳定的思维模式，人们身处一个相对的艺术空间环境中，看到某一艺术形式性的同时，脑海中会映射出与之相对应的画面。纪念建筑物可成为受众思维记忆中过去或思维知识与脑海情景再现画面的"桥梁"，而这种"桥梁"，可以促进形成情感共鸣与民族认同。连锁的纪念建筑物形成的媒介环境，具有独特的场所环境记忆模式与符号表征。

根据建筑空间要素的不同形态，纪念建筑物景观的空间可以大致分为三大类：节点空间、线性空间、面状空间。节点空间由于其空间形态的独特性，易于成为特色建筑的重要组成部分；线性空间在形态上更为有序；面状空间更类似于整体空间的格局，通过节点、线性建筑形成系统性建筑群。而建筑群尤其是相对集中且有排列内涵的纪念建筑群会形成空间意境。我们也可以认为这是纪念建筑媒介之间的记忆共联、情感共鸣和空间意境。地震遗址纪念公园的建筑虽然所占用的城市面积不大，但是其所形成的节点空间、线性空间和面状空间以及综合所形成的空间意境在地震遗址纪念公园

第三章 罹难者纪念墙：创伤记忆的静默与协作（2001—2010年）

得到了较好的体现。

在地震遗址纪念公园，1号门为大门，平时是不对外开放的，只有"7·28"、清明节或有相关集体活动时1号门才会打开。正对1号门的"时间静止"雕塑（图3-7），将入园来访者的时间拉回1978年7月28日3时42分53.8秒，这个大理石质地的"时钟"为来访者脑海搜索奠定了时间范围与基础，来访者包括震灾亲历者、没有经历过震灾的唐山后人及游客。"时钟"背后的"永远的记忆"五个字更是为这个时间符号赋予了永恒的标识。

图 3-7　唐山地震遗址纪念公园"时间静止"雕塑

从1号门进入园区，视觉所及之处，纪念建筑媒介所制造的空间意境就将受众的思绪与记忆唤起，奠定了园区的情感意境。2号门距离1号门"时间静止"雕塑距离较近，可穿过服务中心直接到达。即使在2号门也可以清晰看到"时间静止"纪念性雕塑的"永远的记忆"5个大字。纪念建筑具有时空属性，它们促使受众获得生命的沧桑感，从而思索人生的意义。"时间静止"纪念建筑作为时间的传播媒介，具有自我的控制属性。

园区除地震罹难者纪念墙作为重点集结人群之处，园内的抗震主题雕塑（图3-8）亦是。雕塑位于纪念水池的正中间，雕塑主题为震灾时的抗震过程，在园区解说词中写道，"主题雕塑，共分为两部分，一部分是上面白色的象征巨手的石塑，代表着党和国家对唐山人民的支持，同时也指引着我们发展的方向。第二部分则是震灾时唐山百姓的真实写照5个故事中，典型的人物雕塑。最前面一部分是解放军和前来支援的广大民众争分夺秒的救援写照，以及青壮年唐山人民自救；雕塑背面是站在家园前无助地遥望远方、埋头哭泣或目光呆滞的沉思的灾民；雕塑北面中间方位则展现出一家人失去亲人的痛苦；最西边则是一个失去生命但依旧哺乳妈妈的人像，其展示了灾难发生时母爱的伟大；主题雕塑南面则是唐山人民自强不息奋力自救的景象。"主题雕塑作为抗震纪念建筑物，除了具有纪念性，还具有鲜明的叙事能力、共情能力与记忆术能力。混凝土的特性加持了事件的原始感和厚重感，石质雕塑更加具有空间的情感表达能力。

图 3-8　地震遗址纪念公园园区抗震建筑雕塑

顺应参观顺序，从 1 号门或 2 号门进入园区都需要从罹难者纪念墙下纪念大道经过，大道北侧是 5 组 13 面黑色大理石墙体，纪念墙高 7.28 米，距离纪念水池 19.76 米，这些数字寓示着生与死的时空距离，让后人永远铭记 1976 年 7 月 28 日这个让唐山人悲悯的日子。穿过纪念大道向西直行，来到地震遗址公园广场，广场相对较为宽阔，广场西侧为唐山机车车辆厂铸钢车间地震遗址，是震后遗留下来保存较为完好的地震遗址之一。广场中心偏北是中国地震局赠送的铜制地动仪模型。广场北侧为唐山地震博物馆，是我国目前最大最完善的地震博物馆，博物馆分别为地下的地震纪念展馆和地上的地震科普馆两部分，整个地震遗址公园的主要建筑大概于此。除此之外还包括地震罹难者纪念墙北侧的纪念林，林区内有弯弯曲曲的小路与石凳，同时还分布着震灾帐篷以备附近居民在紧急情况下使用。

纪念建筑物拥有其自身的社会属性、文化属性，以及空间属性，并在这属性上赋予了其政治价值、经济价值和文化价值。它既是记忆的承载与传播媒介，同时也是文化产品，在提供"文化教育"的同时，形成某种文化产业或是旅游产品，以经济发展模式促进文化记忆的发展与传承。这种公园形式的纪念建筑景观群，承载着唐山大地震的集体记忆片段。城市化进程促使地震遗留下来的"真实"建筑越来越少，加上公园内特定空间中震灾亲历者的穿行与哭诉，营造了一种现在与过去、死亡与生存、回忆与憧憬相交织的神秘色彩，而这些构成了地震遗址纪念公园的景观视觉图式价值。

二、记忆留存：受众的建筑物媒介记忆阐释与认知

城市意象理论强调人类对于城市的重要性，凯文·林奇（Kevin Lynch，2017）认为结构清晰、具有可以意象性的城市就是一座好的、成功的城市。这种意象不是客观存在的，是个体大脑对外部空间环境思辨、归纳、总结出的图像，是个体直接感觉和通过以往回忆、认知所产生的结果，它可以用来获得信息，从而指导个体行为。为进一步了解城市意象，林奇通过人所在城市的市民描绘城市认知地图的方式获取城市意象，并以此了解

城市的结构特点、组织要素以及城市被认同的程度（高佑佳、贾安强、李帆，2017）。

20世纪中叶，爱德华·托尔曼对认知地图的概念赋予了认知心理的视角。人类机体中海马体对情景记忆与叙事性记忆发挥着重要作用，同时在空间认知地图领域也能够指导认知行为（chiller Daniela，2015）。通过道路、边沿、区域、节点和标志这5类要素进行进一步表达，要素之间的相互关联与性质属性决定了某一具体空间"复合体"是否清晰可见、易于记忆、有想象力。这也就说明，建筑物与建筑物所形成的区域、街道、延边的认知记忆是相互影响与建构的。结合唐山地震遗址纪念公园实际情况，根据林奇城市意象5要素对其全园区内的震灾纪念建筑物媒介进行分类与梳理，探究其各要素之间的关系与作用。

根据城市意象5要素所绘制出的表3-3可以发现，在道路、边界、区域、节点、标志物这5要素中，有些纪念建筑物在按照其元素内涵定义出现了较多次数。例如地震罹难者纪念墙，作为园区主要纪念建筑景观，既是纪念林区与纪念集中区的划分边界，同时也是地震纪念园园区重要的悼念场所，还是园区的标志性纪念建筑。纪念墙虽然最早出现于南湖公园，但是之后在地震遗址公园"安家"，因为其特殊的性质与记忆，在地震遗址纪念公园，它可以说是最明显的标志，是地震遗址纪念公园存在的基石。而纪念主题雕塑、地震博物馆、地震遗址则是作为园区的重要节点与标志性建筑物。在城市意象5要素中有些元素只出现了一次，例如纪念大道、纪念林等，而有些纪念建筑则出现了多次，这也是说明，它们的职能更具有复合性，既发挥了区域的划分边界功能，同时又作为标志性纪念景观传递记忆与情感。这些具有多样元素职能的建筑物，记忆赋予的传播力会更强，更加具有震灾记忆的传播能力。

表3-3 林奇城市意象5要素及其实践应用表

元素	内涵	唐山地震遗址纪念公园
道路	居民日常活动的移动的通道，如步行道、机动车道或者铁路路线，是意象中的主导元素。	纪念大道
边界	属于线性要素的一种，是两个部分的边界线，是连续过程中的线性中断。比如：栅栏、海岸线、围墙等。	地震遗址栅栏、罹难者纪念墙、园区人造河流
区域	区域是中等以上的分区，是二维平面，观察者从心理上有"进入"的感觉，具有某种共同被识别的特征（凯文·林奇，2017）。	悼念区、科普区、展览区、地震遗址区
节点	人们来往过程中的集结点，具有连接和集中的属性特征，从一个结构空间向另一个结构空间的转换处。	地震罹难者纪念墙、纪念展馆、地震遗址、主题雕塑
标志物	是另一类型的点状参照物，多为一个定义简单有形物体。如建筑、标志、山峦等，在许多元素中可以脱颖而出，用作确定结构或身份的线索。	地震罹难者纪念墙、地震遗址、主题雕塑、博物馆

地震遗址纪念公园空间相对较为集中，各纪念建筑物媒介的表征意涵较为独立，受众容易对纪念建筑形成认知与记忆，故尝试运用认知地图方式获取记忆草图，研究来访

受众对地震遗址纪念公园集体记忆的特征、规律与偏好，这种方法具有较好的直观性和数据可解读性。与此同时，为深入感知纪念公园浏览受众的记忆特征与认知反馈，又进行部分访谈形式的非结构化测量，以提高记忆草图为一手调研数据的客观性与科学性。

在218份有效手绘草图中（不包含虽画出3处纪念建筑物，但未命名或区位位置错误的草图），男、女性占比分别为45%与55%，性别差异性较小。绘图者年龄层次普遍偏高，基本以40岁偏上为主。根据受访者记忆草图所绘制的特点、形式、建筑物名称、区位等基本问题，再结合研究者的访谈内容，深入分析地震遗址公园来访者对于园区内纪念建筑景观空间的集体记忆特征与规律。

研究汇总218份有效记忆草图，同时参照考Appleyard·J与周玮等人对认知地图的分类方法，按照受访者在绘制园区记忆草图过程中的结构方式，将记忆草图进行了标志物型、节点型、区域型三种类型划分，地震罹难者纪念墙作为标志物型、节点型和区域型在218份手绘认知地图出现率为100%，其次为地震遗址出现率为86.2%，再次是地震主题雕塑出现率为71.1%。在有效认知地图草图中，根据手绘者的具体表达性和大众性特点划分，共划分出5类地震遗址纪念公园手绘认知地图，如图3-9。

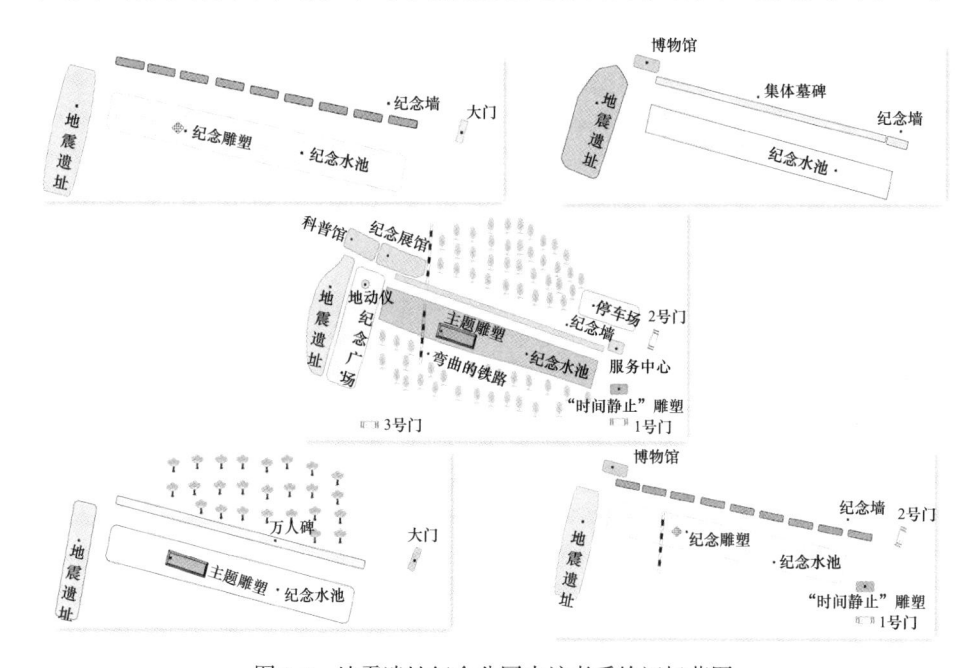

图3-9 地震遗址纪念公园来访者手绘记忆草图

为提高可视化效果，草图范本是基于受访者绘制的草图，在保留草图空间格局与地点内容的基础上，采用手绘和计算机制图软件临摹而成。手绘地点：唐山地震遗址纪念公园，来访者手绘时间：2021年1月至7月

来访者在园区浏览后，个体脑海里印象最为深刻的就应该是地震罹难者纪念墙，因为有一部分绘制者是来地震遗址纪念公园吊唁他们震灾中遇难的亲人，这一部分人

并未将这里当作公园,更多的是当作震灾中遇难亲人的墓碑,所以他们对于纪念墙的记忆是尤为深刻的。而其他游客看到13面大理石黑色纪念墙,墙体密密麻麻刻着24万人"金色"的名字(碑铭),视觉上受到强烈的刺激,站在墙下,你会看到无数人的名字刻于其上,一个一个鲜活的生命在震灾中消亡,它作为媒介可以勾起亲历者的回忆。作为亲历者后人或是外地游客,纪念墙则作为大地震文化记忆传播媒介,将大地震的惨状转化为视觉冲击,从而促发受众记忆,24万是一个数字,很难形成一定的记忆,但是将24万人的名字刻在石墙之上就会形成巨大的情感冲击。

人们每天经历着各式各样的事情,繁杂的记忆促使我们逐步地忘记或将一些记忆深埋于心底。但是有些记忆是必须要突破桎梏呈现在民众面前的,以敬畏先人和防止灾难的重演。现在纪念墙依旧是唐山人民,尤其是有亲人在震灾中遇难的唐山人难以抹去的伤痛,对于震灾45年后的今天,这里不仅是亲历者纪念亲人的祭奠之地,同时也是后人"7·28"悼念仪式的场所。"我站在桥上看风景,看风景的人在楼上看你",作为震灾中遇难者的后人,纪念墙作为其祭奠先人的"墓碑",其在祭奠的过程中就是一种记忆的建构,是过去与现在的交织,而对于前来游玩或是集体吊唁的人群则是对"他者"记忆的自我建构。

在整个记忆空间环境中,情感与记忆会通过空间的声音、情绪、动作触动观者的内心,这种互动的吊唁仪式是个体记忆转为集体记忆的空间专场,同时也是在记忆体记忆中抽离文化记忆并建构的主要形式之一。莫里斯·哈布瓦赫在论述集体记忆时指出,我们保存着对自己生活的各个时期的记忆,这些记忆不停地再现,通过它们的连续与勾连,我们的认同得以终生长存。但是正是这些记忆在不断地重复,我们生活在不同的时代与环境之中,重复的记忆就会逐渐偏移,从而失去其原有的形式与外表(莫里斯·哈布瓦赫,2002)。我们深知过去已经不复存在,但我们要强迫我们自己适应唯一真实的世界——现在生活的世界。只有这种前期不间断的重复,才可以保证后期集体记忆延续以及文化记忆的传承。

三、感官体验:罹难者纪念墙为核心的记忆映照与建构

运用ArcGIS10.5软件进行空间叠置、密度分析和反距离权重差值分析,其目的是通过实证数据的可视化地图揭示来访者(唐山地震遗址纪念公园)的集体记忆特征。空间叠置分析是将同一地区的两组或两组以上的要素(地图进行)重叠,产生新特征(新空间地形或空间位置上的新属性过程)的分析方法。

以受访者手绘认知地图节点为基础,通过Coreldraw软件对认知记忆草图出现的认知区位偏差进行几何校正,结合受访者对地震遗址纪念公园中纪念建筑物情感与记忆赋值微数据。通过运用ArcGIS10.5软件进行空间叠置,再使用ArcGIS10.5软件对空间叠置数据进行可奈尔密度值分析(图3-10)。

根据基础数据运算显示，受众记忆权重密度值 0.0274~0.246。红色区（深色区）域为遗址纪念公园来访者记忆的核心区，主要分布在园区的地震罹难者纪念墙、地震遗址、纪念展览馆区域，密度值 0.219~0.246；密度值 0.164~0.219 主要集中在地震主题雕塑、"时间静止"雕塑与游客服务中心，这些区域游客的记忆较为薄弱，但是可以理解为受访者清晰地记住了纪念建筑物媒介的记忆表征内容；而其他区域为 0.082~0.137，对于园区来访者而言并未形成较大的记忆影响，像纪念林、科普馆、纪念水池等是记忆要素最为薄弱的地方。

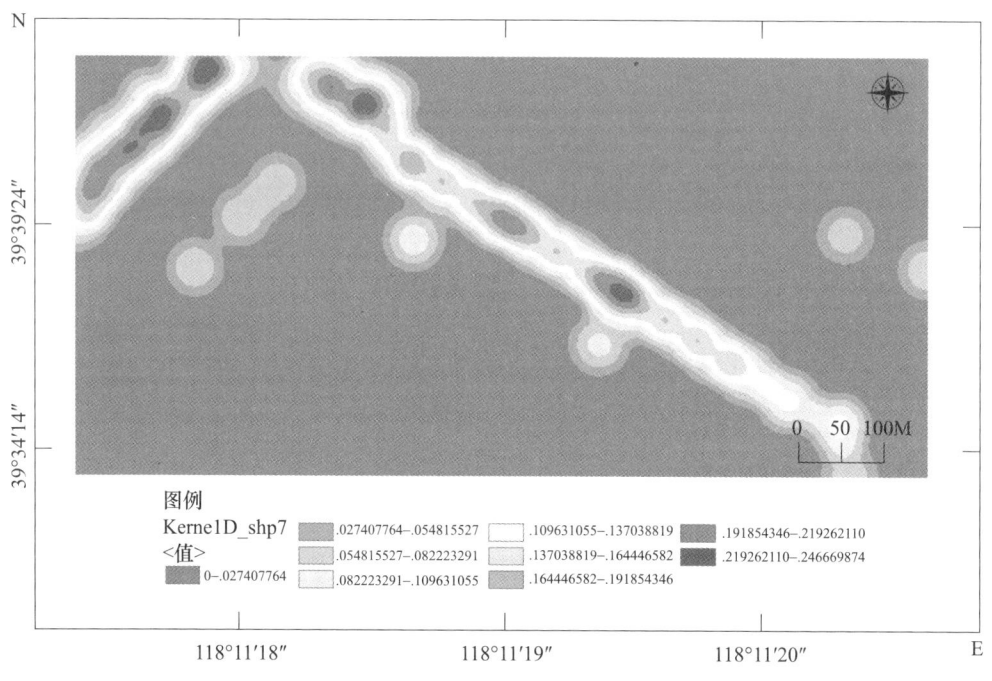

图 3-10　来访者对地震遗址纪念公园纪念建筑物记忆的密度值分析（见图版 I-9）

唐山大地震给民众带来的创伤可以说是一种被遮蔽的记忆，没有被纳入国家震灾记忆建构、传承体系之中，而是被深埋于地下的"坟墓"里，当被罹难者纪念墙这一"墓碑"式建筑媒介唤醒时，受众应激与亢奋的记忆状态会持续较长时间并以人际传播的形式扩散。研究者通过访谈了解到，园区参观或悼念者对于纪念墙的感官认知是最大的，因为它既是 24 万人震灾中遇难集体记忆的建筑符号，又是个人记忆的情感寄托。地震罹难者纪念墙南侧的纪念大道是前往地震博物馆和地震遗址公园的主要道路之一，也是游客或是悼念者必"打卡"的地方。

英国哲学家约翰·拉斯金（John Ruskin）曾表达，人类的遗忘有两个强大的征服者——诗歌和建筑，后者在某种程度上包括前者，在现实中更加强大（约翰·拉斯金，2006）。建筑不应该只为当代而建造，也应该为未来而建造。一座建筑的最高价值不在

第三章 罹难者纪念墙：创伤记忆的静默与协作（2001—2010年）

于它的材质或是位置，而在于它的岁月和历史记忆。纪念墙、地震遗址以及纪念展览馆作为纪念建筑充当着记忆承载者的建筑媒介，代表着一种存续，这种存续将"被遗忘的年代与未来时代联系在一起"，并以此在这个信息快速发展，泛娱乐化的时代里维系着一种记忆的延续和认同感。

运用ArcGIS10.5反距离权重差值（IDW, Inverse Distance Weighted）功能，探究地震遗址纪念公园中，纪念建筑物记忆传播能力的差异化空间辐射效应。提取认知地图中记忆草图的主要纪念建筑和受访者记忆赋权比值分析（图3-11）。

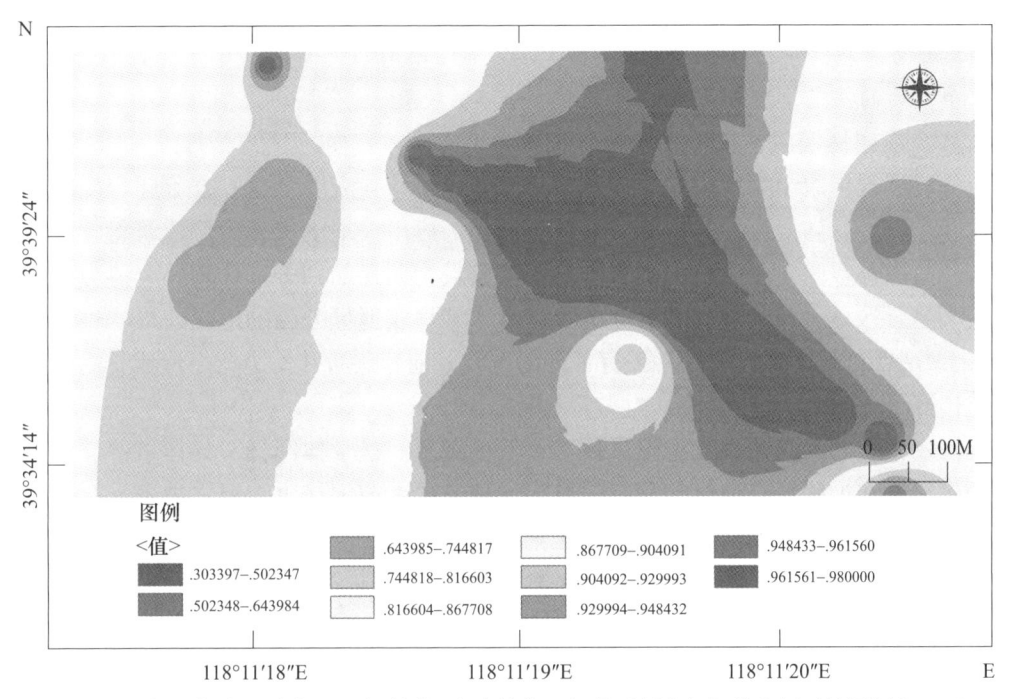

图3-11 来访者对地震遗址纪念公园纪念建筑物记忆的反距离加权值分析（见图版Ⅰ-10）

通过图3-11，我们可以发现DIW值0.303~0.980，呈现较大的记忆反差，也就是说很大一部分人对园区内的纪念建筑没有意识到或是觉察其纪念性价值，没有给游客留下任何记忆或是记忆相对模糊。DIW插值0.961~0.980红色（深色）区域的纪念建筑景观属于"强记忆辐射区域"，所形成的记忆影响较为深远和持久，主要分布在地震罹难者纪念墙，以及纪念墙周边和其所属区域范围周边。DIW插值0.867~0.948呈橘红色（淡深色）区域纪念建筑物属于"弱记忆辐射区"，他们主要围绕记忆的较强辐射区，受强辐射区域记忆影响，从而产生个人的关联记忆。而DIW插值小于0.867的区域属于"较弱记忆辐射区"，此区域主要集中在纪念林、纪念水池南侧，受众对其所在区域未产生相对应的记忆加持，也就是其符号表征未引起受众的大脑反应，受众对于常见景物在无人解说的情况下，无法形成相应的记忆景象。

正如我们在访谈中，一位来自地震遗址纪念公园的游客LZG所说："我第一次来，跟旅行团来的，导游大致给我介绍了一下。让我觉得记忆最深的就是那个万人墙，以前知道唐山大地震死了很多人，但是站在墙底下看到的感觉就不一样了，很震撼，也很难受，再去博物馆（纪念展馆）里面参观，太惨了，那个年代发生这样的天灾太难了……"①

作为唐山市民的ZH先生也是选择首先带孩子来地震遗址纪念公园的罹难者纪念墙，就如在访谈中他所说的那样："放假带孩子来看看……我震后出生的，这些东西是不能忘的，他们现在小孩都不咋知道大地震的情况，就知道有这个事情……主要就是看看这个万人墙（纪念墙）、雕塑、博物馆，不过他们的科普馆建好一直不开。这里还有一个震后的铁道，这可是我们国家第一条标准铁路……"②

从"强记忆辐射区"到"弱强记忆辐射区"再到"弱记忆辐射区"的差异化记忆影响，展现出唐山大地震纪念建筑物的差异，对于参观受众也有着不同程度的记忆与认知影响。总体而言，唐山地震遗址公园作为唐山大地震文化记忆建筑物较为集中地区，其内部空间对于记忆的层次和功能有着较为明显的划分。从主要个体与文化记忆交叉融合区域，即地震罹难者纪念墙区域，到地震遗址公园的地震遗址"过去的见证"，参观者对震灾的毁灭性后果有了现场感知，前者刺激并促进记忆形成，后者为记忆建构打下基础。

博物馆纪念展馆的文化记忆具体"物"的叙事，是个体回忆、集体事件、文化记忆的建构。在加固自身记忆的同时，唐山大地震他者的记忆也无形之中进入自身的记忆系统形成影响，逐步向着趋同的文化记忆建构与发展。唐山地震遗址纪念公园集合个体记忆、集体记忆、文化记忆和记忆科普实践于一体，是唐山大地震记忆生态空间综合体。

---

① 访谈人员：LZG，女性，50岁，来唐旅行团游客（济南籍），访谈时间：2021年1月21日。
② 访谈人员：ZH，男性，40岁，唐山丰润区嘉城学庭居民，访谈时间：2021年1月22日。

第四章

凤凰之像：演化记忆下国家与社会的"协谋"（2011年至今）

"历史意识"或"历史感"是人类原始的本能，能够将过去的历史大事件和人物形象固定保存下来，以便对此进行回忆和讲述（扬·阿斯曼，2015）。历史感是人类最根本的特征，从本质上看，它与人类创造文化的能力共生共存。扬·阿斯曼在历史感的基础上认为，人类的记忆在最自然状态下的根本形式是遗忘而不是回忆，而回忆过去事物本身产生的研究和梳理的兴趣，才是需要被释放的问题。人类记忆的存储中，记忆是在逐步分解的过程，一部分作为记忆储藏积淀深处，需要外部环境刺激才可以再次唤醒；一部分作为习得记忆，供日常生活使用；还有一部分属于被逐步遗忘的记忆，再次唤起时需要复杂的勾连关系，而这种记忆多半会逐步遗忘再难拾起。

集体记忆既具有记忆指向本源的巩固根基式回忆作用，同时也具有指向个体的生命式回忆能力。巩固根基式回忆总是依托于客观外物的刺激发挥作用，仪式、纪念建筑物、神话、符号、饰物、绘画、图式、文本、影视等都是客观外物的表现形式，这些符号系统具有支撑回忆和文化认同的技术性作用。巩固根基式回忆需要依靠权力扶植才可以实现其作用，这也是文化记忆与机构化的记忆术相互作用的结果。

文化记忆与集体记忆不同，它无法呈现泛化的记忆，而是关注过去事件中的某些具有代表性或凝聚力的焦点。神话符号具有概括和精神属性，也可以作为象征物。基于事实的历史被转化，从而成就了神话。灾难演化出的神话符号，已经基本去除灾难与死亡的身影，更有利于当权者的掌控和资本介入。而且神话形成的纪念建筑物作为符号，具有去集体记忆化和凝练精神文化的作用。随着经营性文化产业与公益性文化产业的分离，文化市场主体得到重塑，以致文化产业被激发出巨大发展潜力。国家坚定文化自信道路，树立文化强国目标，加之提出了城市产业升级转型方针政策，文化旅游产业成为唐山城市升级转型的重要发展方向之一。这促成了2016年唐山世界园艺博览会的召开，以及助推了凤凰文化IP符号的演化及建构。

第一节　震灾记忆同"凤凰"符号的渊源与匹配

凤凰，亦称为"凤皇"，在古代被称为百鸟之王，雄的称为"凤"，雌的称为"凰"。自古至今，凤凰在我国都是象征吉祥如意的祥瑞图腾符号。据中国典籍《尔雅·释鸟》的注释，凤凰乃"鸡头，蛇颈，燕颔，龟背，鱼尾，五彩色"（郭璞，2018）。《说文解字》载："凤之象也，麟前鹿后……。出于东方君子之国……。"凤凰性格高洁，"非梧桐不止……"（臧克和，2019）。此后，在中国各个历史时期，凤凰都被赋予了多种美好的涵义。从新石器时代到现如今，千年历史中凤凰的符号遍布了祖国神州大地，我国凤凰的符号语义大致可分为：造福众生、象征德才、权力象征、爱情象征、惩恶扬善等类型，这些大多为东方凤凰相关的神话故事（庞进，2001）。

随着中西文化交融，中国凤凰图腾符号融入了西方"凤凰"（Phoenix）的形象与寓意。西方 Phoenix 主要来源于古埃及的太阳鸟（Benu）、古希腊的不死鸟（Phoenix）和古印度的迦楼罗（Garuda）。西方不死鸟每五百年就会在火焰中燃烧，然后在燃烧的灰烬中重生。在中西方凤凰寓意融合之后，就出现了"凤凰·涅槃"的说法（杨心一，2015）。不死鸟出于埃及，凤凰出于中土，涅槃出于印度，而带有基督教死而复生的说法也融入到了凤凰的符号体系中，促使凤凰成为一个重新被阐释、不断被符号化的、中西混合且多重含义的综合体。

一、"凤凰涅槃"神话隐喻

"凤凰·涅槃"一词最早出现在郭沫若发表于 1920 年的一首长篇抒情叙事诗，后收录到诗集《女神》中。在郭沫若的"凤凰·涅槃"元素结构中，第一元素为西方的"Phoenix"和"不死鸟"，五百年集香自焚而重生，与中国凤凰吉祥鸟符号并无牵连。第二元素为涅槃，在基督教、佛教都有其自我解释，在佛教中，涅槃是一个核心概念，译作圆寂、作灭、生五等，具有返璞归真，重新开始之意。第三元素为中国的凤凰，分为雌雄之别，与 Phoenix 不同，具有吉祥、如意等符号特征。郭沫若将来自欧洲、非洲和东方神话集合一身，加之哲学与宗教，三方元素融为一体，创造出"凤凰·涅槃"的新典故。《凤凰·涅槃》叙事诗共分为《序曲》《凤歌》《凰歌》《凤凰同歌》四部分，表现出了中华民族的远祖，穿透历史的漫漫长夜向中华儿女的呼唤。在集香木自焚，在灰烬中重生的凤凰形象中，每个中国人都重新认识了自己，看到了民族在大难后发展的道路和希望（张建宏，2000）。

自古龙凤呈祥作为吉祥如意的图腾符号，从古代帝王专属到至今广泛使用。众多国人都自发地认为凤凰与龙是同等的图腾，以我们是它们的后裔自居，从而华夏儿女都流淌着龙和凤凰血液。凤凰的精神也同时注入了后世的身体，使每个中国人与凤凰的形象产生了血亲的共鸣。

西方"菲尼克司"（Phoenix）文化植入和我国著名现代作家郭沫若的《凤凰·涅槃》诗歌，促使"凤凰·涅槃"成为一个"新生"的代名词。郭沫若文中的凤凰更像是 Phoenix，不是我们东方凤凰。但郭沫若又赋予了它东方凤凰的符号意蕴，故受郭沫若先生的影响，加之社会、时代赋予的文化表征，提起"凤凰·涅槃"基本就能联想到我国传统文化中的凤凰。"凤凰·涅槃"主要指凤凰浴火燃烧，向死而生，在熊熊烈火中燃烧后重生，并得到永生，如今被比喻一种不屈不挠的顽强精神和勇往直前的坚强意志。同时，人们对"凤凰·涅槃"还有另一层延伸和解读，比喻人经历过长期的磨难或是大灾大难的洗礼后，获得了重生的改变。

二、凤凰山"有凤来仪"民间典故意引

我国地大物博,河流纵横,山川耸立。据统计,其中以"凤凰"命名的山名约为78座,涉及20多个省、自治区、直辖市、特别行政区,几乎每个省份都拥有一座甚至多座"凤凰山"。或因其形状似腾飞、蹲伏的大鸟;或因古代神话、民间传说而得名。可谓是"九州凤凰多,四海共飞翔"。唐山市辖区内就拥有六座"凤凰"命名山峰,分别是位于唐山市中心位置的唐山凤凰山、迁西县凤凰山、滦州市凤凰山、丰润区凤凰山及九龙凤凰山,以及位于昌黎县的凤凰山(1986年后归秦皇岛市管辖)。这也足以说明凤凰作为古代神鸟,对于我国民族文化的深刻影响。

与其他凤凰山不同,唐山的凤凰山位于市中心位置,唐山的凤凰山本名双凤山,因山顶有一尊高达1.6丈的铁菩萨塑像,故而俗称铁菩萨山。大约在1千年以前,唐山地带属于辽国。辽国中晚期兴起了崇佛热潮,他们信奉佛法,皈依佛祖,从上到下都很尊崇佛教。相传隐居在今日唐山一带的萧姓族人很同情当时两位本族皇后的悲惨遭遇,他们集资在附近的小山上建造了菩萨庙,为齐天皇后铸造真身造像,还在菩萨庙下开掘洞穴,供奉萧观音石像,逢年过节敬香祭祀,以示怀念。因为他们祭祀的是两位皇后,遂将此无名小山命名为"双凤山"。直到20世纪70年代才被改称"凤凰山"(赵枕,2015)。凤凰山主海拔88米,占地面积约17.95公顷,山势挺秀,秀丽苍松翠柏密布。相传百鸟之王——凤凰曾落于此处,在《唐山文史资料大全》中山脉篇解释道,因前山的东西两侧像凤凰的双翼,山后像凤凰长长的尾羽,整体呈凤凰展翅,故而称为凤凰山。作为这个城市的制高点也为城市赢得了"凤凰城"的美丽别称。当然民间还有不同的传说,较著名的有明朝永乐年间"凤儿"救苦救难,解救百姓。相传她是天上娘娘下凡,凤落人间,但英年早逝,民间在凤凰山修建庙宇。到了清朝道光年间,重修庙宇,在凤凰山后峰建起一座比铁菩萨庙还大的娘娘殿和一座铁塔,凤儿已融入娘娘神像之中,使双凤山名实相符,并定每年四月十八为庙会,届时人山人海,车水马龙,香火鼎盛(刘秉中,1992)。

据明确史料记载,早在唐代以前,凤凰山上就有朝阳寺等古建筑,明朝建菩萨殿,内供铁菩萨一尊以及报夏亭、宝塔、僧房客舍等。但随着历史变迁,经历日寇侵占,唯独裸露在山顶的铁菩萨幸存下来,但也在"文革"时期被毁坏(吴丽荔,2014)。凤凰亭建于1963年,1975年竣工,整体结构为钢筋混凝土仿古建筑,由一层亭台和二层重檐八角亭两部分组成,设计者是唐山城市建筑设计院的工程师刘文海。唐山大地震后,凤凰山公园设施几乎毁坏殆尽,只有凤凰亭依旧屹立于山巅之上。1977年与城市同步复建,简易修缮后开放,1981年凤凰山公园进行震后全面复建。1984年12月20日,公园重新对市民开放,"凤凰亭"的名称也就从此被正式确定下来,并由我国著名书法家肖一先生题写"凤凰亭"的匾额,同时成为震灾纪念建筑媒介。修建后的公园主门入口西大门南侧,建有一座高大的凤凰雕塑,座高2米,雕塑主高7米,采

用白色水泥和彩色石子浇筑而成,是凤凰山公园主要标志和园徽(袁吕林,1996)。2021年4月底,唐山凤凰山公园凤凰亭因年久失修,被市政府重新修缮。同年8月31日,凤凰山山顶凤凰亭修复工程完工,正式向市民开放。

凤凰山与唐山人民一样见证唐山震后的发展与改变,曾经在震后有一首打油诗,深刻描写了唐山震后的城市现状。"登上凤凰山,放眼看唐山,遍地简易房,砖头压油毡。"虽是即兴之作,但通俗易懂,朗朗上口,符合实际,所以该诗流传甚广,传播力极强。"简易房"是作为震后十年甚至更久的百姓住所,这里注入了他们泪水、笑声和生命的岁月。有人曾说:"1976年到1986年这10年,地震毁掉了一座唐山,汽车拉走了一座唐山(震后唐山的废墟),内部消化了一座唐山(简易唐山),7年建起了一座新的唐山(唐山新城)。"在唐山市滦县司法局工作人员海纳《唐山凤凰》文章中写道:"唐山总是以凤凰城自居,是因为唐山城的土地上有座凤凰山,唐山人的心中有'凤凰·涅槃'的精神,是唐山人民抗震的精神"(王力,2016)。凤凰山不仅是唐山市内的一座山峰,更成了百姓心中的精神信仰符号。凤凰这个意象符号,初步构成与"凤凰涅槃"符号寓意相匹配的精神文化图腾,促使唐山人形成对于凤凰文化符号的文化精神认同,唐山又名"凤凰城"的说法进入官方话语,凤凰图腾符号在整个唐山城初步形成。

三、城市重建、经济复苏与环境新颜的见证

唐山市作为北方工业重镇,是一座拥有百年历史的工业老城,被誉为"中国近现代工业的摇篮"。唐山工业经济发展抓住了洋务运动兴起的机遇,唐山借力19世纪60年代的"自强不息"口号,发挥自身煤炭资源优势,成为近现代工业的摇篮。唐山先后诞生了我国第一座机械化采煤矿井、第一桶水泥、第一条标准轨道和最早的股份企业(开滦煤矿)。至此,唐山成为中国近现代工业的发祥地之一。

唐山大地震这场灾难给唐山人民带来巨大的生命财产损失,城区内97%房屋建筑倒塌,共造成242469人死亡,164851人重伤。唐山整个主城区几乎被毁灭殆尽,所有的交通、水电及通信设施中断,唐山与外界失去联系。根据官方统计,唐山大地震直接造成唐山经济损失高达30亿元人民币。程才实在《唐山震后重建的哲学思考》(1976年唐山大地震史实摘要)中写道:"唐山,华北著名的工业城市。其面积约占我国总面积的万分之一,GDP产值约占我国总产值的百分之一,就是这样一座伟大的城市,震灾过后整个城区再无一座完整的建筑耸立"(程才实,1994)。从而有人说,唐山从此在地球上消失了。唐山大地震发生后,国家领导人高度重视,立即作出救灾计划,展开了全国人民群众、解放军以及唐山民众的震灾救援与城市重建工作。唐山震后工作主要分为三个阶段。第一阶段(震后到1976年底),主要解决震灾过后灾民的基本生活问题,例如救助伤员、帮助恢复交通、搭建简易房屋过冬等,经专家论证,国家审批同意,决定在震后废墟上重新建设新唐山;第二阶段(1977年),这一

年为恢复生产阶段，1977年底，90%左右的企业简易恢复了震前生产水平；第三阶段（1978—1986年）开始重建家园。1978年，全市工业生产总值已经接近震前水平。1979年，则超过震前水平8.8%。在震后10年之际，新唐山基本建成。震后10年，唐山人民在党中央和国务院领导下，在全国人民的支持下，经历了抗震救灾、恢复生产、重建家园三个伟大阶段，实现了兴盛到废墟再到涅槃的华丽转身。

1986年，是唐山经济、文化、建筑、城市生命史上最为重要的年份之一。7月28日，河北省委、省政府在庄严肃穆的唐山抗震纪念碑广场举行隆重的唐山抗震10周年纪念大会，宣告唐山震后重建工作基本完成。中共中央政治局委员、国务院副总理万里出席纪念大会，唐山市各界群众代表共1万多人参加大会。1986年7月29日，《人民日报》头版头条发表《废墟上崛起的新唐山跨入"十年振兴"新阶段，唐山隆重纪念抗震十周年，万里代表党中央国务院前往祝贺并为唐山抗震纪念碑揭幕》文章。同日，《河北日报》刊发文章——《举世瞩目的唐山恢复重建工作基本完成，一座崭新的城市重新屹立在冀东大地上，唐山市举行万人大会隆重纪念抗震10周年》并同时发表社论："唐山恢复重建所取得的成就雄辩地证明，生活在社会主义制度下的唐山人民，在中国共产党的领导下，不仅能经受住人间巨大苦难的考验，而且完全有能力迅速建设一个新唐山。唐山人民不愧为英雄的人民。"

如今，大地震已过去45年，唐山市实现了完美蜕变，唐山已连续多年成为河北省城市建设与经济发展的领跑者，如表4-1。唐山市经济发展迅速、科教文卫事业稳步提高，百姓安居乐业，45年前的废墟俨然消失，人们看到的是一个富有生机、奔波向上的新唐山。这座被誉为"凤凰城"的重生城市，在巨灾中没有弯下脊梁，而选择毅然挺立，她实现了毁灭中的新生，正在完成民众、社会、国家对她"凤凰·涅槃"的期待。

表4-1 唐山市震前与震后GDP、人均GDP及河北省经济排名情况

时间	唐山市GDP总值（亿）	人均GDP总值（元）	河北省经济排名
1975年	21.5984	389.00	第一名
1976年	17.97	327.00	第二名
1986年	67.44	1102.00	第二名
1996年	607.28	8907.00	第二名
2006年	2362.14	32429.00	第一名
2016年	6354.87	81239.00	第一名
2020年	7210.90	90589.00	第一名
2021年	8230.6	106642.00	第一名

注：根据历年河北省统计局公布数据总结制作。

第二节 "凤凰"文化 IP 符号作为世园会的精神意象

唐山南湖城市中央公园，简称南湖公园，作为国家 4A 级旅游景区，是南湖生态城核心区域，同时也是唐山市四大主体功能区之一，总体规划面积 3000 万平方米，距市中心约 1 千米。

唐山早在 2001 年就邀请德国著名景观建筑设计师、鲁尔工业改造者彼得·拉茨（Peter Latz）为唐山南湖做了整体规划。2008 年，国家倡导重工业城市、重污染城市以及资源型城市改造转型的方针政策。唐山作为北方重工业城市，积极响应国家号召，痛下决心，强力调整产业结构，坚决走新型工业化道路，积极发展第三产业（王方杰、李增辉，2021）。唐山南湖改造大致分为三个阶段。第一阶段进行了唐山南湖整体生态改造，迁走大量煤矿和污染企业，彻底改变周边湖水水质；第二阶段启动了环城水系计划，打造了 300000 米环绕全城的河湖水系；第三阶段在整体改造基础上，利用大型活动升级南湖整体生态质量与知名度，从而促进南湖公园可持续发展（王劲韬，2017）。

2016 年，南湖公园被作为第 32 届唐山世界园艺博览会核心会址，从根本上提升了第三阶段的基本需求，也巩固和促成了"凤凰"文化 IP 符号的形成。世园会结束后，南湖公园已经成为"唐山南湖·开滦旅游景区"，由唐山文旅集团负责经营与销售"凤凰"文化 IP 符号周边产品。

一、震后 40 年"都市与自然·凤凰涅槃"世园会

唐山大地震给唐山人民带来了无法忘怀的伤痛，也给唐山人民留下一笔宝贵的精神财富。汴江在《唐山地震沉思录》中写道："曾记忆中的城市，曾记忆中的人，那段深埋在唐山人心中的永远痛苦的记忆无法磨灭……逝去的家园已经焕发出另一番辉煌"（卞江，2016）。2016 年是唐山大地震 40 周年，在这一年，唐山获得 2016 年第 32 届世界园艺博览会的承办权，这是国内第一个承办世界园艺博览会的地市级城市，不仅是为了向世人展示唐山抗震重建和生态治理恢复成果，同时更加坚定我们从震灾中走出来，从"战胜自然"向"人与环境友好相处，都市与自然和谐共生"的幸福目标迈进，是"凤凰·涅槃"奇迹后唐山迈向高境界的城市理想（郭倩，2010）。

2016 年第 32 届唐山世界园艺博览会（The 32nd Tangshan World Horticultural Exposition）于 2016 年 4 月 29 日至 10 月份在唐山市南湖举办，世园会会期长达 171 天，会展的中心主题"都市与自然·凤凰涅槃"。会议期间共设有 7 大组织活动："唐山园艺博览会""5·18 国际经贸洽谈会""中东欧国家领导人会议""唐山抗震 40 周

年纪念活动""国际精品兰花展""中国金鸡百花电影节""中国—拉美企业家峰会"。唐山在获得世园会承办权后，会展设计结合唐山1976年震灾，十年重建、十年振兴、十年跨越，形成了今日的涅槃城市发展理念，展示唐山人民的抗震精神及城市转型，凸显唐山地方文化特色、民俗特质与周边环境。规划以"凤凰·涅槃""凤舞九天"的构思展开，唐山世园会以采煤塌陷地（采煤沉降区）为主会场，没有占用一亩耕地与林地，这在国际园艺生产协会中属于首次，被称为"采煤塌陷区上的凤凰于飞"。凤凰成为2016年世园会的主要符号。从凤凰山的传说到唐山大地震震后崛起的"凤凰·涅槃"再到如今的"凤舞九天"，"凤凰"文化IP符号在后世唐山人的心中与唐山抗震精神深深地交织到一起，逐渐成为一座城的"图腾"，唐山眼中"唐山精神"的化身（鲁达、李茜，2021）。在整个世园会的主体环境中，以凤凰符号为原型的设计作品惟妙惟肖、美轮美奂。2015年9月22日，唐山世园会组委会通过征集、评选，在北京钓鱼台国宾馆发布了唐山世园会会徽、吉祥物图案及志愿者动漫形象，如图4-1。

图 4-1 唐山世园会会徽、吉祥物及志愿者动漫形象图
引自第32届唐山世界园艺博览会官网

"有凤来仪"典故转化的"T&S"意象符号视为唐山世园会的会徽，会徽主结构呈现凤凰的4部分，分别为凤头、凤身、凤尾及凤羽，其中凤头以字母"S"为主形象，凤身以字母"T"为主形象，凤身与凤头形成"TS"（唐山）拼音的首字母。凤尾呈现七彩的花瓣形状，"彩凤"环绕在七彩花蕾之中，凤羽丰盈，从而将世园会会徽凤凰符号与唐山进行形似的对接。世园会吉祥物设计为"凤凰花仙子"，是一个灵动、活泼、可爱的小凤凰，"凤凰花仙子"中的七彩花冠和凤凰元素的设计理念都与会徽设计风格相符合，给受众群体以从视觉到理念的统一感。志愿者动漫形象"园园"，是一手拿绿枝快乐奔跑的小凤凰。这些设计与世园会主题"都市与自然·凤凰涅槃"进行了完美的衔接。恰逢唐山大地震40周年，世园会附属"凤凰"文化符号Logo设计极大地彰显了唐山市人民"涅槃·重生"的抗震精神。唐山世园会"适逢盛世，有凤来仪"的欢迎口号，向世人展示了大地震后唐山人民对于灾难勇往直前的精神态度与未来憧憬。唐山自古便有凤凰山与凤凰传说，震后唐山迅速崛起，尽显"凤凰·涅槃"现象，故唐山"凤凰城"之称更加稳固。

记忆不是一个复制的问题，而是一个建构的问题。记忆代码包括语义代码、口头代码和视觉代码三个主要方面。视觉代码容易被翻译成为意象的具体事物，这比抽象的事物对于记忆的牵引和保留更为容易。因为意象的具体事物要在视觉代码和语义代码方面经历双重编码。就如唐山震后的"凤凰"在现实生活中是并不存在的符号，其本身只是唐山市坊间的一个神话传说。但经历文化记忆的建构，从凤凰山的呼唤到震后"凤凰·涅槃"再到震后40年的"有凤来仪"和"丹凤朝阳"，凤凰被视为一座城市的集体记忆的IP符号和精神象征。

二、《丹凤朝阳》铜塑的记忆回望与精神象征

唐山世界园艺博览会会场规划以"凤舞"为主结构，园博会整体园区内多以凤凰文化符号建筑形式为表征。凤凰文化符号除了园博会的对外宣传会徽、吉祥物外，园区内景观也多以"凤凰"原型进行整合与建构。《丹凤朝阳》巨型青铜雕塑作为园区内最为核心的地域空间，是唐山大地震集体记忆中唐山抗震精神的意象符号象征。

2011年，巨型青铜城市雕塑《丹凤朝阳》在唐山南湖城市中央生态园落成，雕塑由著名艺术家、清华大学教授韩美林创意设计，巨型雕塑分为两部分组成，总高度为78米。基座高度9米，铜雕净高69米，重约447吨。《丹凤朝阳》铜像中间为球形，代表着太阳。雕塑分上下两部分凤凰组成，底座由八只雄伟的狮子拱卫起凤凰，青铜雕塑高耸入云，形成广场空间中独特的审美效果，给群众带来雄伟壮丽和凤朝天鸣的视觉冲击。谭美林先生工作室作品显示，《丹凤朝阳》巨型铜塑创意设计采用中国传统吉祥图案，是属于征兆吉祥的题材，把民间"丹凤朝阳"典故运用其中，以兆好运、吉祥、前途一片光明之寓。同时，34年过去，不屈不挠的唐山人民在废墟上重新建设了家园，犹如传说中的凤凰"涅槃重生"。唐山人民用大无畏的精神抚平了这座城市的创伤。艺术大师谭美林先生为这座浴火重生的、具有生命力的城市创造了一座具有深远意义的巨型雕塑《丹凤朝阳》，该雕塑名字由《诗经·大雅·卷阿》"凤凰鸣"而来。

《丹凤朝阳铭》是唐山市青年作家崔梦金为期半年时间潜心撰写而成，其作品被美国前总统奥巴马、联合国秘书长潘基文、韩国总统李明博等多国领导收藏。《丹凤朝阳铭》记"凤凰鸣，梧桐生，波光潋，草木葱，绵延千余里……势如腾飞之凤城，历劫而重生，跨日而前行……躬逢盛事，为此赋铭，千秋记之，以昭后人。"在铭文中，凤凰作为中国传统文化的神鸟，居于梧桐祥瑞之地。唐山作为凤凰之城，震灾重生，必将迎来发展。大地震的集体记忆演化为凤凰所代表的"抗震精神"，《丹凤朝阳》雕塑作为城市雕塑景观，具有唐山大地震纪念性意义，其纪念性目的与记忆价值已经发生了偏移，成为大地震文化记忆中震灾记忆演化、建构的一部分。

在日常生活中，当我们看到熟知的、较为细小的以及寻常的东西时，我们一般情况下是无法快速反应或记起它们，因为我们脑海中缺乏那些日常平庸物体的刺激。作

为唐山市的城市地标之一，以凤凰为原型的青铜雕像《丹凤朝阳》将唐山"凤凰城"的"凤凰"符号从虚拟、文本，落实到具有意象特质的雕塑景观。

《丹凤朝阳》广场中间作为唐山象征性标志建筑物的"丹凤朝阳"铜像，每到夜晚都表演光影秀，是目前国内最大单体铜雕塑3D光影秀，春—夏—秋—冬四季变化演绎出一场别开生面、精彩震撼的城市传奇。以"凤凰"文化IP符号作为雕塑景观的记忆媒介，在观赏及空间辐射范围内，受众更容易被唤起原初记忆文本中所携带的"记忆能量"，这部分"能量"主要来源于日积月累的文本"凤凰"符号意象的传播。这也是受众可以更好地接受"凤凰"符号作为唐山城市精神标志的主要原因之一。

从唐山抗震纪念碑的碑文，到地震罹难者纪念墙的祭文，再到《丹凤朝阳》雕塑的铭文，我们可以发现唐山大地震的集体记忆逐步被分离，一部分"禁锢"在博物馆、纪念公园之内，一部分"释放"出来，频繁地被建构、赋权和深化使用。被建构的震灾记忆缺失了创伤，而更多是震后人民自发奋斗的精神记忆。精神记忆在国家权力与社会资本的"共治"下，将唐山震灾记忆演化为"凤凰"的意象IP符号。阿斯曼夫妇在论述文化记忆时提及，记忆是一种强大的力量，它似乎要取代历史的核心位置（鲁达、李茜，2015）。集体记忆要想得到传承与持续，就必须舍弃一部分、保留一部分、建构一部分。文化记忆将保留的一部分与建构融合，以便受众形成认同，而这部分常常被凝结成一些可供回忆附着的象征物（Symbolische Figuren），基于事实记忆的记忆被转化为意象的景观媒介符号，有利于记忆的传播，但同时也在逐步削弱过去记忆的内容。

《丹凤朝阳》是唐山大地震集体记忆演化出的一部分，是震后唐山精神文化的表征符号，它有某种神圣的元素，浸化在唐山大地震集体记忆的内核之中。作为媒介的景观雕塑，促使其空间域产生回忆，群体通过忆起过去，巩固了受众的认同。这种认同区分于抗震纪念碑与地震罹难者纪念墙的认同，它似乎隐化了震灾的苦难与创伤，显示了震后唐山人民的抗震精神和对未来美好的期许。这种认同超越日常生活的东西，从一定意义上讲，高于生活、平行于精神文化的认同，类似于一个部族或是民族的"图腾"。

三、世园会展区"凤凰"文化IP符号的空间架构与表征

建筑是空间的界定与围合，空间则是被建筑所占据和填充基础上意化出的新空间（刘朦，2020）。时间与空间对应意识与身体，意识是超越人体的，非空间的，意味着绝对的自由；而身体则具有空间性，属于会消亡、被限制的成分。这也是后来西方学者在空间研究时，加入了受众身体的考量，要求在控制空间的同时思考身体在空间内的状态。文化的空间生产主要指隐喻、想象、意指、象征等表征实践方式，建构空间文化的意义过程（谢纳，2019）。建筑物所筑构的空间是最为基础的长、宽、高的三维

空间，与身体在建筑空间中所形成的自我意识空间相辅相成，但又有一定的差异。这一种差异来自于个体的经历、认知、记忆以及思维能力的不同。

2016年唐山世界园艺博览会整个园区的设计结构主题为"凤舞"，其园区空间景观符号和命名多与"凤凰"文化相关，"凤凰"文化IP符号意象成为世园会空间文化生产主要内容。2016年唐山世界园艺博览会会场选址在唐山南湖公园。世园会占地面积226万平方米，其中世园会核心会展区域5.4公顷，民众体验区17.2公顷。世园会持续开放171天，接待游客约500万人次（史自强，2016）。核心区域为"一轴八园"共11处主要景观节点（韩宇，2018）。整个园区中，1号门综合展示中心和《丹凤朝阳》广场为核心区域。

综合展示中心共分三层，一层是城市区域沙盘，主要展示城市震前、震后唐山市发展情况，大门口镶嵌《唐山赋》简述唐山城市发展历程；二层为六大板块"唐山从历史深处走来""工业摇篮·城市起点""世界园艺博览会历程""人杰地灵·凤凰涅槃""新唐山成就展""京津冀协同发展的蓝图"，主要涉及唐山城市经济发展；第三层是"英雄的城市、英雄的人民主题展""新时代、新征程、新作为"等。

游客经过综合展示中心（现唐山市城市规划馆）后，对唐山市城市发展有了基本的了解。《丹凤朝阳》广场作为世园会的核心广场，其中心地位是毋庸置疑的，这也是该园区"凤舞"主题的标志性建筑媒介之一。游客置身于光影之中，《丹凤朝阳》青铜雕塑之下，能够感受到视觉和空间感的冲击。这使游客对综合中心的记忆被牵引，从而对唐山震后涅槃的唐山精神（抗震精神）有了更加深刻的认识。而对于唐山人来说，则会加固震后抗震精神"凤凰"符号的寓意耦合度，从而实现"凤凰"文化IP符号的精神传播与延续。典型场景或主题场景对于符号的传播具有增益作用，其符号意涵容易在受众记忆中产生情感共联和共鸣，由此场景成为符号传播的"引力弹弓"。

在2016年唐山世界园艺博览会中，共6处大门可进入园区，1号门作为主门位于《丹凤朝阳》广场，综合展示中心北侧，丹凤路南；2号门位于园区西南"凤凰台位置"；3号门位于唐山特色文化"皮影主题乐园"附近；4号门位于植物园（现已独立成唐山植物园）；5号门又称"桃花潭"门，此门进入园区可直接进入桃花潭景区，该门在《唐山大地震》影视（拍摄基地）小镇附近；6号门位于园区西部中间位置，现已改造为唐山南湖旅游景区旅游集散中心。

1号门作为主门区，是步入世园会的展示起点，是城市文化基础和延续的介绍。空间区域利用室内图表、文本、灯箱、视频等媒介形式和户外广场独立景观空间环境，对震后集体记忆中精神文化"凤凰"符号进行了体感式传播。与主门区相呼应的2号门，利用自然景观媒介和人造门厅符号意象，进行"凤凰"符号的精神文化的涵化。2号门设计结合了地域空间的自然属性符号与社会属性特征，融入周边"凤凰台"环境景观，虽然没有《丹凤朝阳》青铜雕塑，但是园区2号门主门区融入

"凤城·展翅"构思。从园区南北相照应的角度，建立一套可以不断从空间意象中传播"凤凰·涅槃"意象的园区空间。2号门主框架采用中轴对称的造型，采用"凤凰"展翅，海纳百川，迎各方友人的设计灵感，上方拱形大门犹如一只展翅凤凰的羽翼。引入"凤凰"元素，可以展现唐山市民不惧震灾、不畏痛苦、艰苦奋斗、涅槃盛世的憧憬（江平，2016）。门前中心位置设置圆形巨鼓，体现唐山民宿"乐亭大鼓"，鼓面凤凰丝绸采用祥云围绕"凤凰"周边，彰显祥瑞之兆，从而更好地突出世园会"凤凰·涅槃"的寓意。

南北大门及广场的符号在世园区内形成了"凤凰"寓意的呼应，园区内的"凤凰"建筑符号媒介分布在园区的各个空间。凤凰台作为园区内"凤凰"命名的人造自然景观媒介，具有其自身的"涅槃"文化。凤凰台原为矿区塌陷地的垃圾场，通过多年的环境治理和改造，成就了如今的凤凰台，这也是凤凰台自身的涅槃重生。登上凤凰台，攀爬到顶端就可以看到屹立于此处的凤凰亭，起名来源于"箫韶九成，凤凰来仪"，以期盼震后的唐山安定祥和，繁荣昌盛。凤凰亭左下方有一巨大风景石，上面雕刻《唐山南湖赋》，分别以南湖"之胜""之韵""之难""之景"，讲述唐山南湖从塌陷废墟到南湖4A景区的历史过程。

园区内的路灯造型均采用"凤凰"符号，湖边石景雕刻着和"凤凰"相关的辞藻。除了凤凰台以"凤凰"符号命名，园区湖内中心岛区被名为"云凤岛"，岛上兼有实景演出场所，每晚上演《那年芳华》，将岛上自然景观与人文景观相结合，以评剧的形式讲述唐山的历史发展，震灾记忆贯穿其中。根据自然景观或生产实践的景观媒介，在理性思考的基础上抽象出的空间，也就是我们感知经验所察觉到的空间，被视为精神空间。

唐山世界园艺博览会成功将"凤凰"文化IP符号为园区的空间生产主题，将唐山大地震"凤凰·涅槃"、唐山凤凰山和"凤凰"神鸟传说与唐山城市文化、抗震精神融合到了一起，实现唐山大地震集体记忆去伤痛化，保留积极奋斗的记忆模式。经过震后唐山的迅速崛起、基于"凤凰"神话的基础、"涅槃·重生"的媒体宣传涵化，"凤凰"文化IP符号俨然已经成为震后唐山精神文化。"图腾""凤凰城""丹凤朝阳""凤凰·涅槃""凤舞·唐城"等文本符号成为唐山城市文化精神的代表。震灾记忆中的奋斗、不畏艰难的记忆融入了整体性唐山精神。个体记忆多被集体记忆的框架所框定。杰弗里·奥立克（Jeffrey olick）说："记忆总是一种流动协商的过程，一方是当下的欲望，一方是过去的遗产（Jeffrey Olick，1998）。"记忆是一个过程，不是一个东西（固化）；是一门技巧，而不是固定的地方。集体记忆是我们过去所经历的事情，而不是所拥有的物质化产品，它需要通过不同的工具分析、整理、建构、传播、表征、融合等方式与文化组合起来，以求传承延续。

唐山市利用世园会这一盛大的全球性仪式，利用园区"凤凰"符号意涵的生产与传播，巩固了"凤凰"符号的城市文化地位，逐步形成了"凤凰"精神"图腾"。以世园会为唐山大地震"凤凰"符号意涵为记忆之场,辐射整个城区,"凤凰"图腾式 IP 符号意涵开始逐步被民众接受,成为城市大街小巷、街道商铺追捧的符号与文本表达形式。

第三节 "凤凰"文化 IP 符码意蕴与震灾记忆共联

唐山大地震集体记忆是一个流动的记忆过程,其在发展过程中受时间、场域、文本、国家与社会需求的影响,是一个不断被建构、使用、融合的过程。集体记忆在被提出之时,所强调的是记忆共同体作为共同参照点的"场(sites)",这种"场"并不总是体现为空间位置。但是他们具有共同之处,将多方面的记忆、经历和故事装入一个有限的形象库里,为同时代人之间的记忆交流和世代的记忆传承提供了位置标志(阿斯特莉特·埃尔,2021)。对于集体记忆的场所而言,它们既不是"自然"形成,也不是一次性形成。它们是选择过程的产物,在这个过程中将某些"记忆图像"置于其他形象之上,通过多种多样的媒介进行众多记忆行为。只有通过文化实践的中介作用,带有记忆的符号才能在特定的共同体内获得形状、意义上的公众认同形象。

随着唐山大地震集体记忆的演化与发展,唐山世界园艺博览会的"凤凰·涅槃"主题与《丹凤朝阳》雕塑及"凤凰"符码的景观媒介落地,"凤凰"符号从民间神话传说,到震后得到百姓认同,再到官方的认可与举办国际性展会,"凤凰"彻底融为唐山大地震集体记忆的一部分,城市文化记忆 IP 符号的代表之一。

一、震灾衍化记忆的外显、内隐与规避

唐山大地震集体记忆属于自然灾难型记忆,其记忆的主体是震灾中幸存者、抗震救灾的英雄、大部分见证者以及世代传播的唐山后人。唐山人作为震灾最直接的受害者,当时的幸存者饱尝了大地震所带来的巨大伤痛,灾后的心理创伤不言而喻。根据 1998 年唐山开滦矿务局精神病院对唐山民众的心理调查显示,在震灾中有亲人遇难或财产受到严重损失的亲历者,会形成心理创伤与长久性应激反应,从而长期影响他们的身心健康(张本、王学义、孙贺祥,1998)。时值唐山大地震震后 45 周年,亲历者依然存在部分心理问题。

唐山大地震使唐山市民受到强烈的精神冲击,并处于无助和麻木的状态,这种体验就是创伤,此时形成的个体记忆,就是创伤性记忆(Massazza Alessandro,2021)。

巴塞尔·范德考克（Bessel van der Kolk）认为，创伤记忆是内隐的，由身体和大脑共同运载，是感觉、情绪和行为的混合物。个体在受到创伤后，机体为保护其自身的正常运转，会选择性地隐藏或搁置部分创伤记忆，以完成身体机体的基本运转（巴塞尔·范德考克，2016）。用时间逐步去修正那些牢固的、无法适应的、自动化的生存反应，可以让那些挥之不去的创伤记忆得以安放，尘封于心底。

创伤记忆是封印于个体机体中的，要治疗它需要创造一个保护的"催眠"状态，在这样的状态里，个体可以安全地观察那些令人恐惧的往事。在集体记忆的发展过程中，呈现出外显性记忆和内隐性记忆的模式，前者处于意识中，后者则是处于无意识中。正如GSL在访谈时所表述的："虽然大地震已经过去几十年了，但是偶尔晚上依然会做噩梦，梦到自己在柱子底下压着，喘不过气来。震后，几乎每天都可以梦到我爸我妈，把枕头都给哭湿了，那时候我刚14岁。现在好多了，几乎不咋想，自己岁数也大了，也就偶尔还梦见地震的事情……"。① 灾难过后，隐性的记忆依旧会时常刺激大脑以求不被忘记或是被遮蔽，但是这种遗忘是任何机体都无法控制的。一旦机体在受到外界相似刺激时，大脑会迅速挖掘遗忘记忆来指导身体活动，就如WJG在遇到地震时的反应一样："大地震后就剩我和我姐，爸妈都没了，我是我姐带大的……我还小，不太记事，但是震后建设我是记得清楚，那太苦了。住在简易房里面，冬天冻得要死，没有大人（父母），跟着叔叔过……会有反应，前一阵地震，我醒了吓一激灵，浑身都是汗……害怕，哪有不害怕的啊。"②

甚至受过创伤的身体对于灾难的回忆是抵触的、规避的，虽然很难去遗忘，但是可以选择尘封或规避某段记忆。这段记忆并不是不存在了，只是个体不愿意再提及和回忆。"我是不愿意去那（地震遗址公园和纪念碑），只有当时刻名字的时候去了一次。不愿想起那些事，去一次回来就做梦，生病，索性就不去了，努力不想那些事，这样自己还好受点。事情已经发生了，死了的就死了，活着的还得活着。"③

通过访谈与图4-2我们可以发现，唐山大地震的亲历者或亲历者后人，对于过去震灾中创伤记忆或是灾难中的苦难记忆态度较为统一，基本持消极回忆态度。也就是很多亲历者（有亲人去世或伤残）对于震灾回忆是尽量避而不谈的，但是在小震时，其身体和情绪上的内隐记忆更容易凸显，甚至失控。而对于外显的灾后记忆和奋斗记忆则持积极的回忆态度，灾后记忆更加体现了亲历者战胜苦难的个人成就感，而这也迎合了国家将震后精神记忆传承与延续的文化记忆需求。

---

① 访谈对象：GSL，男性，59岁，唐山市某企业职工，访谈时间：2021年2月5日。
② 访谈对象：WJG，男性，53岁，唐山市古冶区某派出所民警，访谈时间：2021年5月17日。
③ 访谈对象：SAG，女性，61岁，唐山市古冶区某小学退休教师，访谈时间：2021年2月22日。

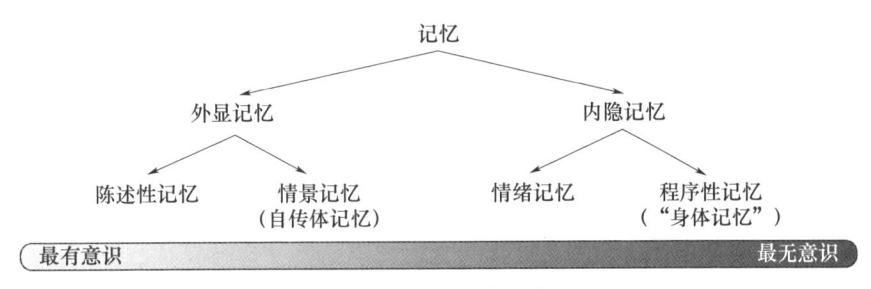

```
                        记忆
                  ┌──────┴──────┐
               外显记忆         内隐记忆
              ┌───┴───┐       ┌───┴───┐
           陈述性记忆  情景记忆  情绪记忆  程序性记忆
                    （自传体记忆）        （"身体记忆"）
           最有意识                              最无意识
```

图 4-2　记忆的基本系统图

记忆的中心本质是一种选择性的遗忘，而遗忘也体现了一种选择性的记忆。所有的记忆都包含着遗忘的过程，因为遗忘本身就是记忆的一部分。在集体记忆的实践过程中，不同的历史时代、不同的社会需求和文化情景下，遗忘和记忆会呈现迥然的差异。部分"记忆"传承延续、部分记忆被"遗忘"于角落甚至尘封是集体记忆被建构的过程。集体记忆是建设集体认同，"集体遗忘"同样是在建构认同。"记住什么"与"忘记什么"同等的重要，在强调部分记忆的同时，遗忘就已经开始了。

唐山抗震纪念碑广场修建的那一刻，唐山大地震的记忆就开始了"记忆"与"遗忘"的动态过程。从唐山大地震 20 周年献礼工程"凤凰大厦"（20 世纪 90 年代唐山市最高城市建筑），"凤凰"文化 IP 符号的文本实化；到震后 35 年唐山规划"凤凰新城"计划落地；再到唐山大地震 40 周年举办 2016 年唐山世界园艺博览会"都市与自然·凤凰涅槃"的"凤凰"文化 IP 符号主题园区；时值 2021 年唐山大地震 45 周年，唐山举办"英雄城市·花舞唐山"河北第五届园博会，重修凤凰山上凤凰亭。"凤凰"文化 IP 符号已经从文本媒介符号转化为物质建筑景观媒介，凤凰作为中国神鸟在唐山大地震的记忆建构中披上了具有唐山抗震精神记忆的"外衣"，"凤凰"文化 IP 符号已经逐步成为唐山大地震集体记忆中文化记忆传播与延续的标识媒介和精神象征。

二、"凤凰城"精神筑构与记忆认知

"凤凰·涅槃"一词在郭沫若《凤凰涅槃》诗歌中出现后，很快被国内受众所接受。虽然郭沫若的"凤凰"更多意涵是西方 Phoenix 的不死鸟、太阳鸟之意，但受其中国佛教"涅槃"文化的影响，加之融入中国神鸟凤凰的吉祥意义，该词语在出现后就受到民众的追捧并被广泛使用。不只东方对于"凤凰·涅槃"这一词语的情有独钟，西方国家也不例外。通过中世纪的旅行者和商人，亚洲艺术开始逐步进入欧洲，伴随其中的就有一只鸟或一对鸟（Starr-Karlin，2018）。约瑟夫·尼格（Joseph Nigg）在其出版的《凤凰：神鸟传奇》中写道："它是古埃及太阳神的象征，是古代中国盛世来临的预告，它是基督教教义中基督复活的佐证，它是伊丽莎白时代完美典范的隐喻……"中国的"凤凰"要比西方同类"菲尼克司"（Phoenix）早出现几个世纪，曾有一个标题新闻写道:"凤凰,跃起于中国,飞翔于纽约",从而促使人想起东西方凤凰传说的文化融合(约瑟夫·尼格,2021)。

现在的研究者普遍认为"凤凰"的形象与认知,主要来源于中国的"凤凰"、西方的"菲尼克司"(Phoenix)和埃及的不死鸟(Benu)。与此同时,凤凰浴火重生以及其象征吉祥盛世的符号形象给当代某些重建工程提供了灵感。例如,根据《今日美国》报道,在美国"9.11"恐怖袭击事件半周年纪念日,美国国防部拟定了"凤凰计划",此计划目标就是修复五角大楼,重现其昔日辉煌(席雪莲,2021)。2010年8月25日,智利圣何塞铜矿场发生矿难33名智利被困地下700米处。智利政府为了营救被困井下2个多月的遇难矿工,使用了特制救生舱,被命名为"凤凰"1号、2号和3号,营救过程全球直播,10亿人观看了现场直播。凤凰从古至今,从东方到西方,在漫长历史发展中,跨越了时代而达到永恒。

隐喻思维是通过一个事物或事件来认识另一事物或事件的认知方式,这种认知方式通过语言、思维方式表达出来就是隐喻表达(王任华、赖良涛,2020)。1976年唐山发生大地震前,唐山市整体经济、文化水平在河北省乃至全国名列前茅。震灾发生后,唐山市辖区一片废墟,哀鸿遍野,经济和个人生命财产安全受到严重威胁,可以说大地震把唐山这座北方工业重镇在一瞬间"抹平",昔日繁华、忙碌、幸福的场景转瞬间消失殆尽,转换为哭泣声、呼救声、房屋倒塌的声音。

在1976年10月,简易房基本建设收尾,可部分抵御震灾和当年北方的寒冷天气。主抓唐山恢复建设的国务院副总理谷牧强调:"总的说,不能老样子恢复,要建新唐山。"在原有旧城的基础上结合冀东地区的城市定位和未来发展,不移城建设,而是原址重建(李焱,2006)。震灾并没有压倒坚强的唐山人民,在党和国家的领导下,在全国人民的支持下,以及在没有接受国外任何人道主义援助下,唐山人民在抗震精神的引导中,经过十年的奋斗,成功实现了在震后原城址上建立一座新城的目标。

1906年美国旧金山(圣弗朗西斯)发生7.8级大地震,恢复城市基础建设用时30年。唐山大地震时瞬间覆灭的城区,仅用了10年时间就重新矗立于世人面前,并且城市经济发展赶超震前,新唐山呈现出一番涅槃后新景象。1986年6月30日,美国《新闻周刊》发表《从废墟上兴起的城市》一文,文章评论:"唐山的新生证明了她的人民的恢复能力,也证明了中国在邓小平改革开放政策下的巨大进步……"由此,联合国授予唐山市"人居荣誉奖",这是新中国成立以来第一个获得此荣誉的城市。从而众人称"凤凰·涅槃"的新唐山为"凤凰城"。

隐喻认知的结果需要通过符号来表征,隐喻是符号的表意过程。根据皮尔斯(Peirce)符号的能指(Signifier)和所指(Signified),认为符号的构成包括符形(Representanman)、解释物(Interpretant)、对象(Object)、符形(有时成为符号)与对象之间的关系,主要包括某种相似地位的事物相互转化;解释物就是作用于人且在其认知记忆中,创造出来的相对应的或进一步展开的表意形式;对象就是符号所代表的对象,是解释物所指向的事物事件(赵星植,2017)。

如图 4-3,在皮尔斯的符号三角中,唐山大地震事件作为符号的代表,解释物则是郭沫若首次使用的凤凰重生"凤凰·涅槃",而其对象则是震后新唐山。因为唐山经历震前、震灾、震后(重建)的整体过程,与凤凰浴火灰烬中重生过程呈现相似性,且加之民众受"凤凰"神鸟的吉祥寓意和唐山市市中心凤凰山及本地神话传说影响,唐山市民甚至全国市民对于"凤凰城"的说法认可度极高。

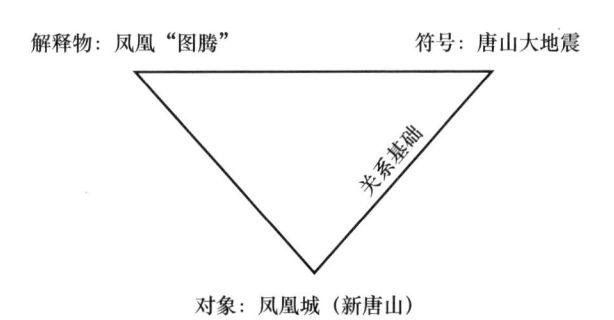

图 4-3 "唐山·凤凰"皮尔斯(Peirce)的符号三角
根据皮尔斯符号理论制作

对于唐山大地震亲历者,震前、震灾、震后重建的记忆会伴随其人生发展的过程。在亲历者内心这段长达十余载的记忆可能不再清晰可见,但在记忆的回廊中,总会在每个阶段拥有不曾忘记的记忆片段。意象作为符号使用时,它的抽象性一定低于符号所暗示的东西(龚鹏,2005)。如图 4-4,"凤凰·涅槃"作为符号意象成为唐山大地震的过程性表述,其与唐山大地震特性关系呈现较为匹配。唐山市震前被誉为"中国近现代工业的摇篮",是北方工业重镇;震灾发生后,整个唐山呈现废墟;震后 10 年,唐山人民在废墟上重新建起了新的唐山城。民众对于唐山重建的记忆与自身"凤凰·涅槃"文化寓意具有高度吻合,加之地方"凤凰"文化的影响,震后 10 年、20 年、30 年、40 年唐山市的发展呈现出欣欣向荣的景象,也符合涅槃后的盛世形象。

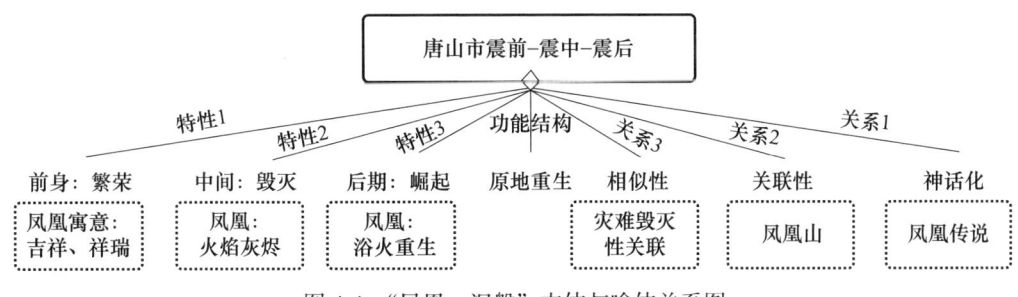

图 4-4 "凤凰·涅槃"本体与喻体关系图

"凤凰"形象及寓意逐步被唐山人民接受、容纳、发扬，震后唐山城被称为"凤凰城"。唐山大地震部分记忆被建构为"凤凰·涅槃"的本土化典故，"凤凰"文化IP符号逐步成为唐山人民的精神"图腾"，"凤凰"也成为唐山大地震文化记忆重要的一部分。在资本助推下，凤凰IP符号相关的建筑命名、产品名称、商品Logo也开始受到城市民众的追捧。

第四节 大众媒体："凤凰"精神的文化图式

新闻媒体尤其是作为党政机关报的纸媒，在20世纪80年代到21世纪初期间，是国家与社会之间重要的传播媒介，其宣传引导能力在媒介中占据核心地位。受时代与媒介技术束缚，当时民众的新闻信息获取主要呈现较为单一的"传—受"关系，纸媒对民众认知的影响不言而喻。

一、涅槃精神：来自于新闻报道的官方解读

震灾后的大众传播媒介主要为广播与报纸，我国黑白电视机于20世纪90年代末逐步在农村普及。震后20年前后唐山民众了解新闻信息多通过报纸。在传统媒体时代，报纸媒体的影响力十分强大，尤其是官方主流日报。报纸中的新闻叙事更加追求视觉化和细节化（刘宏、滕程，2020）。传统新闻报道结合受众心理图式，对过去经历或经验具有主动组织与建构的作用。建立一种积极的、有组织的场景或符号，能够促发已有的记忆内容改变并形成新的认知。这也使唐山市"大地震"刻板印象固定符号被正向牵引，逐步从震灾苦难中走出来，形成"凤凰·涅槃""凤凰城"的新城市符号。

根据《唐山劳动日报》《河北日报》《人民日报》对唐山大地震相关的新闻报道统计，筛查出关于"凤凰"符码相关的新闻报道（包含文本中涉及凤凰词语），排除上下级新闻媒体重复新闻报道（新闻本文相似度高于约80%），共统计新闻文本篇数为231篇，《唐山劳动日报》148篇（1985—2021年），《河北日报》与《人民日报》分别为49篇和34篇（包含1986、1991、1996、2001、2006、2011、2016、2021年）。在231篇文本数据中，因部分文本与抗震纪念碑广场新闻报道文本出现重合，故采用叠加的形式进行节点编码。通过NVivo12.0 Pluas软件对新闻文本数据进行编码节点分析，如图4-5。

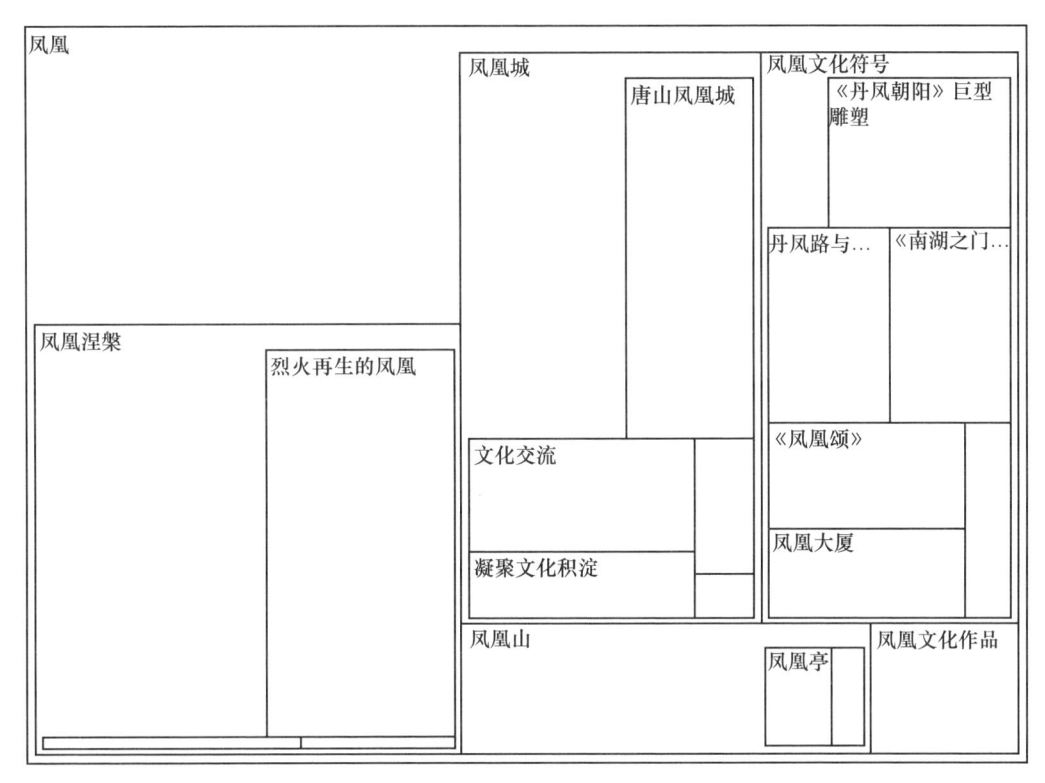

图 4-5　"凤凰"符号编码参考点数矩形结构层次图

通过 NVivo12.0 Plus 软件对《唐山劳动日报》《河北日报》《人民日报》1985-2021 年相关新闻报道文本统计制作

在近 35 年间的三级（市、省、国家）党政机关报关于唐山大地震"凤凰"符号新闻报道中，我们可以发现，"凤凰""凤凰·涅槃"在新闻报道中出现最多，其次是凤凰城和"凤凰"文化 IP 符号筑构的纪念建筑物媒介。在整体的"凤凰"符号编码矩形结构中"凤凰"较为合适地融合了郭沫若文中"涅槃"重生的文化典故，同时在中国吉祥鸟的基础上出现了西方"Phoenix"浴火重生属性元素。而在编码参考点数占比上可以看到，在大众新闻报道中，凤凰更多隐喻为浴火重生、涅槃凤凰属性元素。例如，在《人民日报》有关"凤凰"主题的新闻专题报道中写到：凤凰是我们唐山的吉祥鸟，我们梦中的吉祥鸟，常常盘旋在生命的静处，张开美丽的翅膀，默默地扇动着吉祥和慈爱。她是温馨的，灿烂的，是我们生命中的福音……从吉祥鸟飞翔的姿态中，我们看不到大地反省的眼神，所谓的吉祥，只是我们心中的向往，心灵的图腾（关仁山，2001）。

在新修复的凤凰山公园门口，我看见一座新的雕塑，一只白色的凤凰，灵眸四盼，丽翎高翘，仿佛刚刚盘旋落下。凤凰是唐山的市标，我知道那是一只再生的凤凰，它曾"唱着哀哀的歌声飞去"，又唱着欢乐的歌翱翔而归……唐山的废墟，就是凤凰再生之地（汝安，1986）。

在经历1976年大地震后，唐山犹如凤凰涅槃浴火重生，目前已成为河北经济发展的"领头羊"（王明浩，2008）。

在《人民日报》关于唐山大地震"凤凰"元素的新闻报道中，我们可以发现，其所描述的"凤凰"兼具了东方吉祥鸟和西方不死鸟的属性，属于一个东西方"凤凰"的综合体。表4-2是对"凤凰"符号三级编码节点和文本覆盖率的统计显示，唐山"凤凰"相关新闻报道主要集中在"凤凰山"（48）、"凤凰·涅槃"（222）、"凤凰城"（117）、"凤凰符号"（147）、"凤凰文化作品"（24）中。凤凰山主要是关于"凤凰"神话典故和震后山顶凤凰亭的修建，以及公园门口白玉凤凰雕塑的描述，更多是对于唐山凤凰城与"凤凰·涅槃"的铺垫，为唐山成为震后的凤凰城提供了合理性和合法性。"凤凰·涅槃"三级节点编码主要包含了烈火再生的凤凰、废墟与崛起、经济涅槃、环境涅槃。"凤凰城"的三级节点编码主要集中在城市归属感、城市的涅槃重生和城市涅槃转型方面。在"凤凰符号"的三级节点则主要包含了凤凰元素的景观建筑，具体为南湖公园凤凰台、丹凤路与凤凰大道、《南湖之门》凤凰迎宾雕塑、民众熟知的《丹凤朝阳》巨型青铜雕塑、凤凰大厦以及其他以凤凰命名的实体、文化产业等。"凤凰文化"作品主要是以北董（1996）《凤凰城》、高道生（1996）《凤凰从火中再生》、杨玉芳（2006）《唐山记忆·文化乡愁·凤凰吟》、关仁山（2008）《凤凰涅槃：唐山》、范捷（2009）《唐山：一座凤凰涅槃的生态城市》等为代表的"凤凰"为标题著作，以及由风春作词（《唐山，烈火中再生的凤凰》、石祥作词《唐山凤凰城》以及由张青松作词的2016年唐山世界园艺博览会主题曲《凤凰涅槃·新唐山》等为代表的歌曲。

表4-2 唐山"凤凰"相关新闻报道三级节点编码、参考点数及覆盖率表

一级节点编码	二级节点编码	三级节点编码	参考点数	覆盖率
凤凰	凤凰山（48）	凤凰亭	12	1.82%
		凤凰传说	22	4.35%
		白玉凤凰雕塑	14	2.14%
	凤凰·涅槃（222）	烈火再生的凤凰	69	31.54%
		废墟与崛起	26	6.84%
		经济涅槃	93	41.96%
		环境涅槃	34	21.12%
	凤凰城（117）	城市归属感	26	6.98%
		涅槃重生	59	27.65%
		城市涅槃转型	32	31.52

续表

一级节点编码	二级节点编码	三级节点编码	参考点数	覆盖率
凤凰	凤凰符号（147）	凤凰台	9	0.87%
		丹凤路与凤凰大道	11	1.15%
		《丹凤朝阳》青铜雕塑	36	28.36%
		凤凰迎宾雕塑	25	22.21%
		凤凰大厦	19	19.24%
		凤凰符号产业	47	24.31%
	凤凰文化作品	《凤凰涅槃》等	24	19.89%

注：通过NVivo12.0Plus软件对《唐山劳动日报》《河北日报》《人民日报》1985—2021年相关新闻报道文本统计制作。

"凤凰"元素新闻报道文本中，覆盖率在20%以上的节点编码包含"烈火再生的凤凰""经济涅槃""环境涅槃""涅槃重生""城市涅槃转型"《丹凤朝阳》铜像"《南湖之门》凤凰迎宾铜像"和"凤凰符号"等相关元素。唐山经历了两次"涅槃"，第一次是1976年7月28日的唐山大地震，唐山从经济强市到残砖瓦砾再到经济复苏引领河北经济发展；第二次涅槃是从重工业污染严重到高新技术第三产业转型，这次转型实现了城市发展过程中"金山、银山"与"绿水青山"的兼容并蓄。2016唐山世界园艺博览会主会场也就是《丹凤朝阳》广场所处之地，从采煤塌陷废墟"涅槃"成为目前世界最大的人造湿地，这也是经济涅槃与环境涅槃的典型案例。

通过图4-6，在三大报纸《唐山劳动日报》《河北日报》与《人民日报》新闻报道文本节点编码聚类分析图中我们可以发现，"凤凰城"的节点编码主要连接线集中在"凤凰"符号的景观建筑，如《丹凤朝阳》巨型雕塑、《南湖之门》凤凰迎宾铜像、凤凰山白玉凤凰雕塑、凤凰台、凤凰亭以及凤凰传说。与此同时它与震灾记忆、烈火再生的凤凰、抗震精神、震灾的创伤记忆等也有较强的聚类关系，这也说明"凤凰城"的名称包含了两层含义，一层是原有震前"凤凰"作为吉祥鸟凤凰山"有凤来仪"神话故事的典故；第二层则是唐山大地震废墟中重生与崛起，与郭沫若笔中的"凤凰·涅槃"西方不死鸟凤凰（Phoenix）具有相似的隐喻属性。这增强了唐山城市与凤凰中西综合意涵的弥合度，从而形成了现今唐山"凤凰城"的城市别名。

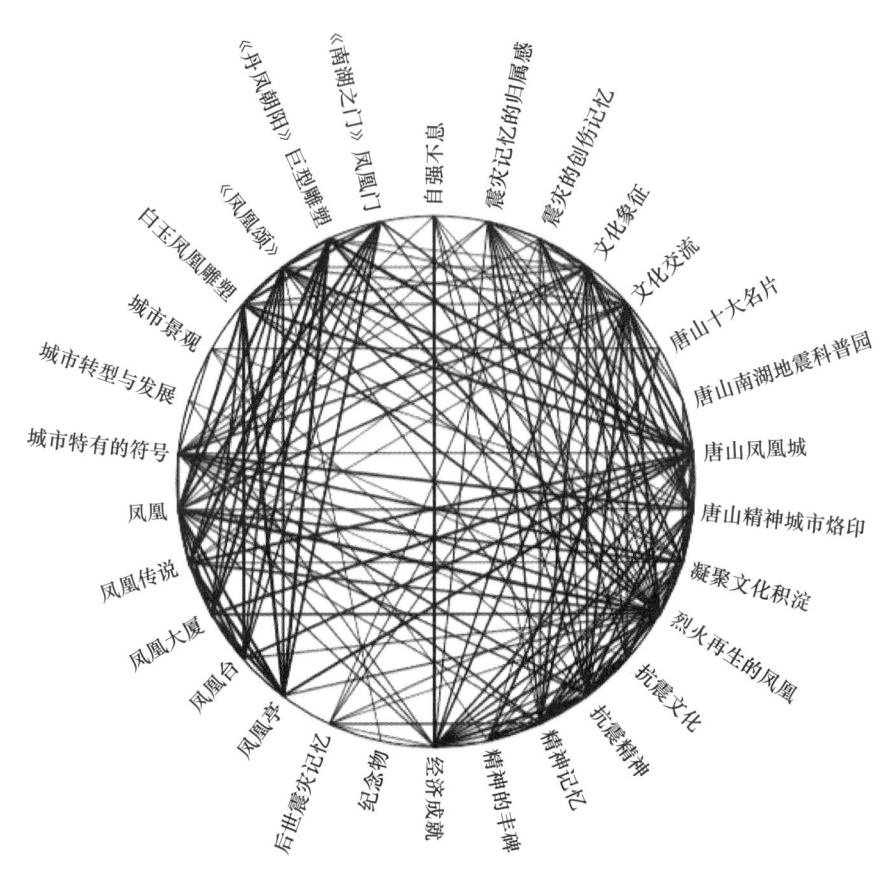

图 4-6 "凤凰"符号编码聚类分析图（见图版Ⅰ-11）

通过 NVivo12.0 Plus 软件对《唐山劳动日报》《河北日报》《人民日报》1985—2021 年相关新闻报道文本统计制作

新闻媒体报道在受众生活中会无形地影响受众的认知，让受众形成具有"目的"性的图式，尤其是报道内容对于受众具有可识别性的情况下，这种图式牵引会更加明显。在产生部分共情的情况下，借助媒体的权威性和公信力更容易形成新的认知牵引，这也是"凤凰城"、"凤凰·涅槃"成为唐山大地震集体记忆文化表征符号的主要原因。

二、凤凰意象：影视镜头中的"凤凰城"

经过震灾后 45 年的发展，加上"凤凰"神话传说与"凤凰"文化符号相关建筑物媒介的修建，唐山"凤凰城"与"凤凰"文化 IP 符号已经逐步得到唐山百姓的认可。在影视镜头中唐山的"凤凰" IP 符号主要以"凤凰·涅槃"的意涵出现（埃菲社，2016），将"凤凰"符号分为直译和意译两部分进行展现，镜头语言与文本中呈现相似的表达方式。

凤凰的"直译"主要包含自古凤凰"吉祥鸟"的形态，即七彩凤凰，有凤来仪的形象。这也是 2016 年唐山世界园艺博览会官方中、英宣传片开篇一只七彩凤凰落入世园会主会场的画面，凤凰"吉祥鸟"成为唐山城市文化形象宣传中不可或缺的神话元素。而在今后唐山影视宣传片中涅槃重生、嘶鸣腾飞的火凤形象成为众多影视作品、短视频优先使用的片头或镜头转接画面。即使作为新闻报道的专题，这样的镜头画面也是屡见不鲜，例如 2021 年唐山城市文化旅游宣传片中解说词"凤凰城"所匹配的镜头画面，如图 4-7。

图 4-7　影视镜头中的《丹凤朝阳》凤凰文化 IP 符号

丹凤朝阳广场自 2016 年唐山世界园艺博览会召开后便成为唐山城市标志性建筑之一（王蓉辉，2017）。《丹凤朝阳》青铜雕塑以及其蕴含的文化成为唐山"凤凰城"凤凰文化 IP 符号的主要建筑牵引，同时也体现着唐山震灾文化记忆的演化。可以说既包含了震灾后唐山涅槃重生的现状，也包含了凤凰"吉祥鸟"对城市未来发展的期许，如图 4-7（a）。而图 4-7（b）则是通过色彩加固了浴火重生的典故，在文化旅游、夜景观赏中潜移默化地促使民众形成唐山"震灾（凤凰浴火重生）—吉祥鸟（美好未来）"的意念转化，在纪念建筑物媒介本体传播和媒体的二次传播中突破时空限制，实现记忆的涵化。

唐山"凤凰"文化 IP 符号镜头元素的直译部分除神话凤凰形象和凤凰雕塑外，还包含凤凰山等自然景观，如图 4-8。凤凰山坐落于唐山市中心城区，不知何时起，民间就有将唐山称为"凤凰城"的传统，只是这一称呼一直停留在市井，未得到官方的肯定。直到唐山大地震 40 周年之际，借助世界园艺博览会这一契机，唐山"凤凰城"的别名才从市井、文字中提升到官方话语，得到社会与政府的认可。

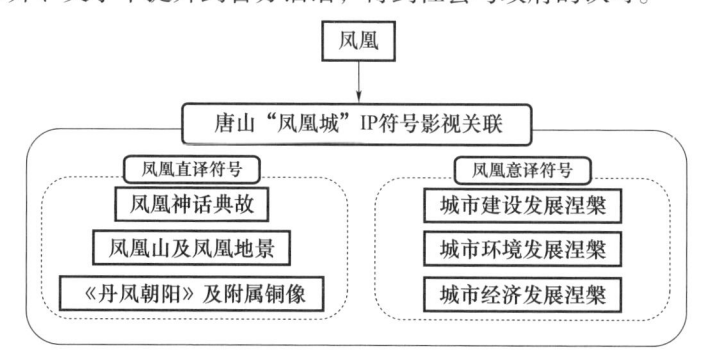

图 4-8　影视作品中唐山"凤凰城"凤凰 IP 符号展现关联图

唐山"凤凰城"符号影视关联中的意译部分，主要从三方面来表现。第一方面，震灾后城市的原址重建，实现城市建筑与发展上的涅槃重生。就如著名英国诗人亨利·沃恩（Henry Vaughan）在其诗歌《复活与永恒》（Resurrection and immortality）中写道："就像凤凰复活，又得新生与青春……"（约瑟夫·尼格，2021）。如今的凤凰具有西方不死鸟特性和中国祥瑞之兽的寓意，她的死亡注定新生命的开始和再燃的青春与未来。这一部分是唐山人民最具有身体实感的部分，尤其是震灾的亲历者，在视频中看到震灾后整个城市从废墟到现如今城市的鳞次栉比，能够感受到城市的涅槃。第二方面在于经济的复苏，诸多介绍唐山的影视作品对于唐山这座北方工业重镇的肯定是毋庸置疑的，但是大地震让这座城市几乎失去所有。随着震后经济的复苏，唐山重回昔日河北省GDP龙头，这让城市埋藏在"骨子里"的那份荣耀重新得以显现。在百姓物质文化水平不断提高的背景下，唐山百姓乐于接受镜头中的画面，因为这是唐山"抗震精神"的成果彰显。第三方面是在环境上，以2016年唐山世园会为契机，唐山市许多污染、废弃、塌陷地区被改造为绿水、青山。唐山的环境污染问题一直让百姓与政府头疼，随着国家政策支持，唐山的环境重焕新颜。官方将以上三者与凤凰涅槃进行关联，形成了唐山独特的"凤凰"文化IP符号。

唐山的影视作品与新闻报道只要涉及环境改善、经济发展、城市新建（凤凰新城区），多会与凤凰符号进行关联。城市转型改变了工业城市的环境通病，就如老矿区的一位工人WJG所说："以前的唐山太脏了，没办法为了发展工业，只有牺牲环境。你可能无法想象，20年前那时候我们区到处都是煤窑、焦化厂，毫不夸张地说，下的雨掉在衣服上都是泥，很多时候是看不到太阳的，到处都是灰。不过这几年，我们区好太多了，环境治理起了很大的作用……"①

"你看现在的唐山环境比以前好太多了，虽然农村不让烧煤了，更多污染企业搬走了，但是我们的蓝天、白云回来了……我觉得说我们是凤凰城挺好的，震后我们活了过来，经济也上来了，环境也改善了，凤凰不就是浴火重生，而且还是我们传统神话中的吉祥、祥瑞的瑞兽代表，唯一就是大地震死了太多人了，太惨了，希望以后平平安安的多好。"②

在唐山"凤凰"相关的影视作品中，"凤凰·涅槃"已经不单纯包含其直译的本体符号，也包含"凤凰"意译的隐喻符号。这也使"凤凰"文化IP符号和民众的生活息息相关，提高了民众的接受度，从而形成"凤凰城"就是唐山城的既定印象。

---

① 访谈对象：WJG，男性，53岁，唐山市古冶区某派出所职员，访谈时间：2021年5月17日。
② 访谈对象：ZHT，女性，65岁，唐山钢厂退休职工，访谈时间：2021年5月15日。

第四章　凤凰之像：演化记忆下国家与社会的"协谋"（2011年至今）

第五节　"凤凰"符号记忆的文化资本嵌入

凤凰这一"吉祥鸟"的符号，被唐山官方与民间进行了本土化的建构与赋意。"凤凰·涅槃"典故既符合唐山官方震灾记忆的去创伤化，又符合城市发展转型后工业文化旅游发展的地方文化特色需求。与此同时，百姓对于凤凰的祥瑞形象喜闻乐见，社会资本也需要"凤凰"文化IP符号的"吸金"作用。这也是唐山出现大批以"凤凰"命名的凤凰新城（新区）、医院、商场、大厦的原因所在。

一、凤凰"图腾"记忆外化渗入社会日常

一切意识与文化的形成，归根结底都是人类生存需求和生产环境互动的产物。个体无法脱离群体长久生存，而社会群体的稳固与发展必须建立在个体认同的核心基础之上。自古至今，维护和凝聚人心的方式大致分为"硬性"的制度和"软性"的认同或信仰。而认同或信仰，是后期记忆建构、教育的产物。但是认同与制度随着社会的发展变化会出现断层或凝聚力减弱的现象，为了树立一种超越信仰与制度、无需论证、毋庸置疑的精神认同，产生了"图腾"作为维系和凝聚人心的绝对权威。狭义的图腾指"亲属"标识和"婚外制"及其相互关系，只限于一元的原始社会。而广义的图腾文化跳出单一的文化时空，具有多元化的表现。广义的图腾文化更多指向在不同时空形成、维系和凝聚人心产生认同的权威，是文化符号与社会、自然环境互动而形成的具体形态。中国的图腾文化不但具有民族性、地域性、政治性、崇德性（圣人）等，还集中体现了社会性质、意识形态和文化特质。

中华文明的图腾以滚雪球式的形式逐步形成，如著名学者、诗人闻一多所言，"它是由许多不同的图腾糅合成的一种综合体，是因部落的兼并而产生的混合的图腾"（闻一多，1993）。到三皇五帝时期，"龙图腾"演化为帝王化身和皇室象征，"凤图腾"转化为皇后的符号象征。"凤凰"因此被赋予了吉祥如意、祥瑞盛世的符号寓意。随着时代变迁，"凤凰"符号进入民间生活（服装绣品、生活器皿等）空间，与此同时，"凤凰"图腾也不断被赋予新的文化意涵和精神象征。

以"凤凰"符号为设计基础形成的纪念建筑景观、文本符号或Logo（标志）对于外显记忆的影响较为显著。以空间性—历史性—社会性三者之间的关联性探讨集体记忆的建构转化，可知空间不仅是物质的存在，也是形式的存在和社会关系的容器。唐山"凤凰"文化IP符号寓意在中国"吉祥鸟"的基础上，融入了郭沫若笔下西方不死鸟"凤凰·涅槃"的神话典故，同时增添了抗震记忆与精神，从而逐步形成了今日唐山的"凤凰图腾"文化。

从震前的凤凰山和凤凰传说,到震后凤凰山前的"凤凰道"命名、凤凰大厦的修建、凤凰新城的规划与实施、2016世界园艺博览会的"凤凰涅槃"主题、《丹凤朝阳》巨型城市标志铜像、南湖之门"凤凰迎宾"铜像,以及2021年"英雄的城市"河北省园林博览会"凤凰花卉"专场等,唐山城市空间中遍布"凤凰"符号。文化记忆的符号载体,具有媒介的涵化作用,有利于受众形成记忆共识与民族认同。"凤凰"已经逐渐成为这座城市的符号和印记,它所携带的隐性震后记忆,对于震灾记忆的延续与传播具有无形的力量。

纪念建筑物媒介是思想的蔓延,是记忆事件本身的伸展。而身体空间是记忆居住的空间,记忆具有支配身体的权力。换言之,记忆并不依附于自我,而是依据身体而记忆(孙江,2008)。身体是我们生活中意义的给予者,是心灵空间和其他现有空间的存在模式,只有通过知觉感觉到的,才可以被体会和把握。在城市的空间环境中,"凤凰"文化IP符号作为表征媒介充斥着城市的大街小巷,如图4-9。

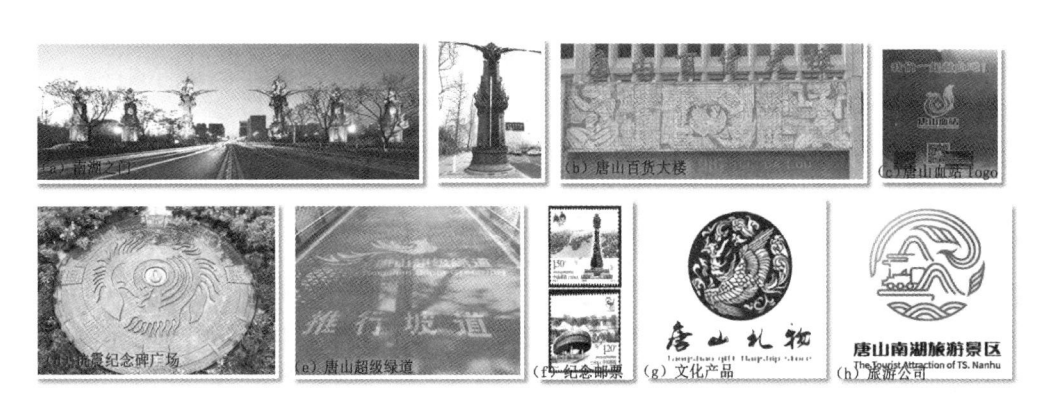

图4-9 唐山城市空间中部分"凤凰"符号标识

"凤凰"作为唐山大地震集体记忆中的部分演化符号,已经布满唐山城市空间的各个角落。从京唐高速进入唐山市区的"南湖之门",见图4-9(a),与《丹凤朝阳》巨型铜像遥相呼应,两处雕塑均出自著名艺术大师谭美林之手。南湖之门以唐山"凤凰·涅槃"为创作灵感,凤凰吉祥鸟为原型,青铜铸成6根柱子一字排开,将建设南路车道分割为八车道,是唐山市南北相通的主要道路之一。图4-9(b)为唐山震后市中心的唐山百货大楼,位于唐山抗震纪念碑广场西北侧,是唐山震灾重建后最早的一批建筑之一,其牌面上的浮雕主要描述了唐山震后的抗灾过程,中间是一只浴火重生的凤凰,从而展示唐山人民在震灾中顽强的奋斗精神。图4-9(c)唐山血站的符号Logo,凤凰体态原型围绕着点状的血液,表现出浴火重生中,血液的重要性。图4-9(d)为唐山抗震纪念碑广场具有指南功能的井盖,与其他排水井盖不同,广场及周边井盖上都印有"凤凰"符号的样式,这也象征着唐山震后的涅槃,是对唐山"凤凰城"别称的一种肯定。图4-9(e)为城区内超级绿道,遍布整个城区,是城区内自行车骑行的专属通道，通道底面刻印凤凰图案。以上其他图片则是被当地企业或商家以"凤凰"文化 IP 符号为公司 Logo 的特殊纪念品。据不完全统计，唐山以"凤凰""凤""凰"来命名的公司高达百余家，例如凤凰宴、凤凰购物广场、凤凰酒业、凤凰世嘉汽贸、大唐凤凰园餐饮等。与此同时，以"凤凰"寓意命名的社区、小区名多达 80 多个。例如，唐山凤凰园小区、凤凰新居、凤凰世嘉社区等。随着时间的推移，"凤凰"图腾文化融入唐山抗震记忆，吸纳唐山抗震精神，逐步成为唐山市精神文化标识。

二、意象物化：文化记忆演化、传播与传承

符号的建构与形成，是不断实践的结果。一旦符号的演化和发展进入讨论，主题与符号之间的互动就会变得活跃，并且逐步走向专门化。符号本身就是一个多样的、层次分明的结构。但无论一个符号是如何建构与演变，其核心的意涵是较难改变或迁移的。梅林·唐纳德（Merlin Donald）的"理论文化"假设了外部记忆的存在，即外界符号提供了人类思维之外保存和交流知识的可能。理论文化在达到第四阶段后，外部空间产生独立于有机体的人工制品，如图片和比例模型以及文字等。唐纳德将记忆的类型划分为情境性的、模仿性的、神话性的、理论性的（约伦·索内松，2019）。唐山大地震文化记忆演化"凤凰"符号就属于理论性记忆的类型，它是被自我和他人共同外在化的、持久的人造记忆符号表征物，处于自我和他人的外在关系中。

符号经过演化和意义赋权，可以从物质符号生产的视觉效果中发现，叙事与文本意义同样存在（Muehlenbeck Cordelia，2020）。"凤凰"符号意涵作为唐山大地震文化记忆的部分凝化，在"凤凰"吉祥鸟本质意涵的基础上，逐步赋予了唐山地方文化和唐山抗震精神的符码，从而形成了具有唐山地域属性的"凤凰"图腾。它既具有中国传统"凤凰"作为吉祥鸟的祥瑞意蕴，也具有西方不死鸟浴火重生的属性，同时它被赋予了震后人民团结一致、坚韧勇敢的奋斗记忆和精神，以及震后"涅槃"的发展与强盛。

唐山"凤凰"图腾建构的过程中，交往记忆（亲历者的记忆）是逐渐减弱的。传承与延续震灾文化记忆既需要提取民众易接受且符合历史真实的物质性符号作为记忆的承载容器，也需要不断地重复与固化记忆。

个体记忆中的大部分记忆处于自我沉睡的状态，只有机体自我"唤醒"或是受到外部刺激才会被激发（阿莱达·阿斯曼、陶东风，2020）。个体记忆呈现出碎片化、经历化、短暂性、易改变等特点，但个体记忆的记忆场景从来不是孤立存在的，而是需要与广泛的文化记忆场景勾连在一起才能变得稳固。与此同时，在这种勾连与交流中，个体记忆在文化记忆中不断地被证实、否定、纠正或是接受挑战。个体记忆想要脱离身体束缚长期延续，就需要融入集体记忆，由此转化为长期记忆。在转化过程中需要

经历记忆加工建构、记忆外化、记忆解构与记忆巩固四个环节。

记忆外化是将脑海中储存的记忆信息转化到一定的载体上。脑部空间海绵体储存的个体记忆具有自我属性，无法被外界社会感知和使用。想要把记忆转化为精神或认同，就需要把隐性记忆和潜在记忆转化为文本记忆或物质性符号记忆。私有化的个人记忆集体化的主要途径可称为记忆文化转化，例如个人生命史的撰写、报告文学以及影视文本等，从而促使个体记忆的延续与文化记忆的融合。集体记忆的转化则更多需要作为媒介的物质性符号或纪念建筑物来实现，例如博物馆、纪念碑、纪念雕塑等。以纪念碑、纪念馆等物质媒介作为记忆的物质载体，在日常生活中更容易进行"润物细无声"的记忆传播，这也是很多国家、城市修建博物馆、纪念馆、纪念建筑景观的主要原因之一。

如图 4-10，唐山大地震记忆历经 45 年，在经历了个体记忆的集体记忆转化、个体记忆的文本转化、集体记忆的物质媒介转化后，文化记忆进入了符号建构与稳定性阶段。随着唐山大地震亲历者逐渐消逝，集体记忆中的个体记忆将呈现弱化趋势。即使通过世代传播，亲历者后代能够"遗传"记忆，但这种记忆个体深化程度或记忆创伤是难以复制的，同样会出现"梯形"的记忆弱化现象。正如阿斯曼夫妇所言，交往记忆（个体记忆）可以延续三代，大约 80~100 年的时间，但在其发展 45 年，就面临巨大的门槛。从壁刻简画、象形文字、甲骨文、竹简、碑刻媒介载体，到无线电、电视、网络新媒体，媒介的发展翻天覆地。信息传播从垂直型"上传下达"的信息交流模式转向复合型"交互"的信息交流模式，外在信息充斥整个生活空间环境，记忆媒介也由此变得复杂且真假难辨。复杂的信息媒介环境促使人类进入记忆外化时代，个体记忆更加依赖于记忆的外化物媒介。

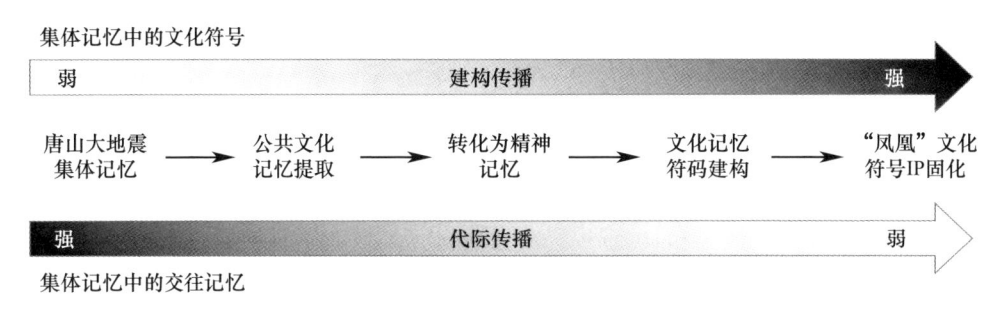

图 4-10 唐山大地震集体记忆提取与建构的动态传播过程图

唐山大地震从 1976 年到 2021 年经历了身体记忆、文本记忆、物质景观记忆、影视作品记忆、网络媒体虚拟空间辅助记忆以及近几年出现的"凤凰"IP 符号建构记忆等多个阶段。"凤凰"作为唐山大地震后期集体记忆赋意并建构的记忆符号景观，其经历了集体记忆文化精神的提取、公共文化的记忆提取（凤凰传说和凤凰山）、精神记忆起承转合、精神记忆的转化、文化记忆建构符码、"凤凰"精神记忆的固化 5 个基本过程。在这些过程中集体记忆中的个体记忆（逐步弱化），集体记忆中的文化记忆或是以符号为载体的记忆在持续被建构与加强。

随着媒介技术的快速发展，媒介环境发生了翻天覆地的变化，记忆的传播媒介已经完全突破了原有的时空限制。阿斯曼夫妇所说的100年的时间范围，在如今的媒介环境中可能会持续更长的时间（不断地被唤起、刺激、加强），也可能快速地被大数据算法、信息茧房所桎梏。但有一点是可以确定的，物质化纪念建筑物在记忆承载方面的持久性与空间性是网络媒体无法取代的。大地震集体记忆演化出的唐山"凤凰"文化IP符号在日常生活中被百姓频繁使用，就代表着百姓在接受"吉祥鸟"祥瑞之意同时，也同样接受了唐山震灾精神的记忆。这种复合型文化记忆的粘合，对于唐山大地震集体记忆的传播和延续更加有利，因为它使得记忆的传播更加便捷和易被接受。

文化记忆具有符号性质，其传播与延续依赖于象征符号，而象征物则是文化记忆的外在携带物或是唤起物，主要起到文化记忆的客观化。一个灾难性历史事件想要在集体记忆里持续传播，必须要借助一个精简且通俗的真理内涵来融合后表征。每个人、每个历史事实在进入这个记忆时代时就自动被转化为精神、信念、象征，从而获得被赋予的意义，成为社会思想体系的一部分。

纪念建筑物媒介是某个群体、社会对某种记忆和精神的凝练化产物。这种产物不是空洞的，也不完全是任意性的，它的所指与能指之间有着自然的基础。无论是唐山抗震纪念碑广场的纪念碑、地震遗址纪念公园地震罹难者纪念墙、凤凰山震后未倒塌的凤凰亭，还是唐山世园会中心广场的《丹凤朝阳》巨型铜塑都或多或少融入了唐山大地震集体记忆的文化部分，从而形成整个唐山城区的"凤凰"空间意构。

"凤凰"文化IP符号成为唐山震后精神文化象征，代表了国家与社会对震灾精神传承与震后城市发展的期许。在震后45年的发展历程中，唐山大地震集体记忆从纪念碑显性记忆的精神象征，到个体创伤与集体创伤记忆的二次唤起，再到隐性精神记忆的普遍性涵化，其记忆发展呈现了强—减弱—强—转弱的模式。"转弱"可以理解为，通过"凤凰"符号的隐性象征形式，淡化集体记忆中的苦难记忆，强化精神记忆、抗震记忆。震灾记忆脱离了通俗性纪念碑、纪念墙的物质外形束缚，借助本土文化，实现了集体记忆中文化记忆的象征符号升级，形成了如今的唐山"凤凰城""凤凰新城""凤凰"图腾的记忆传播模式。

第五章

记忆的皱痕：纪念建筑物媒介与文化记忆认同

灾难是文明进步的里程碑，是民族形成记忆、精神、文化认同的主要路径之一，而灾难过后所形成的回忆，却具有不稳定性。个体的情绪和动机是回忆和遗忘的"看守者"，它们决定了哪些回忆是当下需要的，哪些是不应该出现和使用的。就如尼采所言："个体在行动的那一时刻，总是只能动用他知识和记忆的一部分。受到兴趣和目的性引导，人永远不可能动用他所有的记忆"（尼采，2013）。约翰·洛克（John Locke）认为，个人生活经历是建构身份认同的主要谱系之一。回忆不是克服遗忘的自然技巧，回忆与遗忘并不形成对立，被回忆的也可能会被遗忘，遗忘是不可避免的（Yeo Richard，2007）。记忆不是对抗时间的碉堡，它是时间最为敏锐的传感器，回忆、连续性和身份认同成为时间治疗创伤的良药（阿莱达·阿斯曼，2016）。具有纪念碑性的物质性产物，需要经历不同历史空间与时间的洗礼，才可以彰显出其自身的艺术化象征和记忆价值，它们是一种模拟、象征性的时空关系，例如纪念碑、纪念墙、纪念雕塑、纪念符号或者大型纪念艺术建筑。这种象征关系借助艺术化的手段，通过物质性纪念建筑物符号所形成特殊语言，实现记忆的传播、情感的渲染并培养民族自豪感，以此实现国家共同体的想象与认同。

第一节　震灾纪念建筑物媒介差异化下的记忆实践

19世纪初，德国最后一位哲学体系建立者黑格尔（G.W.F.Hegel）更加注重建筑艺术的审美，他将美定义为"理念的感性显现"，同时也承认"艺术是为了感官的艺术"。建筑物或雕塑景观不仅是一件有美感的物质化事物，也可显现精神（肯特·C·布鲁姆，2008）。纪念建筑物所形成的纪念场所，或多或少会被参观者记住，被受众记住的这部分就是纪念建筑的唯一性，是它作用于我们身体并在我们个人的世界中引起足够联想的部分。利用建筑物的唯一性，创造一种记忆装置，利用其携带的记忆和意识形态，对身在其中的受众产生影响，建筑物之间形成的这种场所就是诺拉所说的"记忆之场"（阿斯特莉特·埃尔，2021）。同样是被创造、被发明或是修订出来，在设计之初就将场所内纪念建筑的符号表征意义及其附属价值计算清楚，目的就是为社会、民族、国家服务，成为一座城市或者一个国家的"精神工具箱"。

一、震灾纪念建筑物媒介的差异性表征

纪念建筑物作为记忆的"书写"传播媒介，具有自身的纪念目的和纪念意义。纪念建筑物媒介的内涵和外延都处在动态的发展过程中，一座纪念建筑物可以指人类活

动、历史遗存等具有某种意义的人文遗址，例如唐山机车车辆厂铸钢车间地震遗址、河北矿冶学院图书馆楼地震遗址（现北京交通大学唐山研究院）等；也可以是纪念建筑景观中的自然要素，如纪念林、纪念水池；还可以是人们专门所制造的，用于表达各种含义的各种建筑物，例如坟墓、纪念碑、纪念雕塑等，这些是人们出于某种目的而划分形成的。同样主题与纪念性质的建筑物，由于物质化结构表征和符号意涵不同，所传播的记忆内容也大相径庭。

纪念场所具有较强的诱发力，能把人吸引过来并提供某种活动的空间容量，可以让参观者停留或聚集，在时间上保证持续活动所需要的使用周期（荆其敏、张丽安，2003）。唐山地震遗址纪念公园以"纪念"为中心主题，唐山抗震纪念碑广场同样以"纪念"为主题，但是二者所展现的记忆在建构方式上有所区别。唐山地震纪念馆馆长赵容琦在访谈中谈到："唐山抗震纪念碑广场包含抗震纪念碑、纪念水池和抗震纪念馆，它与地震遗址纪念公园相同，都是为了纪念唐山大地震而修建。但是两者又有一定的区别，我个人认为，唐山纪念碑广场代表着抗震精神，是精神的传递，尤其是其位于市中心，是唐山城市精神的主要符号。而地震遗址公园是悼念或是祭奠，在其基础上进行地震科普。不过纪念馆也有部分地震科普的展区。"①纪念广场是比较独特的广场，突出纪念的氛围，主要空间传达着一种包含政治情感的抗震精神，促发受众在其空间中产生情感，从而受到教育和启发。

震后25年内，唐山抗震纪念碑广场一直是震灾集体记忆与抗震精神的象征，是唐山震灾集体记忆唯一官方纪念建筑物媒介。直到2008年竣工的唐山地震遗址纪念公园对外开放，成为唐山大地震继纪念碑广场外国家修建的第二处震灾集体记忆纪念场所。第二处纪念场所与第一处明显不同，按照唐山市民所言，官方修建的地震罹难者纪念墙可以称之为"迟到的墓碑"。同为大地震集体记忆纪念空间，地震遗址公园纪念空间的意图性更加明确，可以将纪念对象细化到个体生命的延续和记忆。这种更加精准和详细的纪念对象，致使32年后震灾记忆中个体记忆的集体回归，这也使地震罹难者纪念墙修建好后，地震遗址纪念公园每年清明节、"7·28"个体祭奠者络绎不绝，呈现出个体祭奠的集体景观现象。

位于美国的越战纪念碑（Vietnam Veterans Memorial）又称为"越战墙"，它的创建具有较强的政治性和修改历史性质，将美国悲剧的越战通过纪念建筑物转化为个人英雄主义和牺牲行为的"好战争"，21世纪令人崇高的"失落事业"（Lair Meredith, 2012）。唐山大地震罹难者纪念墙虽同为"纪念墙"，但是因死亡原因、个体身份以及纪念目的不同，唐山罹难者纪念墙展现出的是"墓碑"的作用，是遇难者家属从事祖辈祭奠的地方。个体回忆出现在群体的知觉空间中，本身就可能具备了集体性质，对于前来祭拜或参观的个体来说，仅凭自身的记忆力量不能透视记忆的全貌，除非个体

---

① 访谈对象：ZRQ，女性，唐山抗震纪念馆馆长，访谈时间：2021年5月14日。

记忆放置于群体的思想记忆当中。纪念墙能够"牵引"个体记忆，地震遗址纪念公园所形成的纪念空间又具有封闭性，这有利于参观者回忆过去，并找到自己记忆实物或岁月痕迹。而在个体记忆稳固的过程中，记忆已经发生了潜移默化的变化，这种变化同回忆一起被稳固下来（莫里斯·哈布瓦赫，2002）。

唐山抗震纪念碑广场是集体记忆的精神象征，是唐山人民抗震救灾，重建家园后心中的丰碑。国家通过建立纪念碑广场将震灾集体记忆上升到具有政治文化色彩的精神记忆，以团结民众、服务政治、延续、传承震灾记忆。依照哈布瓦赫集体记忆的历史观和阿斯曼夫妇从集体记忆抽离出的文化记忆的建构观，地震遗址纪念公园属于个体记忆（交往记忆）在逐步削弱的过程中，纪念建筑物媒介——纪念墙，促发了记忆的回流，这在以往记忆的发展中也是存在的。但是不同的是，唐山纪念墙在2002年民营资本修建时就引起了个体记忆的爆发，从而将逐步削弱的个体记忆唤起，形成了近25年后唐山大地震集体记忆的浪潮。加之2013年冯小刚导演的《唐山大地震》电影上映，再次激发了民众对于唐山震灾集体记忆的关注。纪念建筑媒介所形成的记忆浪潮虽依旧无法逃脱岁月的磨灭，但是受空间、地域和日常生活等影响，其持续传播的时间更为长久。

纪念建筑作为文化记忆的媒介承载者，因其所表征的记忆和意义差别，形成了不同的记忆辅助效果。在集体记忆逐步被消解及遗忘，或文化记忆标识还未明确被受众所接受时，个体记忆的回潮会有利于集体记忆的继续发展和稳定。"哭墙"虽然迟到，但也正是"迟到"的纪念建筑"刺激"，才再次将唐山大地震集体记忆放置到日常生活的"舞台"，民间创伤记忆才得以进入国家震灾记忆架构中，从而延缓了集体记忆的遗忘，加强了文化记忆的延续与演化能力。

二、借助交往记忆回流促进精神记忆稳固

"之所以那么多人谈论记忆，是因为记忆已经不存在了（皮埃尔·诺拉，2000）。"这是皮埃尔·诺拉（Pierre Nora）经常被引用的一句话。我们谈到的个体意象，好像他们在某个既定时间进入我们的意识后，就一直存在于记忆之中，后来又以回忆的形式再现。对于事件的回忆是一种略显复杂的意识形态，这种意识形态由两种要素构成，一是我们群体中的任何一个成员都能够理解的那些东西，二是我们各自都有着独特的存在，所以我们的意识中出现的记忆就拥有了独一无二的面孔（Trufanova，2020）。集体记忆与个人记忆（交往记忆）最重要的联系机制之一是"同理心"，它有助于"获得"以语言、手语或纪念物所表达的记忆，个人的生活故事也是集体记忆的叙事。

唐山大地震之后10年，唐山市修建唐山纪念碑广场。从此，这里成为唐山人民和支援过震灾英雄们的精神丰碑，是来唐商旅和海外友人打卡的旅游纪念之地（刘凤敏，2010）。地震遗址纪念公园主要是集体记忆中个体记忆的聚拢，呈现了震灾32年

后纪念建筑物作为生与死的媒介促发个体记忆的回流。大地震罹难者纪念墙作为集体的"墓碑",同时又镌刻个体罹难者的名字,其形式和图像比文字表达的东西还多,也更具视觉冲击力。在"墓碑"边上的所思、所感、回忆及祈祷难以用言辞表达,只能通过永恒宁静的象征来感受。坟墓作为死者安息之地的符号(罹难者掩埋处具体方位已无从考证),是一个令人敬畏的地点。

罹难者纪念墙为震灾遇难者的亲人及后人提供了祭奠场所,从而逐步替代了夜晚十字路口"烧纸"的民间祭奠形式。纪念墙与地震遗址形成丁字形结构,地震遗址作为过去灾难的见证者,为记忆之场增添了真实性。地震遗址具有纪念碑所无法比拟的作用,因为纪念碑就像是石质的书信,将特定的回忆内容传递给后世(阿莱达·阿斯曼,2016),而地震遗迹是一段真实故事的有力证明。

从地震遗址到纪念墙,是记忆承载从地点记忆向纪念碑的记忆转型,从废墟到死亡之间并未直接转化为符号的意化表征(纪念碑),而是建立了象征死亡逝者的"墓碑"。其教化意义与精神符号表征并不明显,更多是执行了"墓碑"的死亡标识职能与意义。但集体"墓碑"纪念墙的表征形式会促发个体组成集体性祭拜仪式景观,从而形成另外一种传播互动仪式。

阿斯曼夫妇认为,个体记忆(交往记忆)也就是由口头流传的交际记忆通常联系三代人,文化记忆与交往记忆之间是一种平行的关系。时间可以冲淡交往记忆和文化记忆,但是文化记忆如果需要不断延续传承,需要交往记忆的基础和媒介(文本、纪念建筑、影视等)不断建构发展以适应社会政治、文化需求。正因为罹难者纪念墙具备"墓碑"职能属性,大地震个体记忆延续到第一代、第二代阶段,震灾中遇难民众与幸存者血缘亲属关系还维持在较为浓厚的程度。这也是为何唐山罹难者纪念墙在修建之初就引起强烈社会反应。从2008年7月开园到2016年7月28日,唐山地震遗址纪念公园累计接待参观人员300多万人次,接待省部级以上领导参观团体300余个,其中包括一大批党和国家重要领导人(张武科,2016)。在2021年7月28日前后,来到地震遗址纪念公园纪念墙的祭奠者总计约4万人(王爱民,2021)。

时间是集体记忆发展延续的主要阻碍之一。灾难发生后为纪念遇难者和救灾英雄所修建的纪念建筑物主要是起到警示、教育和集体记忆延续作用。受多方因素影响,唐山大地震纪念建筑物的修建呈现阶段性、周年性特征。震后10年,以唐山抗震纪念碑为代表的纪念空间场所是唐山人民以及全国人民战胜1976年震灾精神的象征,承载着人们对震灾中遇难的亲人和英雄的纪念,是唐山人民至今的集体精神符号和内心丰碑。震后25年,地震罹难者纪念墙在社会民营资本推动下出现,震后32年,地震遗址纪念公园开放。至此,地震罹难者纪念墙拥有了合法、公开、政治授权的记忆地位,刺激了唐山大地震个体记忆回流,激发并释放了个体记忆对遇难者亲友思念情绪,开辟了合法化、公开性及仪式操演的祭奠场所。民众震灾记忆开始被纪念建筑物媒介再次唤起,为震灾记忆延续和文化记忆演化注入了新的力量。

三、"凤凰"文化 IP 符号的演化与资本进阶

人类大部分记忆处于"沉睡"的状态，需要外界的刺激才可以唤起。人们往往在记忆被唤醒时才会意识到某段记忆的存在（阿莱达·阿斯曼、陶东风，2020）。同代人共享着"对于社会或是世界共同的理解和把握"，就如我们所说的 70 后、80 后、90 后甚至 00 后不同时代的人所经历的记忆和认知在同一区域是相似的。经历唐山大地震的一代人可以统称为地震亲历者，他们的震灾记忆各有不同但是又具趋同性。个体记忆、集体记忆与文化记忆是相互交织的，三者不能独自发挥作用。记忆想要得到长久的延续就必须经历从个体到集体再到文化的发展。

记忆是由"载体"（Carrier）、"环境"（Environment）、"支撑物"（Support）三个要素互动构成。就个体记忆而言，载体是大脑神经系统，环境指代社会背景或是社会互动过程，支撑物则是包括重复的记忆策略、仪式、符号媒介。文化记忆的载体依赖于可以传递的、世代相传的文化客体，如建筑物媒介、大众媒介、社会化仪式等实践形式，同时也依赖于权力机关和社会机构。唐山震灾记忆经历了具有国家政治情感的纪念碑为代表的"抗震精神"，也在多方努力下回归了以"纪念墙"为代表的群体创伤记忆，但这些震灾记忆都是唐山抗震记忆的核心部分，它依旧无法脱离或摆脱死亡与灾难的符号意象。在城市文化发展与工业转型的大环境下，震灾记忆需要再建构，从而极度弱化死亡，隐蔽灾难，凤凰文化 IP 符号的创造便是权力与社会资本"协谋"的产物。"凤凰·涅槃"很好地诠释了死亡、灾难、新生与未来之间的关系，也完全符合唐山震灾后的城市发展轨迹。"凤凰"文化 IP 符号脱离了大地震的灾难记忆，又代表了震灾的记忆，成为唐山文化资本的一部分。

从个体记忆、集体记忆到文化记忆的转化伴随着记忆的割裂和重新建构。这种转化需要借助媒介符号才得以实现，媒介符号赋予了记忆持久的支撑性（文本、纪念碑、影视等）。文化记忆的载体或是表征符号是外化、形象化和客观化的，它们具有去身体化的能力，这种能力与经验可以让未经历过或未曾拥有过这段记忆的人获取及使用。被支撑物所承载的记忆具有无限延续的可能性。文化记忆的时间长度不再受个体生命的影响，而是取决于物质化媒介、大众媒介的物质符号与虚拟网络空间的耐久性。文化记忆总是被激活并与鲜活的记忆融合一起被后者使用。纪念碑、周期性纪念仪式等，通过物质性符号或是规律性重复，保证了个体记忆的代际传递，为后来代际记忆进入集体记忆提供了机会。

纪念建筑物媒介作为文化记忆的载体，是记忆延续发展的基础之一。皮特·诺维克（Peter Novick）曾说："集体记忆从事简化实践，它喜欢从一个单一的角度去看待事件，对任何模糊性都显得不耐烦，把事件简化为神话的原型（Peter Novick，1999）。"在集体记忆中，个体心理意象把图像和当地神话故事或地域风景联系在一起转为神话，从而使神话符号更加具有本土性，其图式效果更加明显。神话符号最重要的特点就

是"诱惑性"（persuasivebess）、"概括性"（succinct）和"情感力量"（ffective force）。神话具有双重属性，一种用于歪曲历史事实，从而篡改历史修改记忆，另一种献身于对自身历史的"情感化使用"（affective appropriation）（阿莱达·阿斯曼、陶东风，2020）。随着亲历者的消亡，记忆的个体承载将不复存在，剩下的就只有冰冷的纪念建筑物和在网络空间中不时浮现的记忆资料。将神话赋予物质性建筑符号，使之成为记忆的媒介，能够高度概括记忆，并使其富有情感力量，从而更具传播能力。

约翰·沃尔夫冈·歌德（Johann Wolfgang von Goethe）在《歌德全集》中《亲和力》里指出了文化符号实践不同原则的看法，表明了其对于地点记忆与纪念碑记忆的不同意见。首先，纪念碑的表达力集中于仅有指示性的"这里"上。随后，内容借助艺术再现的手段得到塑造。符号迈出了索引到象征的这一步，就促使自己不再依赖于地点，后续想要表达的东西可以在这里得到表达。更为重要的一点是，具有神话象征意义的符号产品，在资本融入方面具有其独特的能力。也就是说唐山在经历作为特大自然灾难的大地震后，想要资本的引入就必须实现记忆的去灾难化或是弱灾难化，从而在权力与资本的共同协助下延续某段记忆。

皮埃尔·布尔迪（Pierre Bourdieu）将"资本"划分为三种形式，即文化资本（Cultural Capital）、经济资本（Economic Capital）和社会资本（Social Capital）（皮埃尔·布尔迪厄，1997）。文化资本与"场域""习惯"和"历史"有着密切的关联性，并且文化资本可以详细划分为"具体的形态"——以精神和身体的形式，文化资本的具体状态，就是强调文化的身体化，即将知识、技能或是精神融入身体行为，成为身体与记忆精神不可分离的状态（周阳，2021）。就如唐山震灾后唐山抗震精神的身体融入一样，精神文化成为城市生活民众的日常文化信仰。但在以往文化资本的生产与消费中，死亡、灾难往往被规避或是作为基础的情感铺垫。

随着唐山工业城市转型，工业旅游开始成为唐山第三产业发展主力军（骆国骏、李俊义，2010）。唐山文化旅游产业同样借助城市转型受到重视，提及唐山这座城市，除了其著名的工业成就外，大地震无疑是其最广为人知的符号。叔本华曾经说过："所有的快乐，其本质都是否定的；而痛苦的本质是肯定的。因为人们是欲望驱使的，而意欲的满足是不断否定的。"这也是人们为什么不愿意去回忆痛苦与创伤，更愿意享受今天的快乐，希冀明天的美好。

无论是人类自我本身、权力记忆建构还是社会资本运用，对于自然灾难所形成的大范围创伤都倾向于避而不谈或转化牵引。"凤凰"文化IP符号展现出震后民众的希冀，社会资本正是利用了民众的去伤痛化，对"凤凰"文化IP符号进行了资本的进阶，实现了城市、权力、资本的"共谋"。

第二节　社会整合：震灾记忆认同的凝结与外溢

社会整合是人与人、个人和群体以及群体与群体之间的联结关系，这种联结关系一般建立在共有的生活经历或记忆、共有的情感体验以及共同的道德情操和理想信念之上，也可以建立在群体的生活需求、功能依赖以及相互依存的关系之上（刘少杰，2006）。中国传统文化整合的时间路径表现为记忆整合，作为群体认同的集体记忆实现了我到我们的认同（龙柏林、刘伟兵，2018）。记忆是一种物质文化资源和社会文化实体，通过对它的总结与建构，在一定程度上可以展现历史、现实和未来的脉络。集体记忆是现在对过去的重构，具体表现为群体意识的权力统摄。纪念建筑物作为记忆的承载物也是记忆场所的核心标识，能够强化记忆与人之间的互动、文化延续和传播关系。一座城市的文化记忆与纪念建筑物媒介结合起来，可以联系过去、展现当下和昭示未来，从而使纪念建筑物媒介随着时间的流逝，在特定的建筑空间中形成稳定的记忆内容。纪念建筑作为城市记忆的身份符号，记录的是一座城市的历史、时代和文化变化（张钰，2021）。纪念建筑物作为媒介，是过去与现在、死亡与新生的见证者，是生活在城市空间区域个体记忆建构、涵化认同与稳固的媒介基石。

"认同"（Identity）又可译为"身份""同一性"。在不同研究领域，其所代表的含义相近但是略有不同，约翰·费斯克（John Fiske）在其出版的《关键概念：传播与文化研究词典》中指出，"认同"指个体将自我身份同其他某些群体身份相融合的过程（约翰·菲斯克，2003）。从古希腊著名哲学家柏拉图（Plato）、弗洛伊德（S.Freud）、马丁·海德格尔（M.Heidegger）、拉康·雅克（J.Lacan）到美国社会心理发展理论提出者埃里克·埃里克森（E.H Erikson）等学者都对认同进行了相关研究，直到20世纪60年代，人们才发现身份与认同之间，存在着不固定且复杂的多元关系。个人身份的认同多基于共同的经历或记忆，从而促进主我产生一种空间的想象、一种地域空间的归属感或称之为家的感觉，这是一种本体性的安全感和历史感。在传统的在场社会中，社会认同是以个体与群体的初级形式存在的，纪念建筑物作为记忆的传播媒介将同一场域空间范围内的个体与群体意识整合为异质性的统一体，以实现对群体意识的认同。文化（记忆）整合主要表现为两个方面：一方面，通过集体记忆的接收与认同，实现个体的"我"到群体的"我们"的认同；另一方面，从当前政治、文化、经济需求出发，对记忆进行建构与传播，进行有选择性地遗忘与铭记，其本质表现为群体意识对个体意志的权利剥夺与统摄（王冠，2015）。

唐山震灾纪念建筑物媒介对于震灾记忆起到了历史整合的作用。它是震灾亲历者与后世之间自我记忆融合的桥梁，也是民众震灾记忆顺利建构与过渡的媒介，对震灾记忆的延续发展以及文化输出起到了系统性整合的作用。受社会的文化复杂性、个体记忆的差异性以及集体记忆的趋同性等因素影响，社会中个体的记忆呈现多元的、相对独立的状态，唐山震灾纪念建筑物媒介为后世震灾记忆的建构与自我身份认同提供了认知整合的原动力，从而提高了"唐山人"地域显性的自我认知。

一、城市空间中震灾记忆的外置与认同

唐山大地震是唐山城市发展中抹不开的一笔，因为这场灾难是全民性的伤痛。震灾不仅给个人带来了永远无法忘记的伤痛记忆，同样是一个家庭、一个企业、一个群体、一座城市难以忘却的记忆。在震前，唐山作为"近现代工业的摇篮"，北方工业重镇，是一座因煤炭而建、因钢而兴的城市，唐山钢铁、冀东水泥、冀东油田等企业均曾是这座城市发展的主要经济动力。

为响应国家重工业城市转型政策，唐山市被列为全国首批产业转型升级示范区。唐山市将工业旅游作为推动资源型城市转型向创新型城市的重要抓手。作为新中国成立后的老牌重工业城市，承载了民族复兴和转型蝶变的希冀（杨静，2021）。唐山市以此为契机，挖掘工业遗迹，厚植与再植工业文化优势，结合唐山自身文化属性与发展经历，先后修建了开滦国家矿山公园、开滦博物馆、唐山启新水泥博物馆、中国（唐山）工业博物馆、唐山陶瓷博物馆、唐山美术馆、唐山大地震影视基地和唐山规划展览馆等建筑物。这些建筑物虽与唐山大地震文化记忆关系联系不大，但他们作为震前企业或产业，在修建博物馆、展览馆时都绕不开"大地震"这一段悲惨的岁月。

根据笔者实地观察、访谈和调查数据整理，唐山大地震建筑记忆媒介除了极具代表性的抗震纪念碑广场（抗震纪念碑、抗震纪念馆）、地震遗址纪念公园（机车车辆厂铸钢车间、罹难者纪念墙、地震博物馆等）以及南湖公园《丹凤朝阳》巨型铜塑雕像外，唐山市后期修建的博物馆或展览馆内也多有专门的展馆空间进行唐山大地震记忆展览。例如，开滦博物馆分地上、地下结构，地上共四层主题为《黑色长河》主题展览，展现了从1881年开平矿物修建到今日的整体历史过程，在四楼西北处布设了开滦煤矿在唐山大地震中的受灾与救援情况，采用视频形式滚动播放大地震救灾场景和"李玉林飞车进京报告灾情"的详细介绍，也呈现了十年重建中开滦复工复产的整体过程。

唐山市后期修建的诸多的博物馆或纪念馆内都呈现了"大地震"带来的浩劫。尤其是在震灾创伤记忆回归至国家震灾记忆建构体系后，在市区整体的空间视域下，唐山大地震集体记忆的物质媒介书写已经融入到这座城市的大街小巷，与城市融为一体，这对唐山后世记忆的传播与认同形成了日常建构和逐步涵化的效果。

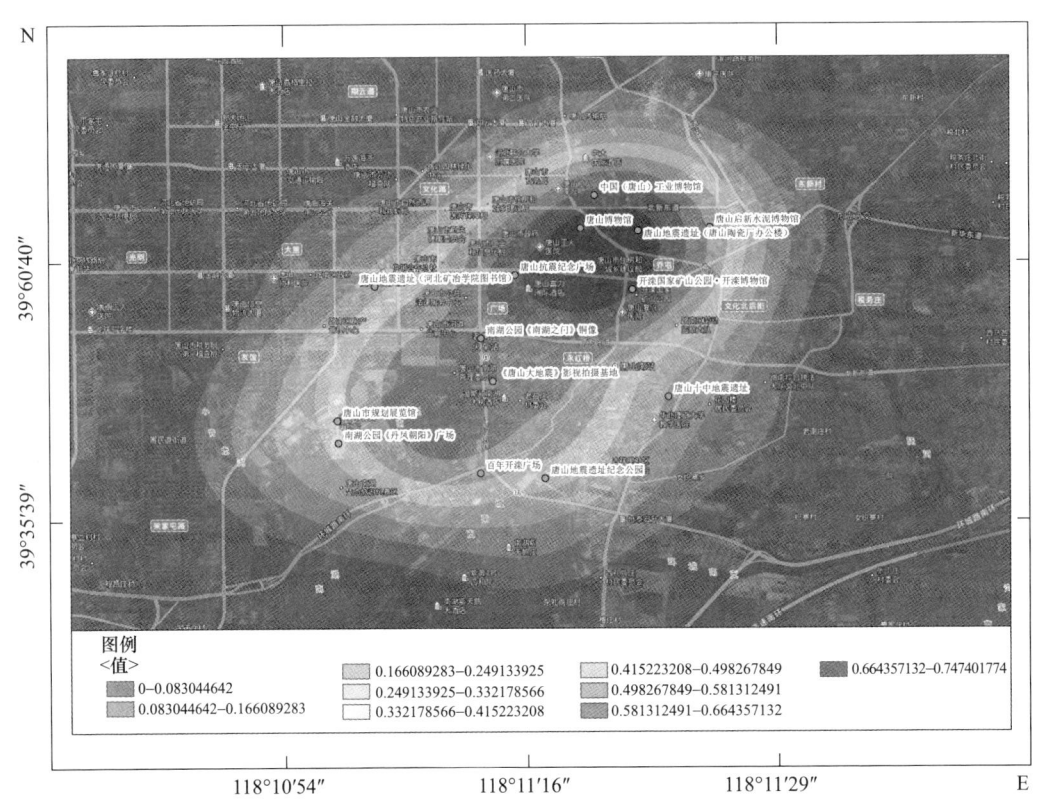

图 5-1　唐山大地震文化记忆建筑媒介核密度分析图（见图版 I -12）
通过 ArcGIS10.5 软件对受众认知地图及问卷制作呈现

通过 ArcGIS10.5 软件，对标志性唐山大地震记忆建筑物进行统计，在纪念性景观经纬度坐标、空间叠置的基础上，形成克奈尔密度分析图。如图 5-1 为唐山市大地震集体记忆物质性媒介建筑物区域密度分析图，从图中我们可以清晰地看到，整个唐山市中心城区尽在震灾记忆物质性建筑媒介的记忆辐射范围。抗震纪念碑广场附近有唐山博物馆、原唐山陶瓷厂办公楼地震遗址、唐山启新水泥博物馆以及开滦博物馆，这些建筑空间内均具有震灾记忆的媒介展览空间，故此区域呈现震灾建筑记忆密度为 0.6643~0.7474。震灾记忆建筑媒介记忆表征密度值最高，其中包含了室外记忆纪念碑广场、凤凰山（白玉凤凰）、地震遗址，也包含了室内景观记忆的抗震纪念馆、开滦博物管（震灾中的开滦展厅）等。

震灾记忆建筑物次密度辐射区域密度为 0.5813~0.6643，此区域则属于较为分散的市区外环区域，主要由《南湖之门》凤凰铜像、《唐山大地震》影视拍摄基地、工业博物馆（抗震宣传专栏）等记忆建筑物组成。而地震遗址纪念公园、百年开滦广场、南湖公园《丹凤朝阳》巨型青铜雕塑、河北矿冶学院图书馆地震遗址（现北京交通大学唐山研究院）以及唐山十中地震遗址组成了第三级阶梯震灾记忆建筑物密度，密度值为 0.4982~0.5813。唐山市城区核心区域大部分在震灾记忆纪念建筑物媒介笼罩范围内，包括主城区外的古冶区和丰南区，因其自身也修建了唐山大地震纪念碑，故其周边也形成了震灾记忆的日常涵化。

经过 45 年的发展，唐山震灾记忆结合不同时期的政治文化需求，从震灾的精神记忆、创伤记忆演化为"凤凰"符号记忆。唐山民众对于震灾的情感记忆已经趋于平稳，日常生活中的震灾记忆可能不会再次引发记忆的应激，但重要的是不忘灾难历史，预防悲剧的重演。

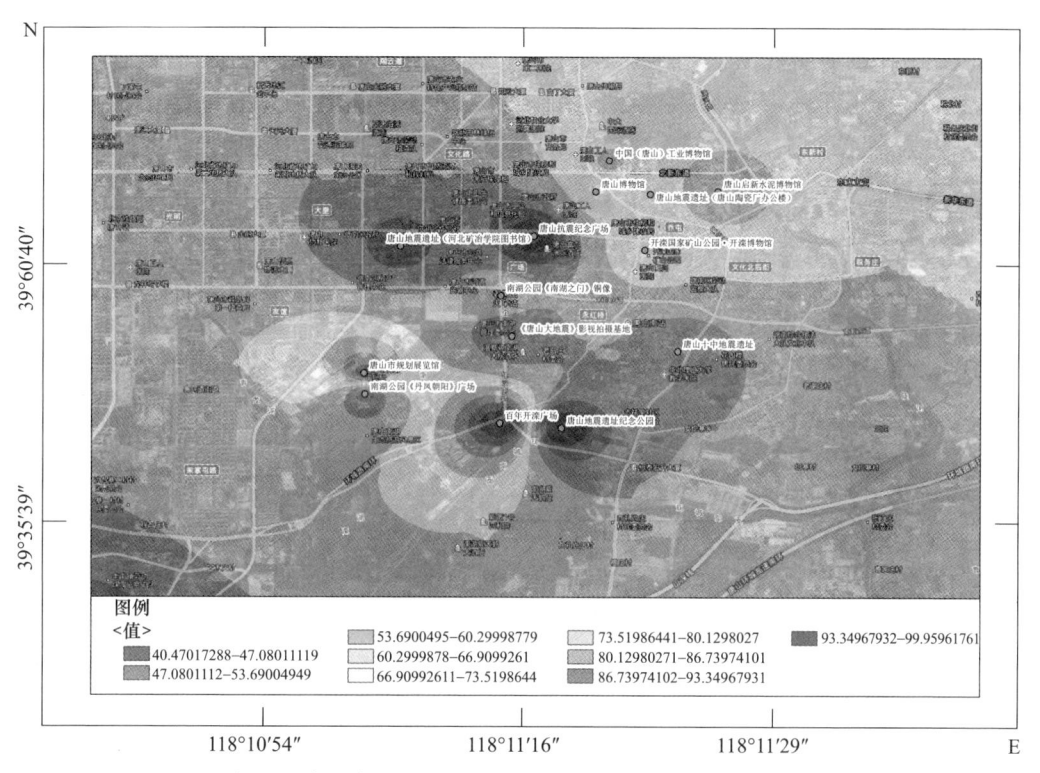

图 5-2 唐山大地震民众记忆反距离权重图（见图版Ⅰ-13）
通过 ArcGIS10.5 软件对受众认知地图及问卷制作呈现

根据受访者对纪念建筑记忆赋权（纪念建筑物与唐山大地震集体记忆的关联度），结合 ArcGIS10.5 软件进行反距离权重分析显示，如图 5-2，核心唐山大地震集体记忆的纪念建筑主要有地震遗址纪念公园（地震罹难者纪念墙、地震博物馆等纪念建筑物）、唐山抗震纪念碑广场（纪念碑、纪念馆），其震灾记忆赋权为 93.3496~999.9596，也说明此两处是最具有鲜明震灾记忆的纪念建筑物媒介。南湖《丹凤朝阳》广场、《唐山大地震》影视拍摄基地、河北矿冶学院（现北京交通大学唐山研究院）、《南湖之门》铜像等核心记忆关联纪念建筑物，记忆赋权值为 86.7397~93.3496。而百年开滦广场、唐山城市规划馆以及工业博物馆、唐山博物馆等这些纪念建筑物，因其震灾记忆物在建筑空间内，名称无震灾标识且不进入空间展馆无法获取，故在受众震灾记忆呈现较弱的关联表现。

从而，在唐山城区内形成了三层震灾记忆建筑物媒介链。第一层，是以抗震精神为核心表征的抗震纪念碑广场和震灾创伤为代表的地震遗址纪念公园。唐山抗震纪念碑广场受其地理位置及表征影响，自修建之日起，就承担着唐山震灾记忆的传承与延续作用，在国家震灾记忆体系中处于核心位置。地震遗址纪念公园是民众震灾祭奠之地，可以说它是距震灾民众内心最近的地方，这里有震灾见证的地震遗址，有象征"墓碑"的地震罹难者纪念墙。抗震纪念碑广场彰显了国家在震灾中的决心与努力，地震遗址纪念公园表达了民众在震灾中的伤痛与悲苦，第一层纪念建筑物媒介链是对国家与社会中震灾记忆最为恰当的表达。第二层以《丹凤朝阳》广场为代表，主要是后期震灾"凤凰"文化IP符号的建构与演化，或是开放性纪念广场所表征的震灾记忆。这一层主要是淡化或弱化了震灾的死亡与灾难，更多是为了资本的融入和社会发展而修建的纪念性建筑物媒介，其对震灾记忆无法形成较为全面的建构，但可以起到牵引作用。第三层以开滦博物馆这类室内建筑为代表，其根据自身的历史工业属性，分别系统地介绍了震灾与自身工业体系发展的情况。民众只有进入其空间范围内，才可以更好地了解博物馆所代表的工业震灾历史事件。通过三层震灾纪念建筑物媒介链，我们可以发现，震灾已经与这座城市产生了千丝万缕的关系，是无法割裂或遮蔽的。

纪念建筑物作为记忆的储存媒介和仪式场所的提供者，对个人记忆、自我身份认同以及集体认同起到了中介作用。如图5-3，在个人记忆与群体认同中，纪念建筑物媒介通过仪式的空间展演或是自身所形成的空间场所情感，成为个体回忆的牵引，具有"睹物思人"的记忆效果。这其实也是一种个体与纪念物之间所形成的仪式。站在唐山抗震纪念碑广场瞻仰纪念碑、到唐山地震遗址纪念公园散步驻足、参观罹难者纪念墙、浏览地震博物馆等都属于个体与纪念建筑物媒介之间的仪式。

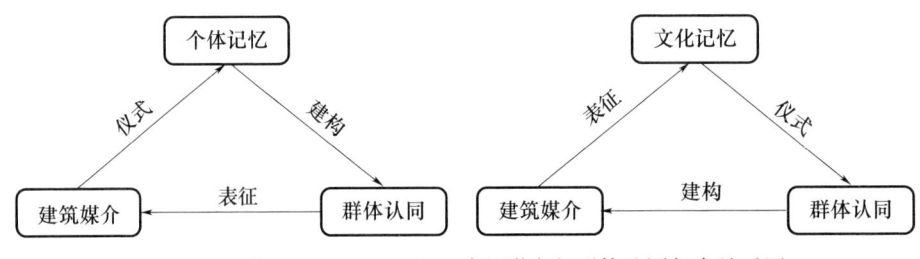

图5-3　个体记忆、文化记忆、建筑媒介与群体认同复合关系图

群体的认同是建构在个体经历或记忆的基础之上，唐山大地震是唐山市百姓乃至全国人民都经历过的重大历史灾难事件，曾一度引起周边省市的地震恐慌。共同经历、相仿的记忆、震后奋斗与重建新城，容易形成记忆的共同点，从而形成群体的认同。随着时间的推移，要维系这种认同需要仪式的重复、大众媒介的涵化以及记忆在文化层面的建

构。文化记忆需要通过纪念建筑物媒介进行表征，来达到传播和建构个体记忆的目的。仪式最为重要的结果就是赋予其表征符号的意义性，或者是赋予一个符号全新与意义（兰德尔·柯林斯，2018）。参与仪式的个体在纪念建筑物形成的空间环境中，加之仪式的情感加持，会获得一种特殊类型的能力，我们把它称之为"情感能量"或精神。纪念建筑物媒介为文化记忆举行仪式提供了空间场所，同时也在日常生活中影响了记忆。

二、日常仪式操演互动下的记忆整合

仪式和社会整合是人类学、社会学和传播学研究的经典命题，日常仪式通常被视为文化传统所规定的一整套较为稳定的行为方式，作为特定群体强化社会秩序以稳固集体记忆和社会整合的方式（何明、杨开院，2018）。涂尔干认为，日常生活仪式、社会仪式与社会整合之间有着密切的关联，仪式是"在集合群体之中产生的行为方式，它们必应会激发、维持或重塑群体中的某些心理状态"（涂尔干，2011）。人们通过仪式增强了个体对于群体的归属，从而实现整合记忆、家庭和睦、团结社会的作用。在社会生活中，家庭日常生活仪式同样体现出世代记忆整合作用。记忆的代际传播或称之为世代记忆。个体的世代记忆主要指上代对下代、祖辈与父辈、祖辈与孙辈，甚至曾祖辈及以上所包含的记忆。世代记忆具有传承性和延续性，从而使人类的创造物可以代代相传且处于进步的趋势，为文化的发展奠定基础。美国著名人类文化学家玛格丽特·米德（Margaret Mead）被认为是对代际记忆传播研究最为权威的专家学者之一，她在1970年出版的《文化与承诺：一项有关代沟问题的研究》被认为是关于世代传播研究最有影响力的著作。她认为，家族本质上是以婚姻血缘关系为延伸的一种社会关系，DNA的遗传与血缘亲属关系成为每个大家庭最为核心的连接纽带。某些地点可以被赋予其特殊的能力，是因为它们与家庭有着固定且长期稳定的关系。家庭是世代传播的主要场所，因为这里是具有血缘的人际交往最为密切和频繁的地方。

纪念建筑物所构筑的空间场所，既具有个体世代记忆传播的场所能力，又具备集体记忆的代际传播和延续的功能。集体记忆的代际传播主要依靠三种传播方式，一种是家庭的世代记忆，也就是个体之间的交往记忆，只不过这种记忆是上一辈延续给下一辈，具有个体记忆的自我情感和属性特点，记忆呈现出逐步弱化且易被建构的特点。第二种是借助纪念建筑物举行公共互动仪式，在仪式中进行代际之间的传承，如西柏坡爱国主义教育基地、侵华日军南京大屠杀遇难同胞纪念馆、唐山抗震纪念馆等定期举行中小学生爱国主义教育活动，将纪念建筑物场所作为媒介，形成记忆之场开展集体纪念活动。受众在纪念活动中与集体记忆符号表征形式（图片、文本、灯箱、3D息影等）产生互动，从而在个体记忆的建构基础上形成集体记忆的代际传播（周海燕、吴晓宁，2019）。第三种为借助教科书、档案、文学作品、影视作品等"记忆术"形式进行代际传播，通过教习的方式直接建构集体记忆。

在过去，教科书、档案、文学作品在公共互动仪式之外承担着塑造记忆的主要领导权（Hegemonic Memory）（皮埃尔·诺拉，2020），甚至俄罗斯为了国家记忆的传承与延续，重新书写历史教材并将其上升至"顶层设计"高度，以保证俄罗斯集体记忆的传承与延续。不过在互联网时代，视听传播为日常生活中媒介记忆的主要方式，影视作品、电视节目、短视频成为集体记忆传播和承载的新兴媒介。例如，冯小刚 2010 年执导的《唐山大地震》再次唤起全国民众对于唐山大地震震灾回忆，在震灾 25 周年之时，将唐山大地震集体记忆进行了再建构和巩固。

纪念建筑物是集体记忆代际传播的物质性空间场所，公共互动仪式在其中起到了举足轻重的作用。互动仪式的核心机制是高度的相互关注。唐山纪念碑广场举行成人礼仪式，地震遗址纪念公园举行地震罹难者祭奠仪式，丹凤朝阳广场举行灯光秀活动，都是纪念建筑物媒介与个体或群体的记忆互动。仪式促使了记忆的互动，个体通过纪念建筑物这一不易腐朽的书写媒介与自我记忆产生勾连，唤起个体与集体记忆的涟漪。场所内的仪式具有时间的控制性，在其时空范围内，自我会形成一种成员身份的感觉，受众将受到短暂的情感刺激，这种刺激可能来源于集体也可能来源于集体中的个人。这种刺激我们可以称为一种"情感能量"，这种能量可以激发回忆及建构记忆。能量在媒介突破时空限制时，具备了异时空传播能力，但这种被新媒介所赋权的能量在传播的过程中逐步减弱。记忆通过身体与仪式的协调，逐步形成一致性，从而形成自我记忆与认知符号的认同与记忆关联，同时也为每个仪式的参加者带来了情感能量，从而促使记忆的传承与延续。

互动仪式不仅涉及情感、记忆和情景行为，还涉及个体与群体的认知与认同，对个体生命和社会结构具有"稳定效应"。通过仪式过程，参与者之间借助建筑媒介空间及其范围空间化，发展出共同的关注焦点，并彼此相互感到对方身体的微观节奏与情感。纪念仪式具有一定的主题性、固定的情感色彩以及较为稳定的纪念场所，以达到仪式对于集体记忆最大化的延续能力。康纳顿在其著作《社会如何记忆》中讲到，"控制一个社会的集体记忆，很大程度上决定了权力的等级……纪念仪式的控制力，使我们不容轻视，也是不允许轻视的。它具有叙事能力的同时，具备了强大的建构力"（保罗·康纳顿，2000）。个体的纪念仪式虽然是记忆传承延续的一种路径，但是如果想要维持一种记忆的稳定，集体纪念仪式是不可或缺的，尤其是在媒介变革、信息泛滥、娱乐至死的时代，只有大范围地举行纪念活动才会促使记忆的回暖。

逢五逢十的纪念活动是我国乃至世界的纪念传统，唐山大地震的纪念活动亦是如此。但不同于其他纪念活动，唐山大地震纪念日除了逢五逢十举行盛大纪念仪式，修建纪念建筑物外，唐山市领导在每年"7·28"都会前往地震遗址纪念公园地震罹难者纪念墙下参加纪念仪式，以纪念震灾中遇难的民众和英勇救灾牺牲的英雄。每年"7·28"官方纪念仪式与民间个体祭奠仪式遥相呼应，一边是文化记忆的合法性与传承，一边是个体记忆的代际与延续。地方仪式又成为记忆触发的原点，除了建筑媒介空间范围内的人员可以通过现场仪式得到记忆的建构与稳固，唐山大地震记忆还可通过大众媒介、移动网络媒介等其他传播形式实现跨时空的二次传播，如图5-4。

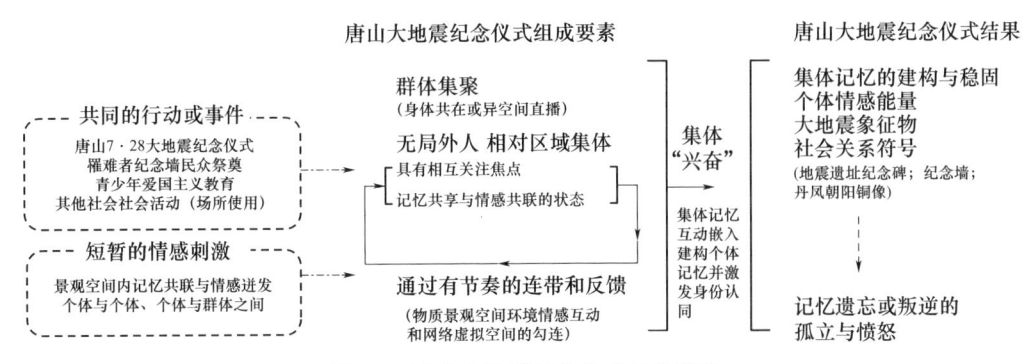

图 5-4 唐山大地震纪念仪式互动模型

作者根据互动仪式链理论及唐山震灾仪式活动整理后自绘

唐山大地震纪念仪式中，既包含民间百姓对罹难亲人的祭奠，也包含政府部门集体记忆纪念的重复仪式。除此之外，唐山抗震博物馆、唐山地震遗址纪念公园地震博物馆和《丹凤朝阳》广场均会举行相关教育活动。但与其他两处纪念建筑群不同，《丹凤朝阳》广场更多是震后记忆的精神意涵表达，场所内举行的活动内容限制较少，可以承接更多的商业、文化、娱乐活动。例如，2021年7月31日，举办的河南卫视"武林风·战唐山"赛季活动等。在唐山市民眼中，无论是充满敬畏的抗震纪念碑，还是充满哀思的罹难者纪念墙，甚至演绎震后精神《丹凤朝阳》巨型铜塑，都是唐山大地震的"神圣物"，是无法替代且具有唯一性的建筑物记忆符号。作为仪式之"链"的纪念建筑物媒介也是唐山震灾记忆的集体意识之结，它们具有使分散的个体适时而自发地凝结起来，成为一个情感、记忆或行动上的整体的功能。

随着时间的推移，震灾纪念建筑已经成为唐山这座城市的记忆符号、生命之源。通过它们提供的空间场所举行纪念仪式，是对唐山大地震集体记忆的尊重，对遇难亲人最好的怀念和对救灾英雄的真挚敬意。仪式不仅传递了个体与集体记忆的交互，同时保证了集体记忆的传播与延续，激发了参与者的自我身份认同和城市归属感，促进了震后文化建构。仪式作为社会认同和社会动员的方式，既具有整合记忆、强固文化的功能，又具有瓦解、分化和遗忘记忆的能力。

三、地域显性：自我身份规避与城市归属

1976年的唐山大地震，被视为20世纪全球震灾死亡人数最多的一次灾难。震灾对于唐山人而言是一个跳脱不出的话题，就如唐山地震遗址纪念公园管理中心综合部尤部长所言：

"唐山大地震虽然过去45年，亲历者已经逐渐老去甚至死亡，亲历者的记忆面临消失。但唐山大地震的记忆已经写进了我们的基因，这种记忆和精神一定要努力延续和传承下去。"[①] 新一代的唐山人对大地震已经度过了避而不谈、规避躲闪的年代，并逐步接受了身体与记忆的创伤。集体记忆并不像个体记忆一样有中枢神经等基质器官的承载，而是存在于人与人之间的复杂关系结构中，是社会群体共享历史往事形成的心智印象。

唐山在新中国成立先后一直是一座重工业城市，依靠煤炭、钢铁、陶瓷及水泥等重工业产业闻名，被誉为"中国近现代的工业摇篮"。改革开放后"京津唐"工业基地被认定为我国传统四大工业基地之一。唐山市一直被称为"北方瓷都"，唐山成为北方重工业城市之一，开滦集团、唐山钢铁、冀东水泥、机车与铁路成为这个城市的象征符号，唐山市民生活得相对富足与幸福、安居乐业、欣欣向荣（刘秉中，1992）。1976年，唐山大地震促使唐山形成了与以往工业荣誉截然相反的自然灾难城市符号"大地震"，因再回忆具有客观时间性以及被建构的特性（王朝璐，2021），2008年汶川发生大地震之前，中国民众提及"大地震"三个字自动就会联想到唐山大地震。汶川大地震后又将时隔32年的唐山大地震从记忆深处拉至"幕前"，《人民日报》汶川特大地震灾害报道中多次提及唐山大地震的震后发展、抗震精神以及汶川震灾救援中"唐山十三义士"事迹。2010年冯小刚根据张翎小说《余震》改编的《唐山大地震》的全球首映，于唐山大地震34周年纪念日前上映。唐山大地震集体记忆又一次被牵引至"幕前"，建构了后世对于唐山的刻板印象，如图5-5。

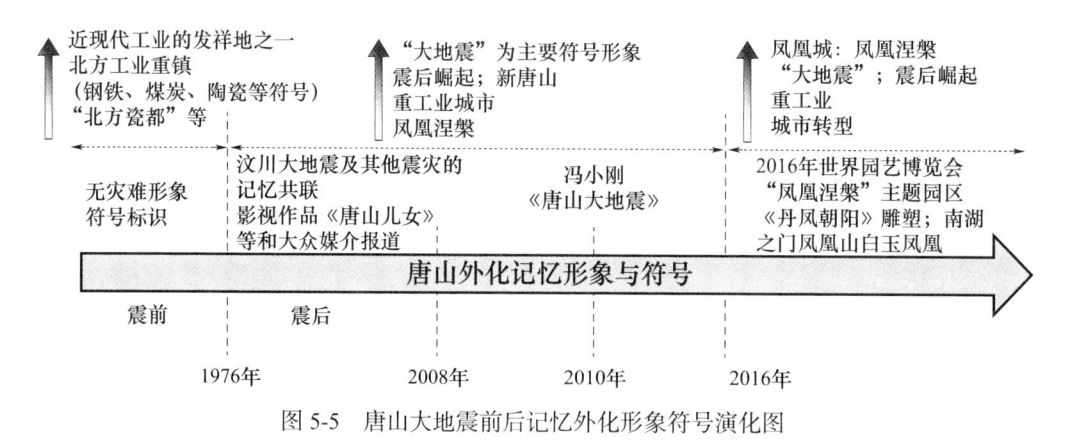

图5-5 唐山大地震前后记忆外化形象符号演化图

个体记忆是集体记忆建构和发展的基石，集体记忆是个体记忆不断塑构和稳定的保障。集体记忆作为"社会"这个大环境的产物，是历史、文化、认知互动的结果，具有较强的社会建构性特征。一座城市的文化记忆与认同具有地方性和排外属性，这也是文化、风俗、习惯长期发展所导致。当外部空间对其内部记忆存在偏差、不匹配

[①] 访谈对象：ZRQ，女性，唐山抗震纪念馆馆长，访谈时间：2021年5月14日。

或是不被认可时，内部集体会产生记忆的对抗或者修改团体符号，从而在满足自身集体记忆与自我认同的基础上，再次得到其他团体或个体的记忆认同。

唐山大地震事件是唐山记忆外化符号的一个分水岭，震灾前唐山被提及的主要词汇是"工业重镇""北方瓷都"等，震灾发生后，全国民众知晓并大部分参与了震灾救援活动，"大地震"便成为唐山新的符号印记。唐山人、河北人乃至全国民众对于唐山的认知突然"整齐划一"地划分到"大地震"形象符号上。唐山人自动地被划分进"震后儿女"的行列，大地震的符号形象，从此便敲定在唐山这座城市以及生活在这座城市的人们身上。身在外地，当提及自己是唐山人时，众多老人的第一反应是"大地震"，并开始热切地询问现在的新唐山建设得如何。青年朋友之间被提及来自唐山，第一反应可能就是冯小刚所拍摄的《唐山大地震》，毕竟这部影片当时在全国引起了不少关注。外部的记忆认知环境对唐山人的自我形象符号起到了稳固和强化的作用，但是"大地震"中灾难性的符号带有一定的创伤、死亡的寓意。创伤是可以通过父母、亲友、仪式进行代际传播，震灾亲历者的创伤可以通过记忆传播到后世（Isobel S，2019）。

代际创伤的存在促使唐山民众不喜欢"大地震"作为唐山的显著符号，唐山市在城市发展、招商引资、城市转型过程中也需要逐步将"大地震"的记忆符号转化，2016年的世界园艺博览会就是一个非常好的转折契机。唐山市在世园会期间举办了第25届金鸡百花电影节、国际商贸洽谈会等6项国际、国内顶级会议，努力将"凤凰·涅槃"唐山"凤凰城"展示给全球民众，将"大地震"记忆印象正向迁移至"凤凰城""凤凰"符号形象上。文化整合的实质就是寻求社会主体的价值共识，促使个体对群体形成依恋与归属感。

第三节 反思：关于唐山大地震的集体记忆

自然灾难记忆作为人类灰色记忆，是人类记忆的重要组成部分。其集中体现在创伤与修复、毁灭与新生、断裂与连续的统一等方面，具有群体认同、激励行动、批判反思等作用。受传统文化影响，人们通常认为苦难可以磨练一个人的意志，从而促发个体和群体的坚韧与伟大（丁华东、张燕，2021）。谚语"吃得苦中苦，方为人上人"自古就流传于庙堂与市井之中，司马迁在《报任安书》中更是写道："盖文王拘而演《周易》；仲尼厄而作《春秋》；屈原放逐，乃赋《离骚》；左丘失明，厥有《国语》；孙子膑脚，兵法修列……"唐山大地震将震灾的苦难转化为奋斗、前进的精神，将创伤埋于心底，集中力量干大事，从而促使资本与权力协谋，将震灾记忆演化为唐山"凤凰·涅槃""凤凰城"的凤凰文化IP符号。

一、纪念建筑物媒介的记忆建构与束缚

随着事件亲历者的消亡，记忆也将从"台前"转移至"幕后"，其带来的影响和作用也将随之隐没。对于深受涂尔干影响的哈布瓦赫来说，记忆的整合功能占据集体记忆的主导性地位，集体记忆是"一个群体共有的思想总体"，与此同时，记忆具有一定的评价和反思的作用。我们亦可以理解为，记忆不会遽然被遗忘，总有一些或多或少的反思、评价持续影响着后世，如果人们不回忆过去，就无法正视现在，也不可谈及对未来的思考。记忆总是处于"集体思考的弁言"。但这种影响随着时代的变迁与思想的变革将面临新的挑战。

记忆的传播媒介是记忆持续传递的主要途径之一。从人际的世代记忆传播，因袭的仪式与节日，突破时间限制的碑刻、雕塑媒介，再到冲破时空束缚的纸质文本与电子媒介，后世所接触或是建构的记忆是被"记忆"的记忆。这也是埃里森（Landsberg Alison）所提出的"假性记忆"（Prosthetic Memory），即探讨人们以何种途径体验或感知他们未曾经历的记忆（Hitchcott Nicki，2020）。亲历者的记忆与后世传播的"假性记忆"在结构和内容上存在一定的区别。以唐山大地震记忆为例，震灾亲历者作为记忆的主要承载者之一，其记忆既存在个性，也存在共性，其中显化出的共性成就了集体记忆，而个性记忆成为自己独有的存在。而"假性记忆"则表明个体或集体记忆是可以"赋予"的，记忆可以不依赖生活经验，而是可以通过个人参与或中介的表征（影视、博物馆、纪念碑、文本等）而产生。除了记忆的代际传递外，唐山大地震记忆的后世传播主要依靠个人参与仪式、教育科普活动和纪念建筑物媒介记忆外化。

后世形成的记忆"图景"，主要指未曾亲历事件所形成的记忆状态，它与亲历者的记忆状态有着较大的区别，这种"假性记忆"或者称之为后期建构的记忆具有相似性、易构型、不稳定性等特点。个人记忆通过参与仪式或中介表征影响所形成，会造成后世记忆呈现极其的相似性。索达罗·艾米（Sodaro Amy）论述美国9·11纪念馆记忆传播时指出，利用博物馆的记忆表征和记忆术的功能，将个体的"假性记忆"进行"书写"。将博物馆的整体记忆叙事建立在集体的、文化与创伤的基础之上，参观者逐步形成"假性创伤"（Prosthetic Yrauma）的记忆模式，鼓励参观者强烈认同美国为受害者的文化记忆意识形态（Sodaro Amy，2019）。后世的记忆"图景"与亲历者相比，更容易被媒介所影响与建构。

唐山大地震45年来，最早记事的亲历者已过"知天命"之年。况且受现如今社会认知与价值观的影响，回忆的记忆已经失去了过去的"本质"。正如钱钟书所言，他是拒绝回忆的，因为担心记忆中的想象因素会扭曲事实，记忆会因此而改变（钱钟书，2019）。对于具体记忆而言，后世的记忆比亲历者的记忆更容易建构，也就是亲历者的后代受媒介记忆的影响更大，更容易形成记忆的一致性与认同。同理，因其易构性，个体记忆的"假性记忆"更加具有变化性或不稳定性。为延续集体记忆的传承，需要

将集体记忆上升为神圣记忆。

随着世代的增加，亲历者的交往记忆只能维系三到四代，后世震灾记忆主要是通过媒介建构与输入。在文化记忆的发展过程中，个体记忆的差异性将逐步被社会和谐的"共同体"所浸化，虽然这个过程中会出现个体记忆的多样性与集体记忆的一致性之间产生博弈的现象，但最终依旧会形成记忆的一致性（丁慕涵，2021）。随着时间发展，亲历者逐步消亡，个体记忆的个性也将逐步被时间淹没。而阶段性的媒介（纪念建筑物媒介、纪念互动仪式、记忆术与科普等）记忆传播与神圣记忆符号化建构，将加速国家震灾记忆的一致性，实现记忆的身份认同。

二、创伤记忆演化的精神"赞歌"

从人类文化记忆发展和创伤记忆修复来看，唐山大地震所带来的创伤记忆正在随着时间的流逝而淡化。为了加快创伤的修复，权力部门结合社会需求选取了震灾记忆的精神层面进行灾难记忆的建构。集体的伤痛源于个体的创伤，而这种"精神"的建构对于个体的创伤是否起到了积极的治疗作用，我们应该持有一种怀疑的态度。

记忆在瞬间生成，又绵延久远，它使生命片段存在并得以连缀，是形成自我认知的重要元素。创伤记忆可能形成于一瞬，也可能来自于长久的环境压迫。严重的伤害性事件会造成身心的创伤，这类伤害可能对身体、心理乃至精神产生不可逆的影响。它引发个体或群体在认知、情感以及价值观上的改变，并对人们今后的生活造成不同程度的影响。唐山大地震给唐山个人、群体乃至城市造成了毁灭性打击，从而在个体创伤的基础上形成群体创伤，这种创伤所带来的伤痛是无法用数字估量的。

记忆建构及整合所形成的精神信仰有助于人们回忆过去，形成共识，增进认同，从而促进社会整合。组织者的权力等级影响着对社会记忆的掌控程度（孟文科，2015）。主导民众的集体记忆是官方形成和维护其自身合法性、权威性的重要手段之一。唐山震灾记忆本应以苦难、死亡、创伤为主体，但经过震灾重建十年后，形成了具有政治情感色彩的"抗震精神"记忆，创伤被规避，精神得以彰显。国家通过修建唐山抗震纪念碑广场将"抗震精神"进一步表征，但也意味着创伤记忆被隐匿。国家选择建构唐山震后具有共显性的"精神记忆"，以促进民众形成震灾文化认同，从而形成震灾过后对生命、对奋斗的"赞歌"。

具有政治意义的精神"赞歌"，虽然有利于去灾难化与创伤化，但是过度的建构与强制性演化，对于创伤的治愈未必能够起到良好的效果。而25年后地震罹难者纪念墙的民资修建，也许回答了当初人们的疑惑。记忆去除政治文化的操控将难以延续与发展，但建构过后是否又导致了记忆本源与事实的缺失，这是一个难以把握的问题。唐山震后45年，震灾记忆多次被建构与发展，精神记忆已经确立，创伤记忆耽延回归，"凤凰"文化IP符号正在进一步发展与被诠释。

参考文献

中文部分

1. 中文译著

阿莱达·阿斯曼. 记忆空间：文化空间形式与变迁 [M]. 潘璐译. 北京：北京大学出版社，2016.

阿莱达·阿斯曼. 记忆中的历史：从个人经历到公共演示 [M]. 袁斯乔译. 南京：南京大学出版社，2017.

阿斯特莉特·埃尔，安斯加尔·纽宁. 文化记忆研究指南 [M]. 李恭忠，李霞译. 南京：南京大学出版社，2021.

爱德华·希尔斯. 论传统 [M]. 傅铿，吕乐译. 上海：上海人民出版社，2009.

巴塞尔·范德考克. 身体从未忘记：心理创伤疗愈中的大脑、心智和身体 [M]. 李智译. 北京：机械工业出版社，2016：197.

保罗·康纳顿. 社会如何记忆 [M]. 纳日碧力戈译. 上海：上海人民出版社，2000.

保罗·利科. 记忆，历史，遗忘 [M]. 李彦岑译. 上海：华东师范大学出版社，2017.

保罗·亚当斯. 媒介与传播地理学 [M]. 袁艳译. 北京：中国传媒大学出版社，2020.

彼特·莱文. 创伤与记忆：身体体验疗法如何重塑创伤记忆 [M]. 曾旻译. 北京：机械工业出版社，2017.

彼特·诺维克. 大屠杀与集体记忆 [M]. 王志华译. 南京：译林出版社，2019.

查理德·皮特. 现代地理学思想 [M]. 周尚意译. 北京：商务印书馆，2007.

戴安娜·克兰. 文化社会学：浮现中的理论视野 [M]，王小章，郑震译. 南京：南京大学出版社，2006.

戴维·哈维. 后现代的状况：对文化变迁之缘起的探究 [M]. 阎嘉译. 北京：商务印书馆，2013.

德尔波特·C. 米勒，内尔·J. 萨尔金德. 研究设计与社会测量引导（第六版）[M]. 风笑天译. 重庆：重庆大学出版社，2005.

弗朗西丝·叶芝. 记忆的艺术 [M]. 钱彦，姚了了译. 北京：人民文学出版社，2018.

弗里德里希·尼采. 论道德的谱系：善恶的彼岸 [M]. 赵千帆译. 北京：商务出版社，2020.

贡布里希. 瓦尔堡思想传记 [M]. 李本正译，北京：商务印书馆，2018.

哈罗德·伊尼斯. 传播的偏向 [M]. 何道宽译. 北京：中国人民大学出版社，2017.

黑格尔. 美学 [M]. 朱光潜译. 北京：商务印书馆，1997.

亨利·柏格森. 物质与记忆 [M]. 姚晶晶译. 北京：北京时代华文出版社，2018.

凯文·林奇. 城市意象：最新校订版 [M]. 方益萍，何晓军译. 北京：华夏出版社，2017.

肯特·C·布鲁姆，查尔斯·W·摩尔. 身体，记忆与建筑 [M]. 成朝晖译. 杭州：中国美术学院出版社，2008.

兰德尔·柯林斯. 互动仪式链 [M]. 林聚任，王鹏译，宋丽君. 北京：商务印书馆，2017.

罗宾·埃文斯. 当代建筑理论论坛系列读本 [M]. 刘东洋译. 北京：中国建筑工业出版社，2018.

马克思. 马克思恩格斯选集·第三卷 [M]. 中共中央马克思恩格斯列宁斯大林著作编译局. 北京：

人民出版社，1995.

马歇尔·麦克卢汉.理解媒介：人的延伸[M].何道宽译.北京：商务印书馆，2000.

玛格丽特·米德.文化与承诺：一项有关代沟问题的研究[M].周晓虹，周怡译.河北人民出版社，1987.

迈克尔·伍兹，玛丽·伍兹.古代传播技术[M].上海：上海科学技术文献出版社，2013.

曼纽尔·卡斯特.认同的力量[M].曹荣湘译.北京：科学文献出版社，2006.

莫里斯·哈布瓦赫.论集体记忆[M].毕然，郭金华译.上海：上海人民出版社，2002.

诺伯格·舒尔兹.存在·空间·建筑[M].尹培桐译.北京：中国建筑工业出版社，1990.

诺伯舒兹.场所精神：迈向建筑现象学[M].施植明译.武汉：华中科技大学出版社，2010.

欧文·戈夫曼.日常生活中的自我呈现[M].冯钢译.北京：北京大学出版社，2008.

皮埃尔·诺拉.记忆之场：法国国民意识的文化社会史[M].黄艳红等译.南京：南京大学出版社，2020.

斯图尔特·霍尔.表征：文化表意与意指实践[M].徐亮，陆兴华译.北京：商务印馆，2003.

涂尔干.宗教的基本生活形式[M].渠敬东，汲喆译.北京：商务印书馆，2017.

托马斯·R.林德洛夫，布莱恩·C.泰勒.传播学质性研究方法[M].叶欣，李静等译.重庆：重庆大学出版社，2020.

瓦尔特·本雅明.德国悲剧的起源[M].陈永国译.北京艺术出版社，2001.

隈研吾.场所原论建筑如何与场所契合[M].李晋琦译.武汉：华中科技大学出版社，2014.

巫鸿.中国古代艺术与建筑中得到"纪念碑性"[M].李清泉，郑岩等译.上海：上海人民出版社，2009.

亚当·斯密.道德情操论[M].李伟霞译.哈尔滨：哈尔滨出版社，2021.

扬·阿斯曼.文化记忆：早期高级文化中的文字、回忆和政治身份[M].金寿福，黄晓晨译.北京：北京大学出版社，2015.

尤尔根·哈贝马斯.交往与社会进化[M].张博树译.重庆：重庆人民出版社，1989.

约翰·布林克霍夫·杰克逊.发现乡土景观[M].俞孔坚，陈义勇译.北京：商务印出版社，2015.

约翰·杜海姆·皮特斯.奇云：媒介即存有[M].上海：复旦大学出版社，2020.

约翰·菲斯克.关键概念：传播与文化研究词典（第二版）[M].李彬译.北京：新华出版社，2003.

约翰·拉斯金.建筑的七盏灯[M].张粼译.济南：山东画报出版社，2006.

约翰·沃尔夫冈·歌德.威廉·麦斯特的漫游时代[M].张荣昌译.北京：华夏出版社，2008.

约伦·索内松.认知符号学：自然、文化与意义的想象学路径[M].胡容易译.北京：社会科学文献出版社，2019.

约瑟夫·尼格.凤凰：神鸟传奇[M].李文涛译.北京：社会科学文献出版社，2021.

詹姆斯·W.凯瑞.作为文化的传播[M].丁未译.北京：华夏出版社，2005.

涂肇庆，林益民.改革开放与中国社会[M].赵军译.牛津大学出版社，1999.

2. 中文著作

安徽地震局.中外典型灾害[M].北京：地震出版社，1996.

白毛滔.建筑空间的形式意涵[M].北京：中国建筑出版社，2018.

包亚明.现代性与空间的生产[M].上海：上海教育出版社，2003.

毕治国.死亡艺术[M].哈尔滨：黑龙江美术出版社，1996：181.

卞江. 唐山地震沉思录 [M]. 北京：中国社会科学出版社，2016.
蔡君馥. 唐山市多层砖房灾害分析 [M]. 北京：清华大学出版社，1984.
陈功. 媒介竟人择，适人需者存：保罗·莱文森的媒介进化论研究 [M]. 北京：知识产权出版社，2020.
呈才实. 唐山震后重建的哲学思考 [M]. 天津：天津人民出版社，1994.
邓正来. 国家与社会——中国市民社会研究 [M]. 北京：北京大学出版社，2008.
邓正来. 市民社会理论研究 [M]. 北京：中国政法大学出版社，2002.
丁生忠. 动员与发展：生态移民中的国家与乡村社会 [M]. 北京：社会科学文献出版社，2021.
冯狄. 质性研究数据分析工具 NVivo12 实用教程 [M]. 北京：人民邮电出版社，2020.
高勇，吴莹. 国家与社会："强国"与"新民"的重奏 [M]. 北京：中国社会科学出版社，2014.
龚鹏. 文化符号学导论 [M]. 北京：北京大学出版社，2005.
郭沫若. 女神 [M]. 北京：台海出版社，2021.
郭璞，王世伟校点. 尔雅 [M]. 上海：上海古籍出版社，2018.
国家地震局《一九七六唐山地震》编辑组. 一九七六年唐山地震 [M]. 北京：地震出版社，1982.
胡炜. 纪念建筑的感性形态研究 [M]. 北京：中国建筑工业出版社，2017.
胡潇. 媒介认识论 [M]. 北京：人民出版社，2012.
金其桢. 中国碑文化 [M]. 重庆：重庆大学出版社，2001.
荆其敏，张丽安. 情感建筑 [M]. 天津：百花文艺出版社，2003.
李红涛，黄顺明. 记忆的纹理：媒介、创伤和南京大屠杀 [M]. 北京：中国人民大学出版社，2017.
李润平. 四天四夜：唐山大地震之九死一生 [M]. 北京：对外经贸大学出版社，2006.
李旭旦. 人文地理学概说 [M]. 北京：科学出版社，1985.
李焱. 新唐山：三十而立 [M]. 石家庄：河北人民出版社，2006.
李耀东. 影像唐山 [M]. 北京：当代中国出版社，2014.
李幼蒸. 理论符号学导论 [M]. 北京：社会科学文献出版社，1999.
李正良. 传播学原理 [M]. 北京：中国传媒大学出版社，2007.
林泉. 地球的震撼：二十年来大地震灾选介 [M]. 北京：地震出版社，1982.
刘朦. 景观艺术构型与文化空间之人类学研究 [M]. 北京：科学出版社，2020.
刘晓滨. 唐山，唐山 [M]. 天津：百花文艺出版社，1996.
刘扬. 媒介·景观·社会 [M]. 重庆：重庆大学出版社，2010.
罗海岩. 中国的精神记忆：2008 年沉思录 [M]. 北京：人民出版社，2009.
梁旭燕. 空间视角下场景传播研究——以社会化媒体为切入点 [M]. 北京：中国社会科学出版社，2019：59.
孟海庆. 唐山碑刻选介 [M]. 唐山市政协文史资料文员会（内部发行），2003.
钱刚. 唐山大地震 [M]. 北京：当代中国出版社，2017.
钱钟书. 写在人生边上：人生边上的边上 [M]. 北京：生活·读书·新知三联书店，2019.
邵鹏. 媒介记忆理论：人类一切记忆研究的核心纽带 [M]. 杭州：浙江大学出版社，2016.
孙江. 空间生产——从马克思到当代 [M]. 北京：人民出版社，2008.
谭恒，吕典雅，朱谋隆. 纪念建筑 [M]. 上海：上海科学技术出版社，1987.
唐山市档案馆. 唐山大事记（1948-1983）[M]. 石家庄：河北人民出版社，2019.

唐山市档案馆.唐山大事记（1984-1997）[M].石家庄：河北人民出版社，2017.

唐山市档案馆.唐山大事记（1998-2005）[M].北京：新华出版社，2018.

唐士其.国家与社会的关系——社会主义国家的理论与实践比较研究[M].北京：北京大学出版社，1998.

唐勇.地震纪念性景观对震区地方感建构的影响研究[M].成都：四川大学出版社，2019.

王力.唐山四十年[M].北京：团结出版社，2016.

王任华，赖良涛.隐喻的认知符号研究[M].北京：商务印书馆，2020.

王铁崖.国际法[M]，北京：法律出版社，1996.

王筠撰.说文释例（全二册）[M].北京：中国书店，1983.

王子平.孙东富.地震文化与社会发展——新唐山崛起给人们的启示[M].北京：地震出版社，1996.

闻一多.神话与诗·伏羲考[G].闻一多全集[M].武汉：湖北人民出版社，1993.

汶川特大地震四川抗震救灾志编纂委员会编.汶川特大地震四川抗震救灾志（综述大事记）[M].成都：四川人民出版社，2017.

吴必虎，刘筱娟.中国景观史[M].上海：上海人民出版社，2004.

邢彦辉.电视仪式传播奖后国家认同的维度与路径研究[M].南昌：江西人民出版社，2018.

杨明照.文心雕龙校注[M].北京：中华书局.1961.

杨千里.亲历与见证：唐山大地震三十周年祭[M].香港：科华图书出版公司，2006.

杨天宇.十三经译注礼记译注[M].上海：上海古籍出版社，2004.

杨艳玲，战俊红.灾后心理恢复概论[M].北京：清华大学出版社，2013.

殷双喜.永恒的象征：人民英雄纪念碑研究[M].石家庄：河北美术出版社，2006.

于海娣.超级记忆术[M].杭州：浙江工商大学出版社，2018.

余冰.街坊变迁——城市社会组织的国家性与社会性[M]，北京：人民出版社.2012.

臧克和.说文认知分析[M].武汉：武汉大学出版社，2019.

张红卫.纪念性景观：基于文化视野的审视[M].北京：中国建筑工业出版社，2018.

张娜.景观生态学[M].北京：科学出版社，2014.

张铁铮，李权兴.唐山文化历史脉络[M].唐山市政协文史资料委员会，冀出内准字（2007）A7025，2017.

张王菲，姬永杰.GIS原理与应用[M].北京：中国林业出版社，2018.

张肇诚.中国震例（1976-1980）[M].北京：地震出版社，1990.

支庭荣，张蕾.传播学研究方法[M].广州：暨南大学出版社，2008.

中央文明办协调组.抗震精神铸文明：唐山市创建文明城市纪实[M].北京：学习出版社，2002.

周尚意，孔祥.文化地理学[M].北京：高等教育出版社，2004.

邹其嘉，苏驼等.唐山大地震社会经济影响[M].北京：学术出刊出版社，1990.

3. 中文期刊

安传艳，李同昇，翟洲燕.话语、资本与遗址区空间的生产——以安阳市殷墟为例[J].旅游学刊，2021（07）：13-26.

安瑞华.《唐山地震二十年祭》在唐山拍摄[J].大众电影，1996（04）：21.

安晓东.尼采对"记忆"的价值重估[J].学术交流，2014（09）：30-34.

白永平，时保国.空间生产、资本逻辑与城市研究[J].宁夏社会科学，2012（11）：25-30

包亚明.城市文化地理学与文脉的空间解读[J].探索与争鸣，2017（09）：41-44.

陈建.国家与社会关系视角下我国乡村公共文化治理变迁与展望[J].图书馆建设，2021（08）：1-13.

陈明明.比较现代化·市民社会·新制度主义——关于20世纪80、90年代中国政治研究的三个理论视角[J].战略与管理，2001（04）：109-120.

陈谢炜.基于场所理论的纪念性景观设计要点浅析[J].大众文艺，2019（02）：66-67.

陈蕴茜.纪念空间与社会记忆[J].学术月刊，2012，44（07）：134-137.

陈振华.集体记忆研究的传播学取向[J].国际新闻界，2016（04）：109-136.

程才实.刻在石头上的故事[J].防灾博览，2002（04）：10-11.

程才实.刻在石头上的故事——瞻仰唐山抗震纪念碑[J].建筑，2001（07）：61-62.

崔波.作为连接个体记忆和群体记忆的新冠主题读物[J].编辑之友，2021（08）：29-39.

邓昕.被遮蔽的情感之维：兰德尔·柯林斯互动仪式链理论诠释[J].新闻界，2020（08）：40-47+95.

邓支青.基于NVivo质性分析的大数据社会排斥问题研究[J].情报杂志，2019，38（06）：137-144.

丁慕涵.社交媒体时代的集体记忆建构[J].中国广播电视学刊，2021（01）：49-53.

方远平，唐艳春，赖慧珍.从公共纪念空间到公共休闲空间：广州起义烈士陵园的空生产[J].热带地理，2018（05）：617-628.

费芩芳，王寿铭.互动仪式链视域下青年红色网络教育研究——基于网剧《那年那兔那些事儿》的分析[J].中国青年社会科学，2021（03）：55-62.

费团结.文学地理景观中的时间维度[J].广西社会科学，2017（09）：194-200.

冯一鸣，田焯玮，周玲强.旅游流动性视角下的场所精神——革命历史纪念空间的新议题[J].旅游学刊，2021（06）：11-12.

高莉莎，马翀炜.城市景观与族群交融：昆明"品字三坊"的都市人类学考察[J].云南师范大学学报（哲学社会科学版），2021，53（02）：98-107.

高胜楠，吴建华.档案与国家认同：理论基础、作用维度与现实路[J].档案学研究，2021（06）：35-40.

高晓倩.文化记忆理论视域中的犹太传统——兼论上海犹太难民自传的记忆结构[J].人文杂志，2020（10）：86-92.

高佑佳，贾安强，李帆等.隐退与锚固：认知地图中的保定历史文化名城城市意象时空变迁研究[J].现代城市研究，2021（08）：45-52.

宫承波，田园，王玉凤.超写作：融媒时代视听新闻表达新景观[J].新闻与写作，2018（03）：18-21.

管健，郭倩琳.共享、重塑与认同：集体记忆传递的社会心理逻辑[J].南京师大学报（社会科版），2020（05）：69-79.

郭云娇，陈斐，罗秋菊.网络聚合与集体欢腾：国庆阅兵仪式如何影响青年群体集体记忆建构[J].旅游学刊，2021（08）：127-139.

郝卫国，刘星烁，魏广龙.凤城·展翅——2016年唐山世界园艺博览会2号主门区设计[J].建筑与文化，2016（12）：131-133.

何生海.族群文化交融及其国家认同——基于内蒙古牧区的田野调查[J].湖北民族大学学报（哲学社会科学版），2021（04）：34-45.

侯民忠.唐山市建立抗震纪念碑和地震纪念馆[J].世界地震工程，1986（01）：71.

华新.唐山世园会会徽、吉祥物发布[J].中国花卉园艺，2015（19）：12-13.

黄磊.纪念性景观的造型设计研究——以哈尔滨市防洪胜利纪念塔为例[J].美术大观,2019(01):144-145.

黄璐.尼采的历史哲学与共同体构想[J].西南民族大学学报(人文社科版),2019(11):107-113.

黄顺铭.以数字标识"记忆之所"——对南京大屠杀纪念馆的个案研究[J].新闻与传播研究,2017,24(08):15-37+126

黄显.作为纪念物的数字移动媒介:德布雷视野下的媒介与遗产传承[J].新闻界,2020(10):32-39+94.

季凌霄.从"声景"思考传播:声音、空间与听觉感官文化[J].国际新闻界,2019(03):24-41.

季庆凤.深情播撒凤凰城——记江泽民、李鹏亲临唐山参加纪念抗震救灾20周年[J].党史博采,1996(10):44-45

简·奥斯曼,陶东风译.集体记忆与文化身份[J].文化研究,2011(1):1-12.

金梦玉,何蓉.政治庆典仪式的集体记忆与国家认同强化——庆祝中国共产党成立100周年大会直播"高燃"片段分析[J].当代电视,2021(08):9-15.

金寿福.扬·阿斯曼的文化记忆理论[J].外国语文,2017(04):36-40.

金祥.大钊公园景观赏析[J].中国园林,1994(03):15-17.

康澄.象征与文化记忆[J].外国文学,2008(01):54-61+127.

柯卓英,岳连建.论碑的文化传播功能[J].中原文物,2006(05):76-79.

孔翔,卓方勇.文化景观对建构地方集体记忆的影响——以徽州呈坎古村为例[J].地理科学,2017(01):110-117.

李达梁.符号、集体记忆与民族认同[J].读书,2001(05):104-107.

李拱辰,苏天民.唐山抗震纪念建筑介绍[J].建筑技术,1986(07):7-8.

李拱辰.思想的凝聚,精神的象征:唐山纪念碑纪念广场设计随笔[J].建筑学报,1987(12):41-46.

李红涛,黄顺铭.一个线上公祭空间的生成——南京大屠杀纪念与数字记忆的个案考察[J].新闻与传播研究,2017,24(01):5-26+126.

李开然.纪念性景观的含义[J].风景园林,2008(04):46-51.

李娜.集体记忆与城市公众历史[J].学术研究,2016(04):118-129.

李倩菁,蔡晓梅.新文化地理学视角拍下景观研究综述与展望[J].人文地理,2017(01):23-28.

李少桃.浮雕的社会功能作用[J].现代装饰(理论),2016(03):204-205.

李世伟.国家与社会关系的历史善变及其发展趋势[J].学术论坛,2005(12):38-40.

李晓愚,路端."符号叠积"视域下的纪念空间视觉修辞分析——以南京和平公园钟塔景观为例[J].江苏社会科学,2019(06):198-209+260.

李兴军.集体记忆研究文献综述[J].上海教育科研,2009(04):8-10+21.

李彦辉,朱竑.国外人文地理学关于记忆研究的进展与启示[J].人文地理,2012(01):11-15+28.

李洋.情念程式与文化记忆——阿比·瓦尔堡的艺术经典观研究[J].民族艺术究,2020(02):17-22.

林功成,李莹.涵化理论的新进展:作为方法论的直觉加工模型[J].国际新闻界,2012(02):13-19.

林娜,连榕.集体记忆研究综述[J].集美大学学报,2017(09):25-28

刘宏,滕程.融媒体环境下记者心理图式的细节表现——以新闻报道中的医者形象呈现为例[J].青年记者,2020(04):46-47.

刘怀玉，鲁宝．简论"空间的生产"之内在辩证关系及其三重意义 [J]．国际城市规划，2021，36（03）：14-22．

刘金花．重编历史教科书：建构苏联记忆与实施国家认同教育的策略 [J]．比较教育研究，2019（03）：17-22．

刘珂秀，刘滨谊．"景观记忆"在城市文化景观设计中的应用 [J]．中国园林，2020（10）：35-39．

刘玲，许自力．中西方传统纪念性景观差异比较与演变 [J]．安徽农业学，2017（01）：158-161．

刘亚秋．记忆研究的"社会—文化"范式对"哈布瓦赫—阿斯曼"研究传统的解读 [J]．社会，2018（01）：104-133．

刘亚秋．技术发展与社会伦理：互联网对文化记忆的建构 [J]．福建论坛（人文社会科学版），2020（08）：74-82．

刘燕．国家认同的力量：论大众传媒对集体记忆的重构 [J]．华东师范大学学报（哲学社会科学版），2009（06）：77-81．

刘祎绯，周娅茜，郭卓君等．基于城市意象的拉萨城市历史景观集体记忆研究 [J]．城市发展研究，2018（03）：77-87．

刘颖洁．从哈布瓦赫到诺拉：历史书写中的集体记忆 [J]．史学史研究，2021（02）：128．

卢艳齐．中国政治学话语体系的创新路径探析——以中国—社会关系理论的本土化研究为对象 [J]．湖南师范大学社会科学学报，2021（06）：29-36．

陆邵明．浅议景观叙事的内涵、理论与价值 [J]．南京艺术学院学报（美术与设计），2018（03）：59-67+209．

陆远．集体记忆与集体遗忘 [J]．南京社会科学，2020（03）：132-137．

罗正副．实践记忆论 [J]．世界民族，2012（02）：47-57．

马春勤．唐山抗震纪念碑和唐山地震资料陈列馆简介 [J]．国际地震动态，1986（07）：41．

马春勤．唐山抗震纪念碑与地震资料陈列馆 [J]．地球，1987（03）：22．

马立明，苟利武．景观竞争的逻辑——基于政治权力实现的媒介路径考察 [J]．新闻大学，2020（08）：99-114+130．

闵心蕙．断裂与延续——读"文化记忆"理论 [J]．中国图书评论，2015（10）：81-87．

纳日碧力戈．各烟屯蓝靛瑶的信仰仪式、社会记忆和学者反思 [J]．思想战线，2000（02）：60-64．

潘苏东，白芸．作为"质的研究"方法之一的个案研究法的发展 [J]．全球教育展望，2002（08）：62-64．

潘晓婷，陈莹．记忆实践：传播学视域下集体记忆研究的路径转向 [J] 新闻界，2021（06）：96-104．

庞进．凤凰传说的类型分析 [J]．西安航空技术高等专科学校学报，2001（02）：5-10．

齐君，唐雪琼．从景观认同的三重含义看民族旅游的传统聚落景观的生产 [J]．旅游学刊，2020，35（11）：3-5．

钱力成，琅翾翱．社会记忆研究：西方脉络、中国图景与方法实践 [J]．社会学研究，2015（06）：215-237．

钱莉莉，李罕梁．黑色旅游地游客集体记忆建构及其对行为意愿的影响——以"5·12"汶川地震北川老县城遗址为例 [J]．旅游导刊，2020，4（06）：59-74．

乔凯，朱平．国家纪念仪式促进政治认同的逻辑与路径——以国家公祭仪式为例 [J]．西南民族大学学报（人文社科版），2020，41（10）：213-217．

邱冰，张帆. 集体记忆与大运河原生性景观的认知与描述[J]. 东南文化，2021（02）：23-28.

阮怡. 地理空间、历史叙事与书本记忆——论宋人行记中的景观书写[J]. 新疆大学学报（哲学·人文社会科学版），2018，46（06）：103-109.

沈宁. 博物馆透过记忆构建"民族想象共同体"[J]. 民族学刊，2021（06）：1-10.

沈清基，马继武. 唐山地震灾后重建规划：回顾、分析及思考[J]. 城市规划学刊，2008（04）：17-28.

舒建军. 凤凰涅槃：多重误植的背景[J]. 浙江学刊，2000（01）：95-98.

宋厚鹏. 海洋文化记忆的建构与传承：国家海洋博物馆文化展示的视觉逻辑[J]. 东南文化，2021（02）：146-151.

宋珮暄. 电影媒介景观中女性身体叙事的流变与演化——基于米歇尔·福柯身体哲学观认知分析[J]. 学习与探索，2021（04）：143-148.

孙全胜. 城市空间生产：性质、逻辑和意义[J]. 城市发展研究，2014（05）：39-48.

孙绍振. "凤凰涅槃"：一个经典话语丰富内涵的建构历程[J]. 中国现代文学研究丛刊，2014（05）：24-31.

孙玮. 交流者的身体：传播与在场——意识主体、身体-主体、智能主体的演变[J]. 国际新闻界，2018，40（12）：83-103.

唐力强，高勇，韩志军. 唐山十年：解读唐山抗震纪念碑广场的三个"十年"建设[J]. 建筑，2007（09）：34-37.

唐璐璐，向勇. 在地艺术的文化记忆重塑与权力话语重置——以日本越后妻有大地艺术节为例[J]. 福建论坛（人文社会科学版），2019（02）：80-86.

唐士哲. 重构媒介？「中介」与「媒介化」概念爬梳[J]. 新闻学研究，2014（10）：1-39.

唐士哲. 作为文化技术的媒介：基德勒的媒介理论初探[J]. 传播研究与实践，2017（07）：5-31.

唐勇，王尧树，钟美玲等. 汶川地震纪念景观分类与空间分布研究[J]. 灾害学，2019（03）：8-13.

涂卫. 商事仲裁机构监管与治理机制的学历阐述——一种"国家—社会"的分析框架[J]. 河北法学，2013（05）：182-189.

汪国风. 推宗明本：对于图腾研究的反思[J]. 天津师范大学学报（社会科学版），2019（04）：42-49.

汪鹏. 碑刻媒介的文化记忆与传播方式：以嵩山武则天碑刻为例[J]. 郑州大学学报（哲学社会科学版），2015（05）：169-174.

王朝璐. 论胡塞尔内时间意识理论中的"再回忆"概念[J]. 浙江学刊，2021（01）：234-238.

王闯. 记忆之场：孔庙的传播特征及其纪念碑性[J]. 新闻爱好者，2018（04）：29-32

王丰龙，刘云刚. 空间的生产研究综述与展望[J]. 人文地理，2011（2）：13-20.

王汉生，刘亚秋. 社会记忆及其建构一项关于知青集体记忆的研究[J]. 社会，2006（03）：46-68+206.

王建生. 西方国家与社会关系理论流变[J]. 河南大学学报（社会科学版），2010（06）：69-75.

王劲韬. 唐山南湖概述[J]. 建筑知识，2017（09）：64-69

王茂军，柴彦威，高宜程. 认知地图空间分析的地理学研究进展[J]. 人文地理，2007（05）：10-18.

王蜜. 不在场的记忆——遗忘的出场学视域分析[J]. 首都师范大学学报（社会科学版），2017（05）：107-114.

王润. 个人奋斗与时代变革：恢复高考40周年的文化记忆与阐释社群建构[J]. 新闻与传播研究，2018，25（11）：27-44+126-127.

王晓葵. 国家权力、丧葬习俗与公共记忆空间：以唐山大地震殉难者的埋葬与祭祀为例 [J]. 民俗研究，2008（02）：5-25.

王亚红. 试论场所理论 [J]. 美术观察，2008（12）：12.

王玉珏，许佳欣. 皮埃尔·诺拉"记忆之场"理论及其档案学思想 [J]. 档案学研究，2021（03）：10-17.

王志宏. 多重的辩证：列斐伏尔空间生产概念三元组演绎与引申 [J]. 地理学报，2009（04）：1-24.

王子涵. 宗教传承的——"集体记忆"理论的能动性理解 [J]. 世界宗教文化，2019（02）：113-120.

邬建国. 景观生态学——概念与理论 [J]. 生态学杂志，2000（01）：42-52.

吴迪，严三九. 网络亚文化群体的互动仪式链模型探究 [J]. 现代传播，2016（03）：17-20.

吴来安. 图像·意旨·场景——基于央视公益广告符号传播变迁的思考 [J]. 新闻大学，2019（06）：90-107+124-125.

吴丽荔. 刘汉宗《震前唐山》忆老唐山 [J]. 东方收藏，2014（07）：96-99.

吴娜. 纪念仪式与社会主义核心价值观认同——以江西公安英烈纪念墙为考察场域 [J]. 江西社会科学，2019，39（12）：193-198+256.

肖滨. 两种公民身份与国家认同的双元结构 [J]. 武汉大学学报（哲学社会科学版），2010（01）：76-83.

肖瑛. 从"国家与社会"到"制度与生活"：中国社会变迁研究的视角转换 [J]. 中国社会科学，2014（09）：88-104.

谢静. 地点制造：城市居民的空间实践与社区传播——J市"健身坡"的案例解读 [J]. 新闻与传播研究，2013（02）：113-125+128.

谢纳. 作为表征实践的文化空间生产 [J]. 社会科学集刊，2019（04）：197-201.

徐丹丹，秦宗财. 符号表征与意义生产：微纪录片中的城市集体记忆生产研究 [J]. 传媒，2021（10）：88-90.

许捷. 伤痛记忆博物馆功能的再思考 [J]. 东南文化，2019（04）：115-120.

燕海鸣. 集体记忆与文化记忆 [J]. 中国图书评论，2009（03）：10-14.

扬·阿斯曼，陈战国. 什么是"文化记忆" [J]. 国外理论动态，2016（06）：18-26.

扬·阿斯曼，陶东风. 集体记忆与文化身份 [J]. 文化研究，2011（11）：3-10.

杨超，朱小阳等. 建构、遗忘与激活：社会危机事件的媒介记忆 [J]. 浙江社会科学，2020（06）：66-72+157.

杨光. 融合——唐山抗震纪念馆设计 [J]. 艺术评论，2018（02）：184.

杨晶，王大明等. 试论企业博物馆的科技传播作用及影响其发展的因素 [J]. 科学与社会会，2018（01）：127-143.

杨立元，杨春. 唐山抗震精神是中华民族精神的重要体现 [J]. 红旗文稿，2019（13）：33-34.

姚小伟. 唐山大地震伤员的救治与安置研究 [J]. 河北旅游职业学院学报，2014（03）：79-82.

叶超，柴彦威，张晓林. "空间的生产"理论、研究进展及其对中国城市研究的启示 [J]. 经济地理，2011（03）：409-413.

叶超. 社会空间辩证法的由来 [J]. 自然辩证法研究，2012（02）：56-60.

叶文心. 传记与时空：读列文森的近代中国思想论述 [J]. 复旦学报（社会科学版），2021（05）：155-168.

余红兵. 文化记忆的符号记忆深论 [J]. 外国文学，2020（05）：173-181.

余红艳. 走向景观叙事：传说形态与功能的当代演变研究——以法海洞与雷峰塔为中心的考察 [J]. 华

东师范大学学报（哲学社会科学版），2014（02）：110-117+155.

袁久红．历史—地理唯物主义视域下的城市空间生产——哈维的理论范式及个案研究[J]．东南大学学报（哲学社会科学版），2012（05）：5-9+126.

袁吕林．凤凰山公园景观浅谈[J]．中国园林，1996（12）：34-35.

袁振杰，马凌．行走的记忆，记忆的行走：旅游中体验与地方认同[J]．旅游学刊，2020（11）：5-7.

张彩，曹默．广播百年看广播学：声音本位与听觉传播规律探索[J]．现代传播（中国传媒大学学报），2020（04）：160-164.

张东赞．祭祀活动：宗教和理性之间的调节剂——祭祀在华夏文化生态龛中的多维度分析[J]．湖北社会科学，2019（10）：94-99.

张敦福，高昕．城市公园的日常生活实践、需求满足与社会福祉—上海市中山公园和大宁公园的实地研究[J]．中山大学学报（社会科学版），2020（01）：156-165.

张凤阳，王子强．基于视觉图式的历史街区景观空间组织研究——以苏州地区为例[J]．现代城市研究，2014（06）：14-21.

张建宏．《凤凰涅槃》的"原型"解读[J]．江汉论坛，2000（10）：46-50.

张俊华．社会记忆研究的发展趋势之探讨[J]．北京大学学报（哲学社会科学版），2014（09）：130-141.

张立阳，邵珠峰．科学纪录片社会记忆构建的创新——以电视纪录片《北斗》为例[J]．中国电视，2021（06）：106-108.

张蕊．交互涵化效应下土味短视频对城镇化留守儿童的影响[J]．现代传播（中国传媒大学学报），2019（05）：162-168.

张昱．作为记忆媒介的博物馆：对公共事件的叙事与传播[J]．复旦学报（社会科学版），2021（03）：97-104.

张钰．贾樟柯电影中大同城市空间的亲历与重塑[J]．电影评介，2021（12）：64-68.

张允，张梦心．数字时代博物馆叙事逻辑的重构：基于场景理论的视角[J]．现代传播（中国传媒大学学报），2020（09）：99-103.

张志庆，刘佳丽．爱德华·索亚第三空间理论的渊源与启示[J]．现代传播（中国传媒大学学报），2019（12）：14-20.

赵锋．涂尔干的两个道德理论及其社会学问题[J]．社会科学研究，2021（03）：116-129.

赵静蓉．作为媒体记忆的南京大屠杀[J]．国际新闻界，2019，41（03）：168-176.

赵星植．论皮尔斯符号学中的传播学思想[J]．国际新闻界，2017，39（06）：87-104.

赵萱．圣地抑或领土："民族国家之外"的遗产存续——耶路撒冷的日常生活与空间实践[J]．思想战线，2018（06）：68-76.

赵炎．从古希腊罗马的纪念碑雕塑论及纪念碑性雕塑[J]．美术，2021（08）：15-20.

郑超，解基程．论公共艺术的人文性——以唐山抗震纪念碑广场为例[J]．美术教育研究，2012（20）：88.

周海燕，吴晓宁．作为媒介的时光博物馆："连接性转向"中的记忆代际传承[J]．新闻界，2019（08）：15-20.

周海燕．媒介与集体记忆研究：检讨与反思[J]．新闻与传播研究，2014（09）：39-50+126-127.

周玮，黄震方．城市街巷居民的集体记忆研究—以南京夫子庙街区为例[J]．人文地理，2016（01）：42-49.

朱蓉.集体记忆的场所——从心理学、社会学角度探讨城市公共空间营造的基本原则[J].南京艺术学院学报（美术与设计版），2006（04）：82-85.

庄金玉.记忆的影像化展演：华语电影"新乡愁"的建构与文化想象[J].现代传播（中国传媒大学学报），2021（07）：124-128.

4. 中文学位论文

安平.意大利城市景观构成之空间要素研究[D].天津大学，2007.

陈虹虹.集体记忆的媒介实践研究：以南京大屠杀纪实影像为中心[D].华中科技大学，2018.

杜兰晓.大学生国家认同研究[D].浙江大学，2014年.

黄颖.当代战争纪念性景观情感表达设计研究[D].哈尔滨工业大学，2012.

贾兵.中国古代碑图文献研究[D].山东大学，2018.

姜赛飞.李翱人性论思想研究[D].湖南师范大学，2008.

雷天来.灾后社会日常生活空间的地方型塑[D].华东师范大学，2019.

林凯.符号学视角下纪念性景观语义表达研究[D].中国林业科学研究院，2016.

刘建岭.感戴：心理学研究的一个新领域[D].河南大学，2005.

马海燕.文化记忆与旅游重建的现代选择[D].中央民族大学，2013.

茹峰.视觉图式的演变[D].中国美术学院，2007.

孙越.斯图亚特·霍尔的文化表征理论探究[D].山东大学，2012.

王春晓.红色文化空间的意义实践：以韶山毛泽东纪念园地为案例[D].华中科技大学，2020.

叶蔚春.文化记忆：从创伤到认同[D].福建师范大学，2018.

闫亮亮.严复名译的文化记忆研究[D].湖南大学，2019.

张晴.唐山地震遗址公园设计的主体性研究[D].华北理工大学，2016.

5. 报刊、报告、会议及电子文献

艾林.燕赵晚报：唐山南湖地震纪念墙也能商业运作？[N].燕赵都市报，2004-04-21（003）.

陈菲.唐山市人民政府关于清明节期间文明环保祭扫的通告（唐政通字[2017]7号文件）[N].唐山劳动日报，2017-3-30（06）.

陈星星，唐山大地震首映催泪唐山[N].人民日报，2010-07-14（013）.

程才实.唐山抗震纪念碑[N].人民日报海外版，2006-02-20（007）.

崔刚.他举起拍照相机[N].唐山劳动日报，1986-7-31（002）.

崔刚.弘扬抗震精神·发奋振兴唐山振宝林同志在抗震十五周年纪念大会上的讲话[N].唐山劳动日报，1991-07-28（001）.

杜尚泽，徐运平.习近平总书记的唐山八小时"弘扬抗震精神，为中国梦注入强大精神力量"[N].人民日报，2016-07-30（001）.

冯瑞海.唐山抗震纪念碑广场[N].唐山劳动日报，1986-07-09（003）.

关仁山.我们的吉祥鸟[N].人民日报，2001-08-04（008）.

郭倩.心动更要行动[N].唐山劳动日报，2010-10-13（001）.

何伟.来自唐山的报道之三：撼天动地是精神[N]人民日报，1996-07-29（002）.

何耀坤.九二一震灾后一年来的回顾[J].科学教育月刊，2001（03）：37-40.

河北省第七次全国人口普查领导小组办公室.河北省第七次全国人口普查公报（第二号）[R].石家庄：河北省统计局，2021：1-3.

红珊.唐山地震遗址建纪念公园设计方案亮相[N].石家庄日报，2007-09-11（002）.

侯西岭，张秀山，刘凤贵.唐山：正处在一个重要的历史发展关头[N].唐山晚报，2015-02-17（002）.

候西岭，张笑非.当惊世界殊—写在唐山大地震34周年暨《唐山大地震》全球公映之际[N].唐山劳动日报，2010-07-27（001）.

胡春良.巨型青铜城市雕塑《丹凤朝阳》：一座城雕和一座城市的涅槃[A].中国机械工程学会、铸造行业生产力促进中心.第十三届全国铸造年会暨2016中国铸造活动周论文集[C].中国机械工程学会、铸造行业生产力促进中心：中国机械工程学会铸造分会，2016：4.

胡春良.巨型青铜城市雕塑《丹凤朝阳》：一座城雕和一座城市的涅槃[C].第十三届全国铸造年会暨2016：4.

江平.弘扬世园精神·续写世园传奇[N].唐山劳动日报，2016-10-17（001）.

李斌.见证勇毅前行的中国力量（人民论坛）[N].人民日报，2018-05-12（004）.

李鹏.唐山大地震纪念墙项目的出路[N].中国经济时报，2006-07-12（003）.

李树滋，张树田.唐山抗震十周年纪念大会隆重举行[N].唐山劳动日报，1986-07-29（01）.

梁志忠.弘扬"抗震精神"——为纪念唐山抗震20周年而作[N].人民日报.1996-07-23（009）.

刘凤敏.毁灭与崛起的现实深化—"7·28"唐山大地震34周年祭[N].光明日报，2010-08-04（002）.

刘裕国，王明峰，田丰等.汶川见证"中国力量"（巨灾重建五年回眸）——写在汶川特大地震五周年之际（下）[N].人民日报，2013-05-13（001）.

马立威.每个普通死难者都值得纪念，唐山哭墙应免费刻字[N]中国新闻周刊，2006-08-04（004）.

孟子英，郭中午.关于确定「7·28」为唐山抗震纪念日的决定[N].唐山劳动日报，1985-7-29（001）.

汝安.凤凰再生之地—寻访唐山地震遗迹[N]人民日报，1986-07-28（008）.

石德连，徐建中.废墟上崛起的新唐山跨入"十年振兴"新阶段唐山集会隆重纪念抗震十周年万里代表党中央国务院前往祝贺并为唐山抗震纪念碑揭幕[N].人民日报，1986-07-29（001）.

史自强.精彩难忘·永不落幕——写在2016唐山世界园艺博览会闭幕之际[N].人民日报，2016-10-17（022）.

唐山市人民政府.唐山市2008年政府工作报告[R].唐山：唐山市人民政府，2008.

王爱民.唐山举行向"7·28"大地震罹难同胞和抗震救灾捐躯英雄敬献花篮仪式[N]唐山劳动日报，2021-07-28（001）.

王方杰，李增辉：全力建设科学发展示范区·唐山再次涅槃换新貌（"加快经济发展方式转变"调研行）[N].人民日报，2021-08-26（008）.

王连英，张英杰.人民自有回天之力，十年喜看新唐山—震后十年唐山城市建设日新月异[N].河北日报，1986-7-28（002）.

王明浩.浴火凤凰伴"祥云"渤海新城燃圣火（奥运火炬传递）[N].人民日报，2008-08-01（005）.

王永超.哭墙：可能面临拆除·收费还要继续（政府、投资方、媒介博弈4年）[N].南方周末，

2006-07-27（002）.

谢环池．习近平在河北唐山市考察时强调：落实责任完善体系整合资源统筹力量 全面提高国家综合防灾减灾救灾能力[N].人民日报，2016-01-29（001）．

徐国强．地震纪念碑[N].人民日报，1986-07-28（008）．

许步东．抗震纪念碑之歌[N].唐山劳动日报，1988-7-27（003）．

闫军，王方杰等，唐山"十三义士"救灾日记[N].人民日报，2008-05-23（008）．

杨静．唐山：从"工业锈带"到"生活秀带"[N].中国工业报，2021-07-21（004）．

杨世尧．唐山地震遗址被列为"国保"[N].人民日报，2006-07-20（002）．

伊明．抗震精神齐弘扬·携手繁荣新唐山：上海医疗专家在抗震纪念碑广场义诊[N].唐山劳动日报，1996-7-15（001）．

媛媛，孙愫，李艳辉．《唐山大地震》昨日零时起全国公映，我市观众反应强烈，深深为唐山精神而感动、震撼[N].唐山劳动日报，2010-07-23（003）．

张武科．为了不能忘却的纪念——唐山地震遗址公园改造升级[EB/OL].新华网，http：//www.xinhuanet.com/politics/2016-07/27/c_129181781.htm.2016-07-27/2021-09-27.

赵枕．唐山风景名胜传说：凤凰山的传说[N].唐山晚报，2015-05-19（015）．

中共唐山市委，唐山市人民政府．关于确定「七·二八」为唐山抗震纪念日的决定[N].唐山劳动日报，1985-7-29（001）．

中共中央．河北省唐山、丰南一带发生强烈地震后：伟大领袖毛主席、党中央极为关怀中共中央向灾区人民发出慰问电[N].人民日报，1976-7-29（01）．

中共中央党史和文献研究院．中华人民共和国大事记（1949年10月—2019年9月）[N].人民日报，2019-09-28（005）．

中华人民共和国国务院办公室．汶川两周年[EB/OL].http：//www.scio.gov.cn/ztk/dtzt/24/index.htm.2010-5-12/2021-8-24.

外文部分

1. 外文著作

Andersson K, Momosh M. Handbook of Cultural Geography[M]. London: ASGE, 2002.

Astrid Erll, Ansgar Nünning. Cultural memory studies: an international and interdisciplinary handbook[M]. Berlin: The Deustsche Nationalbibliothek, 2008.

Barthes Roland. Mythologies[M]. Translated by Annette Lavers. New York: Hill & Wang, 1972. Black-well, 1984.

Émile Durkheim. The Elementary Forms of Religious Life[M]. Oxford: OUP Oxford, 2008.

Harvey D. The condition of postmodernityp[M]. Oxford: Blackwell, 1989: 125-134. Jossey Bass, 1988.

Lefebvre H. The Production of Space[M]. Translated by Donald Nicholson-Smith. Oxford UK: Blackwell, 1991.

Maurice Halbwachs. On Collective Memory[M]. Chicago: University of Chicago Press, 1992.

Maurice Halbwachs. The Collective Memory[M]. New York: Harper & Row, 1980.

Peter Novick. The Holocaust in America Life[M]. Boston: Houghton Mifflin, 1999.

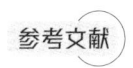

Yeo, Richard. Before memex: Robert Hooke, John Locke, and Vannevar1Bush on external memory[M]. SCIENCE IN CONTEXT, 2007.

2. 外文期刊、会议及其他

Adams, Paul C. Geographies of media and communication II: Arcs of Communication[J]. PROGRESS IN HUMAN GEOGRAPHY, 2018（08）：590-599.

Appleyard J. Residents' perceptions on tourism impacts[J]. Annals of Tourism Research, 1992. 26（19）：665-690.

Aragon, C. The role of landscape installations in climate change communication[J]. ARS&HUMANITAS, 2018（12）：115-134.

Assmann, Jan, Trans. John Czaplicka. Collective Memory and Cultural Identity[J]. New German Critique, 1995（65）：111-125.

Astrid Erll, Ansgar Nünning. Cultural Memory Studies: an international and interdisciplinary hand-book[M]. Berlin: The Deustsche Nationalbibliothek, 2008: 357-365.

Atik, M, Isikli, RC, Ortacesme, V. Clusters of landscape characters as a way of communication in characterisation: A study from side, Turkey[J]. JOURNAL OF ENVIRONMENTAL, 2016（11）：385-396.

Banham, C. Legitimising war in a changing media landscape[J]. AUSTRALIAN JOURNAL OF INTERNATIONAL AFFAIRS, 2013（11）：605-620.

BAPTIST. K W. Incompatible identities: Memory and experience at the national September 9/11 memorial and museum[J]. Emotion Space & Society, 2015（16）：3-8.

Bertens, Laura M. F. SUCCEEDING BY FAILING: THE BERNAUER STRASSE WALL MEMORIAL AS PERFORMATIVE MEMORIAL[J]. GERMAN LIFE ANDLETTERS, 2021（04）213-223.

Carp, J. "Ground-Truthing" Representations of Social Space Using Lefebvre's Conceptual Triad[J]. JOURNAL OF PLANNING EDUCATION AND RESEARCH, 2008（12）：129-142.

Civale, Leonardo. The Mirror of History: patrimonialism practices and transformations of the urban landscape of Vicosa（1980-2010）[J]. CADERNOS DE HISTORIA, 2017（09）：296-317.

Connerton, Paul. How Societies Remember[M]. Cambridge: Cambridge University Press, 1989: 7-9.

Cudny. W, Appelblad, H. Monuments and their functions in urban public space[J]. NORSK GEOGRAFISK TIDSSKRIFT-NORWEGIAN JOURNAL OF GEOGRAPHY, 2019（10）：273-289.

Da Riva, Rocio. Neo-Babylonian Rock-cut Monuments and Ritual Performance[J]. HEBREW BIBLE AND ANCIENT ISRAEL, 2018（03）：17-41.

Dickinson, G. Being Through There Matters: Materiality, Bodies, and Movement in Urban Communication Research[J]. INTERNATIONAL JOURNAL OF COMMUNICATION, 2016（04）：1294-1308.

Evans, JJ, Fernandez, B. The Social Meaning of Competing Memorial Spaces: Examining the Alabama Confederate Memorial Monument and the National Peace and Justice Memorial in Montgomery, Alabama[J]. SOCIAL SCIENCE QUARTERLY, 2021（04）：1-20.

Frie, Roger. From Memorials to Bomb Shelters: Navigating the Emotional Landscape of German Memory[J]. PSYCHOANALYTIC INQUIRY, 2014（10）：649-662.

Frie, Roger. History's Ethical Demand: Memory, Denial, and Responsibility in the Wake of the Holocaust[J]. PSYCHOANALYTIC DIALOGUES, 2019（03）：122-142.

Gallup G. Gallup survey results on "gratitude", adultsand teenagers[J]. Emerging Trends, 1998（3）4-5.

George Gerbner, Larry Gross. Living With Television: The Violence Profile[J]. Journal of Communication, 1976（02）：173-199.

Gonzalez, PA. The organization of commemorative space in postcolonial Cuba: From Civic Square to Square of the Revolution[J]. ORGANIZATION, 2016（01）：47-70.

Gurler, EE, Yetiskin, E. Narrative Landscape: The Transformation of Memory（scape）making in Gallipoli Peninsula[J]. SPACE AND CULTURE, 2018（08）：274-290.

Hitchcott, Nicki. Seeing the Genocide against the Tutsi through someone else's eyes: Prosthetic memory and Hotel Rwanda[J]. MEMORY STUDIES, 2020（10）：935-948.

Hussein, F. Towards Psychosocial Well-Being in Historic Urban Landscapes: The Contribution of Cultural Memory[J]. URBAN SCIENCE, 2020（12）：1-315.

Jan Assmann. Das kulturelle Gedächtnis. Schrift, Erinnerung und politische Identität in frühen Hochkulturen[J]. Numen, 1994（05）：196-197.

Jeffrey K. Olick. Social Memory Studies: From "Collective Memory" to the Historical Sociology of Mnemonic Practices[J]. Annual Review of Sociology, 1998（24）：105-140.

Jennings Bryant, Media Effects. Advances in Theory and Research[M]. Lawrence Erlbaum AssociatesEditors, 2002: 69-96.

Jinnan Hu, Ke Jia, Ying Zhang. On Design Inspiration for the Seismic Visitor Center Survey[J]. Open Access Library Journal, 2019（06）：5.

Klein, Julia M. A Memorial Landscape[J]. NATION, 2015（02）：35-37.

Krasilnikova, YI. THE MEMORIAL SPACE OF NOVOSIBIRSK IN THE HISTORICAL DYNAMICS（1893-2000）[J]. VESTNIK TOMSKOGO GOSUDARSTVENNOGO UNIVERSITETA ISTORIYA-TOMSK STATE UNIVERSITY JOURNAL OF HISTORY, 2019（06）：32-43.

Lair, Meredith H. The Education Center at The Wall and the Rewriting of History[J]. LANDSCAPE AND URBAN PLANNING, 2019（03）：11-14.

Legg, Stephen. Contesting and surviving memory: Space, nation, and nostalgia in Les Lieux de Memoire[J]. ENVIRONMENT AND PLANNING D-SOCIETY & SPACE, 2005（08）：480-504.

Lektorsky, Vladislav A. Individual And Collective Memory: Old Problems And New Challenges[J]. VOPROSY FILOSOFII, 2020（06）：11-17.

Lorraine Ryan. Memory, power and resistance: The anatomy of a tripartite relationship[J]. MANAGEMENT, 2016（11）：385-396.

Manganello, J, Bleakley, A. Pandemics and PSAs: Rapidly Changing Information in a New Media Landscape[J]. HEALTH COMMUNICATION, 2020（12）：1711-1714.

Marcuse, Harold. Holocaust Memorials: The Emergence of a Genre[J]. American Historical Review, 2010（02）：53-89.

Mary B. McVee. Schema Theory Revisited[J]. Review of Educational Research, 2002（04）：531-566.

Massazza, Alessandro. Intrusive memories following disaster: Relationship with peritraumatic responses and later affect[J]. Journal of abnormal psychology, 2021（08）: 1-10.

Michael E. Leary. The Production of Space through a Shrine and Vendetta in Manchester: Lefebvre's Spatial Triad and the Regeneration of a Place Renamed Castlefield[J]. Planning Theory & Practice, 2009（10）: 189-212.

Muehlenbeck, Cordelia. On the Origin of Visual Symbols[J]. JOURNAL OF COMPARATIVE PSYCHOLOGY, 2020（04）: 435-452.

Nassauer, Joan Iverson. LANDSCAPE AS MEDIUM[J]. LANDSCAPE ARCHITECTURE FRONTIERS, 2017（12）: 42-47.

Nogue, J, San Eugenio Vela, JD. The communicative dimension of landscape. A theoretical and applied proposal[J]. REVISTA DE GEOGRAFIA NORTE GRANDE, 2011（09）: 7-24.

Ohl, Jessy J. Of Beetles and Men: Public Memory, Southern Liberal Kitsch, and the Boll Weevil Monument at 100[J]. RHETORIC SOCIETY QUARTERLY, 2021（01）: 2-14.

Panico, M. The Floating Meaning of Monuments. The Bulgarian Red Army Monument Between Everyday Life Practices and Nostalgic Yearnings[J]. VERSUS-QUADERNI DI STUDI SEMIOTICI, 2018（01）: 107-124.

Patricia Hampl. I Could Tell You Stories: Sojourns in the Land of Memory[M]. New York: W. W. Norton& Company, 1999: 49-50.

Peters, C. News as Know It: Young Adults' Information Repertoires in the Digital Media Landscape[J]. DIGITAL JOURNALISM, 2021（03）: 236-245.

Peterson, C. What is your earliest memory? It depends[J]. MEMORY, 2021（05）: 1-12.

Pichugina, Victoria K. Marcus Tullius Cicero's concept of education through culture[J]. HISTORY OF EDUCATION & CHILDRENS LITERATURE, 2020（02）: 389-406.

PickettS , Cadenasso . Landscape Ecology: spatial heterogeneity in ecological systems[J]. Piehler, GK. Carried to the wall: American memory and the Vietnam Veterans memorial[J]. JOURNAL OF AMERICAN HISTORY, 2020（09）: 754-755.

Pokorna, P, St'astna, M. SIGNIFICANT LANDSCAPE ELEMENT SUCH AS THE PRESERVATION OF MEMORY OF THE LANDSCAPE: CASE STUDY MODRICE[A];26th International Geographical Conference on Geographical Aspects of Central Europe[C]. GEOGRAFICKE INFORMACIE, 2018: 420-431.

Potter, W. James. A Critical Analysis of Cultivation Theory[J]JOURNAL OF COMMUNICATION, 2014（12）: 1015-1036.

Rekittke, J. , & Girot, C. Traumatic urban landscape[C]In Specifics : proceedings ECLAS Conference, 2013: 106–113.

Rollemberg, D. MEMORIAL OF THE SILENT HEROES（1933-1945）[J]. REVISTA DE HISTORIA-SAO PAULO, 2021（06）: 1-34.

Roots, Jaime. Sites of Remembrance: Cultural Memory and Portrayals of the Past in Des Knaben Wunderhorn and Kinder- und Hausmarchen[J]. COLLOQUIA GERMANICA, 2020（06）: 183-199.

Sakamoto, Mayumi. Transferring Historical Disaster Memories: The 1925 North Tajima Earthquake [J]. JOURNAL OF DISASTER RESEARCH, 2021（02）: 163-169.

Sarfati, L, Chung, B. Circles of Poetic Grief, Anger, and Hope: Landscapes of Mass Cooperation in Seoul after the Sewol Disaster[J]. JOURNAL OF FOLKLORE RESEARCH, 2020（04）: 1-32.

Schiller, Daniela. Eichenbaum, Howard. Memory and Space: Towards an Understanding of the Cognitive Map[J]. JOURNAL OF NEUROSCIENCE, 2015（10）: 13904-13911.

Schuman, Howard, Corning, Amy. Collective memory and autobiographical memory: Similar but not the same[J]. MEMORY STUDIES, 2014（04）: 146-160.

Schwartz, Barry. Social Change and Collective Memory: The Democratization of George Washington[J]. American Sociological Review, 1991（04）: 221-236.

Sert J L, Léger F, Giedion S. Nine Points on Monumentality[J]. Architecture Culture, 1968: 29-30.

Simonsen, K. Bodies, sensations, space and time: The contribution from Henri Lefebvre[J]. SOCIAL & CULTURAL GEOGRAPHY, 2014（09）: 347-355.

Sodaro, Amy. Prosthetic trauma and politics in the National September 11 Memorial Museum[J]. MEMORY STUDIES, 2019（04）: 117-129.

Sorcan, Valentina Hribar. Personal and Collective Memory in Art: Boltanski, Kiefer, Music[J]. SOUTH AFRICAN JOURNAL OF ART HISTORY, 2017（11）: 190-211.

Starr-Karlin, Penelope S. The Lost Analyst and the Phoenix: Image, Word, Myth, and the Journey from Dissociation to Integration[J]. PSYCHOANALYTIC INQUIRY, 2018（03）: 210-221.

Sumartojo, S. Commemorative atmospheres: memorial sites, collective events and the experience of national identity[J]. TRANSACTIONS OF THE INSTITUTE OF BRITISH GEOGRAPHERS, 2016（10）: 541-553.

Trufanova, Elena O. Individual and Collective Memory: Intersection Points[J]. VOPROSY FILOSOFII, 2020（06）: 18-22.

Trufanova, EO. Individual and Collective Memory: Intersection Points[J]. VOPROSYFILOSOFII, 2020（06）: 18-22.

Ugur-Cinar, Meral. Collective memory and the populist cause: The Ulucanlar Prison Museum in Turkey[J]. MEMORY STUDIES, 2021（08）: 1-21.

Valle-Ruiz, L. Performing Cultural Memory Through[J]. LITURGY, 2020. 7: 3-9.

Vander Vyver, Y. Crafting urban space with Pretoria's Church Square as an example[J]. SOUTH AFRICAN JOURNAL OF ART HISTORY, 2017（11）: 190-211.

Verstraete, Ginette. Media, Places, and Assemblies: From Videowalls to "Smart" Environments[J]. SPACE AND CULTURE, 2016（11）: 308-318.

Wollschleger, J. Interaction Ritual Chains and Religious Participation[J]. SOCIOLOGICAL FORUM, 2012（12）: 896-912.

Zelizer B. Reading the Past against the Grain: The Shape of Memory Studies[J]. Critical Studies in Mass Communication, 1995（2）: 214-239.

Zerubavel E. Social memories: Steps to a sociology of the past[J]. Qualitative Sociology, 1996（3）: 283-299.

А. Ф. Яковлева. амять научного сообщества: особенности формирования и исследования[J]. Вопросы философии, 2020（06）: 23-27.

Е. О. Труфанова. Индивидуальная и коллективная память: точки пересечения[J]. Вопросы философии, 2020（06）: 18-22.

后　记

　　这本书是我学术生涯中的第一本专著，它是我博士论文的核心部分，可以说是我2018年到2022年四年华中科技大学读博岁月中的汗水凝练。作为一名震后的唐山儿女，"抗震精神"似乎深深刻在我的血液与基因中。自出生到高中，我一直生活在这座重生的城市，当我带着疑惑与问题重新回来，踏入这座城市之时，我发现她变得熟悉又陌生，熟悉是我在这里生活了18年，且每年都会回家数次，城市的发展与变化尽收眼底，陌生是我以为我了解的震灾却只是浮光掠影，当我以一个研究者的身份再次踏上这片故土之时，我才真正了解到她的苦难、倔强与伟大，才体会到震灾亲历者埋藏心底与刻进骨子里的伤痛，这种伤痛虽然没有医学基因的传承，但是依旧延续给了后世的唐山人，他们对于灾难、伤痛与死亡有着更为独特且深刻的见解。

　　时间是治愈创伤的良药，也是遗忘的催化剂。如何在时间的长河中留住宝贵的记忆，成为记忆研究亟待讨论的问题。由于我自身才疏学浅、资质鲁钝，对于很多唐山震灾记忆的研究探讨相形见绌，但还是要感谢我攻读博士学位的授业恩师们，感谢现就职河南大学新闻与传播学院的领导与同事，感谢我的家人、朋友以及支持我调研工作的政府领导与访谈对象，正是有了他们的帮助，才有了今天这本书的面世。书中对所引证的阐述与用例，一般注明出处，有未一一提及者，尚希见谅。

张超
于唐山市西新楼社区
2023年7月28日

图版 I　正文中部分插图

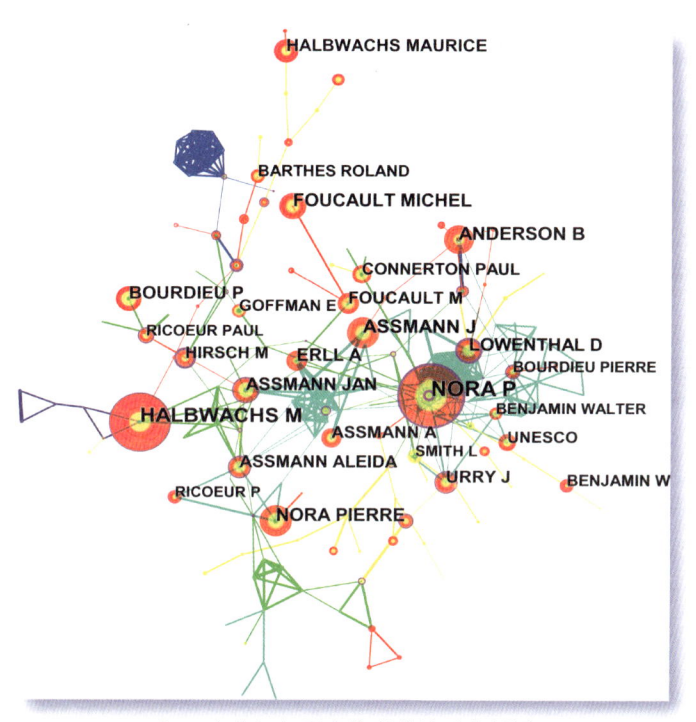

Ⅰ-1. 文化记忆研究作者共被引分析图

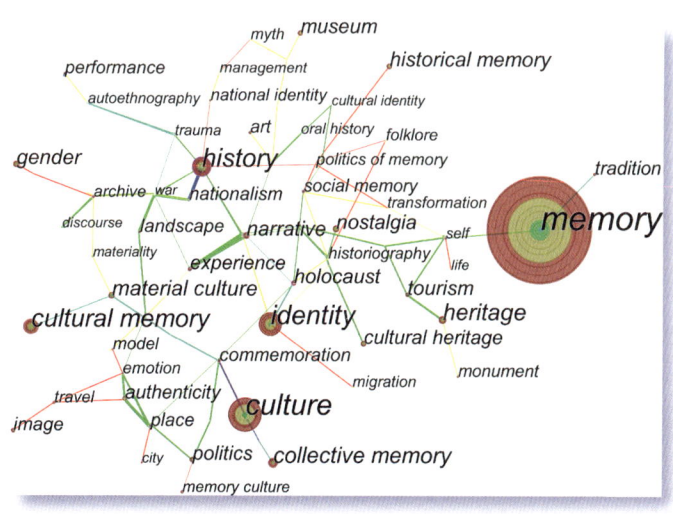

Ⅰ-2. 文化记忆研究关键词共现分析图

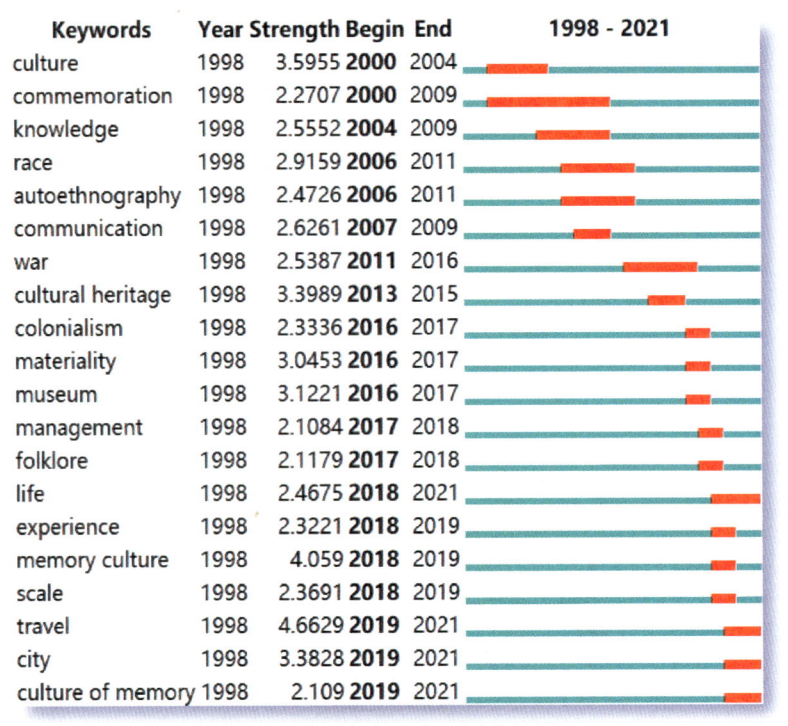

Keywords	Year	Strength	Begin	End	1998 - 2021
culture	1998	3.5955	2000	2004	
commemoration	1998	2.2707	2000	2009	
knowledge	1998	2.5552	2004	2009	
race	1998	2.9159	2006	2011	
autoethnography	1998	2.4726	2006	2011	
communication	1998	2.6261	2007	2009	
war	1998	2.5387	2011	2016	
cultural heritage	1998	3.3989	2013	2015	
colonialism	1998	2.3336	2016	2017	
materiality	1998	3.0453	2016	2017	
museum	1998	3.1221	2016	2017	
management	1998	2.1084	2017	2018	
folklore	1998	2.1179	2017	2018	
life	1998	2.4675	2018	2021	
experience	1998	2.3221	2018	2019	
memory culture	1998	4.059	2018	2019	
scale	1998	2.3691	2018	2019	
travel	1998	4.6629	2019	2021	
city	1998	3.3828	2019	2021	
culture of memory	1998	2.109	2019	2021	

Ⅰ-3. 文化记忆研究突现词分析图

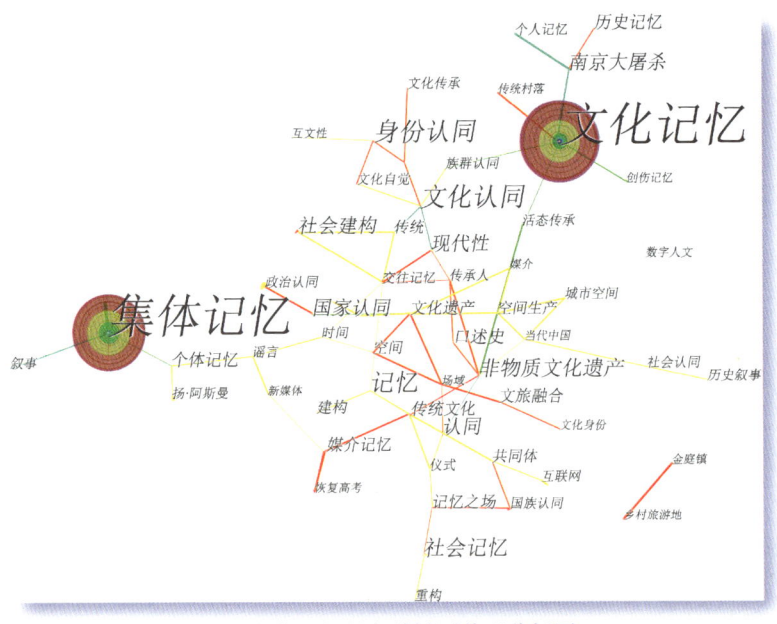

Ⅰ-4. 文化记忆研究关键词共现分析图

Ⅰ-5. 文化记忆研究时区共现图

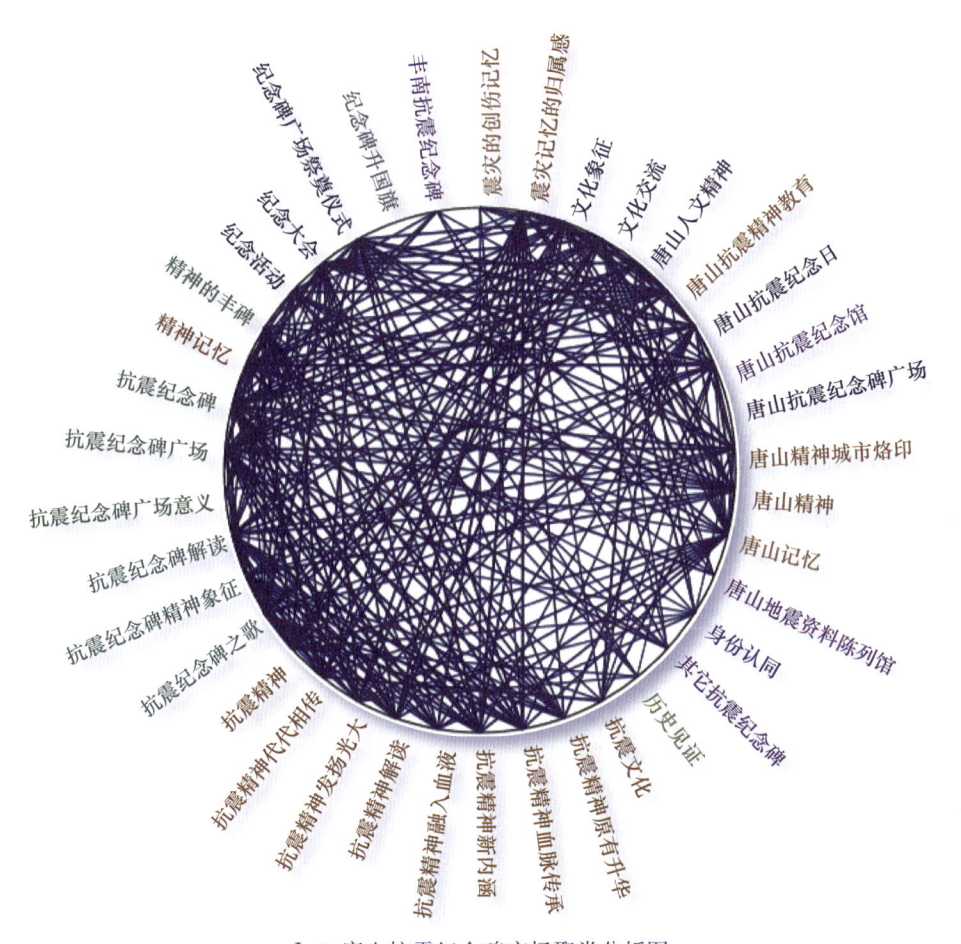

Ⅰ-6. 唐山抗震纪念碑广场聚类分析图

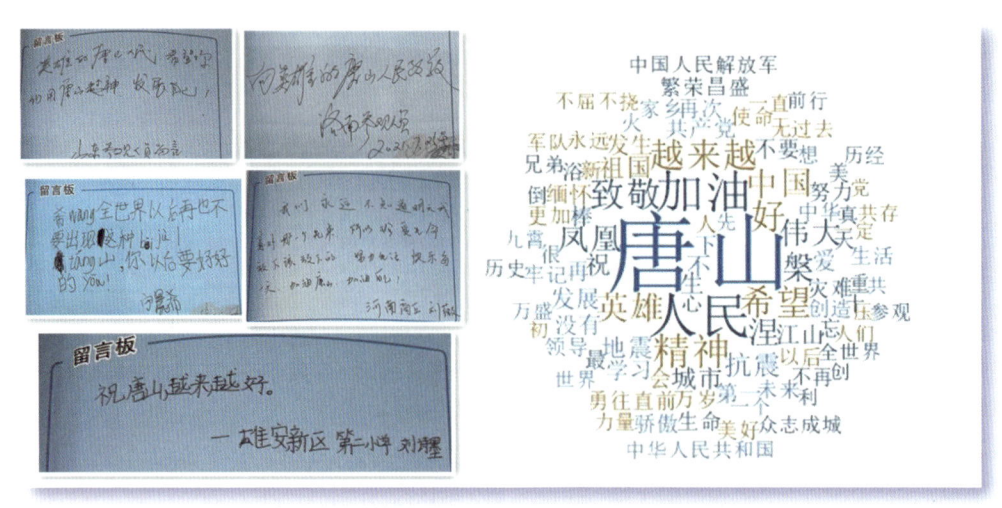

Ⅰ-7. 唐山地震博物馆纪念展厅留言板文本个案及词云图

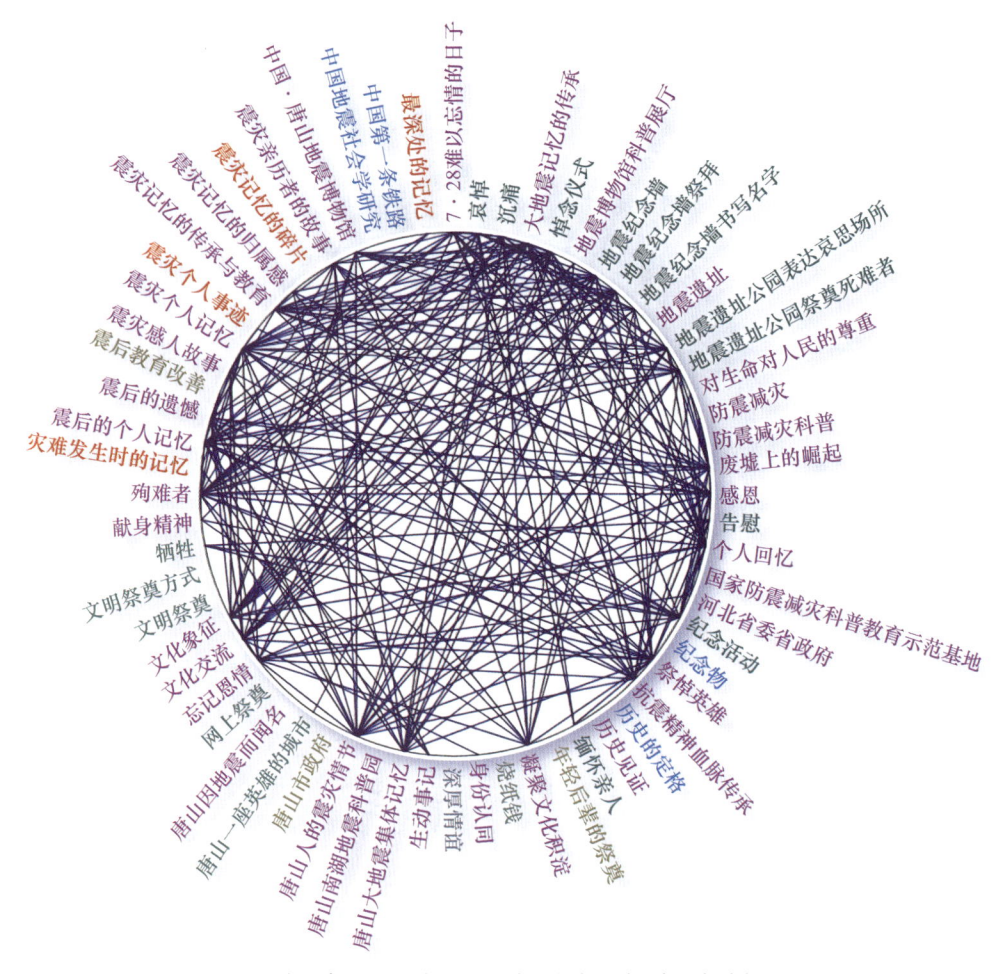

Ⅰ-8. 关于唐山地震遗址纪念公园的新闻报道聚类分析图

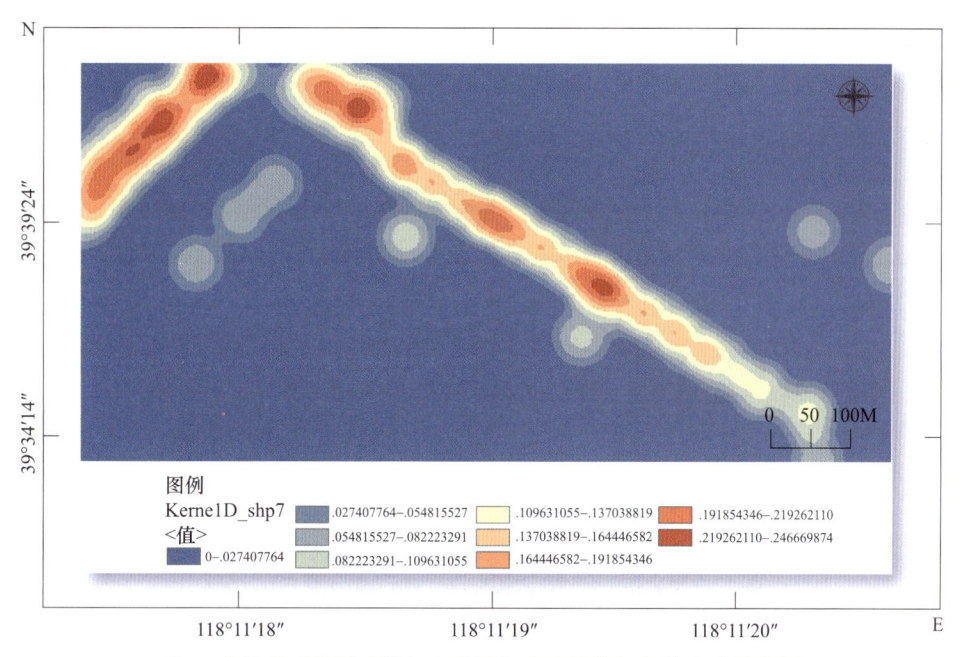

Ⅰ-9. 来访者对地震遗址纪念公园纪念建筑物记忆的密度值分析

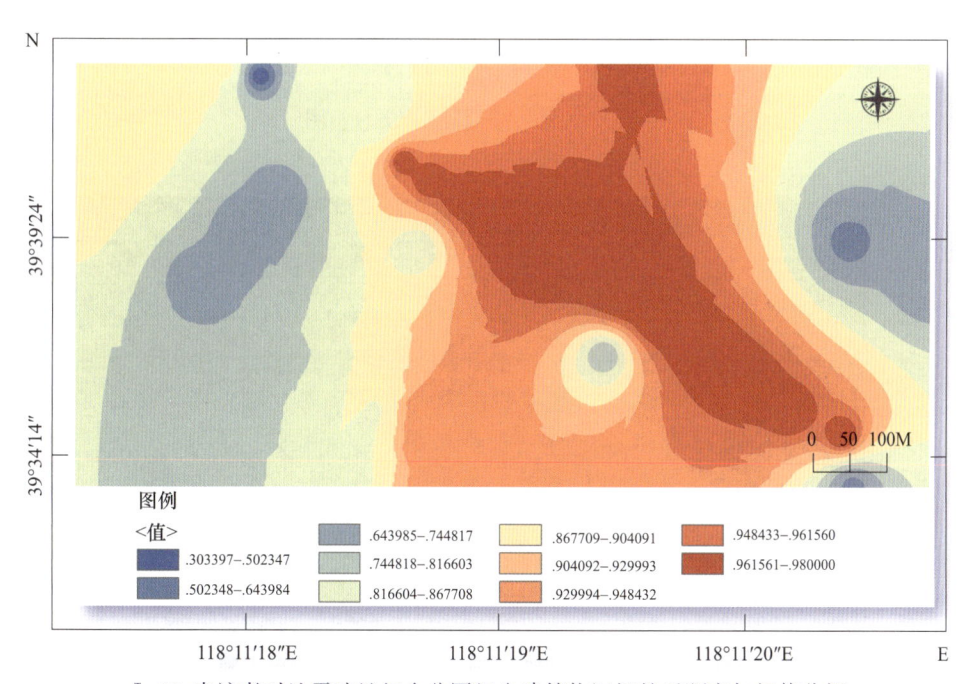

Ⅰ-10. 来访者对地震遗址纪念公园纪念建筑物记忆的反距离加权值分析

187

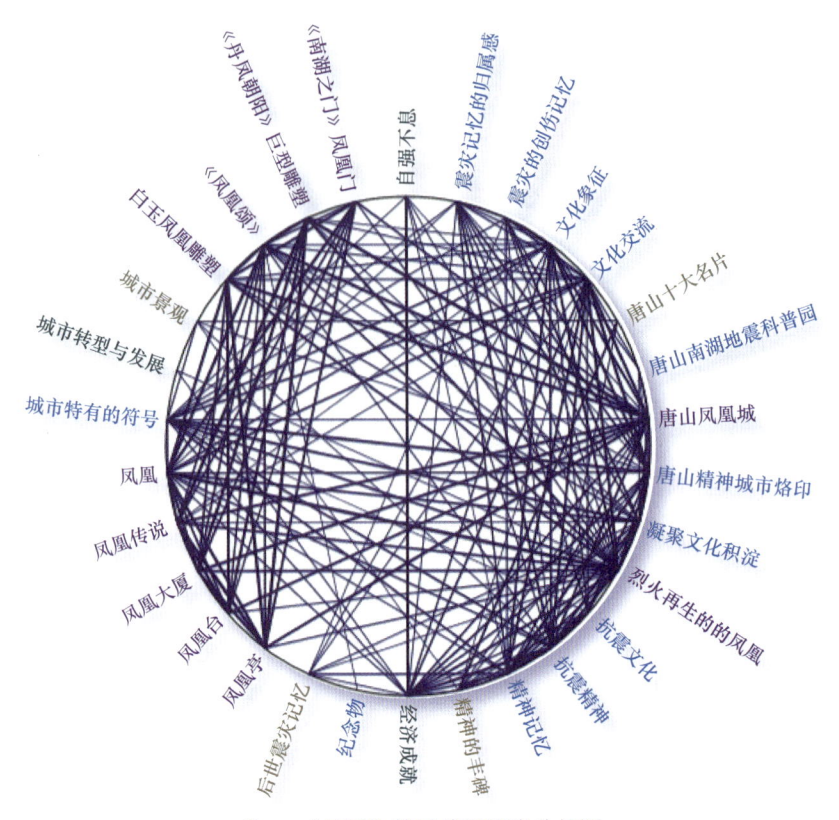

Ⅰ-11. "凤凰"符号编码聚类分析图

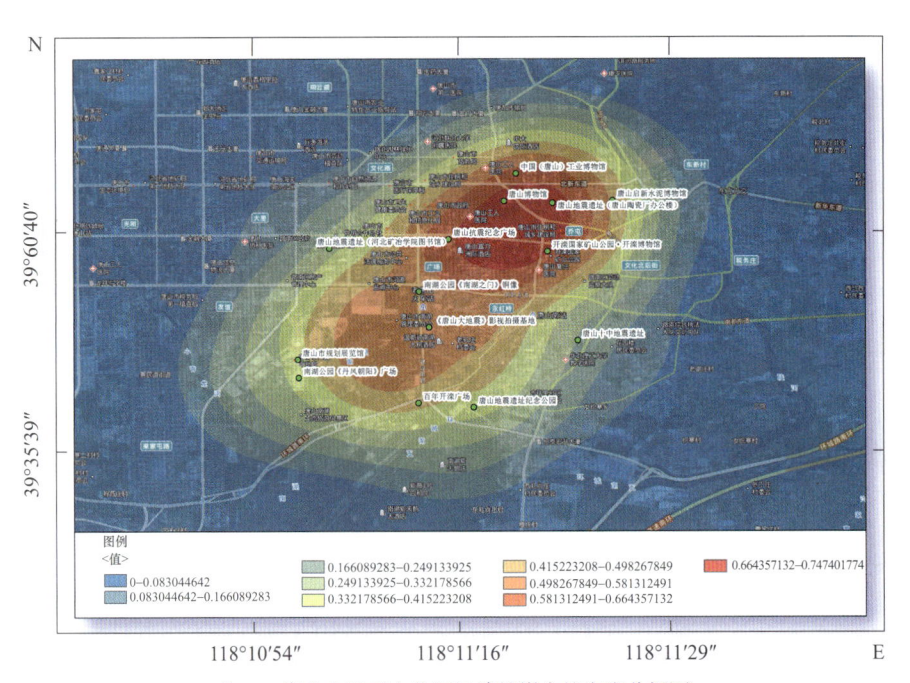

Ⅰ-12. 唐山大地震文化记忆建筑媒介核密度分析图

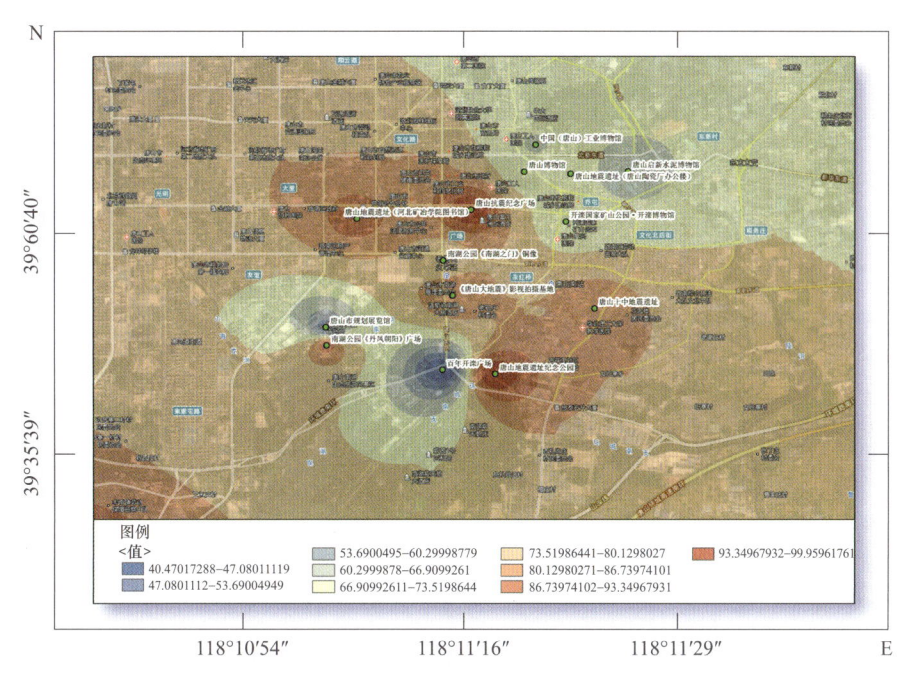

Ⅰ-13. 唐山大地震民众记忆反距离权重图

图版Ⅱ 唐山大地震相关纪念建筑物媒介（部分）

Ⅱ-1.唐山抗震纪念碑

Ⅱ-2.唐山抗震纪念馆

Ⅱ-3.唐山地震遗址纪念公园

Ⅱ-4.唐山地震罹难者纪念墙（遗址公园）

图版II　唐山大地震相关纪念建筑物媒介（部分）

Ⅱ-5. 唐山地震博物馆（遗址公园）

Ⅱ-6. "抗震"纪念雕塑（遗址公园）

Ⅱ-7. 唐山机车车辆铸钢车间地震遗址

Ⅱ-8. 唐山陶瓷厂办公楼地震遗址

Ⅱ-9. 唐山市第十中学院内地震遗址 　　　　　　　　Ⅱ-10. 唐山矿冶学院图书馆地震遗址

Ⅱ-11. 唐山交通大学图书馆地震遗址 　　　　　　　Ⅱ-12. 吉祥路地震遗址

图版Ⅱ　唐山大地震相关纪念建筑物媒介（部分）

Ⅱ-13. 唐柏路食品公司地震遗址

Ⅱ-14. 陡河电厂工地遇难者纪念碑

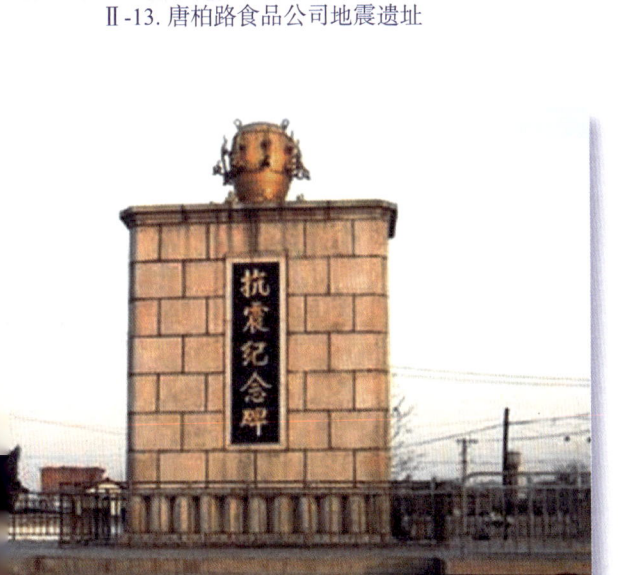

Ⅱ-15. 唐山市丰南抗震纪念碑

Ⅱ-16. 唐山大地震罹难者同仁纪念碑

Ⅱ-17. 唐山丰南区桥西死难者同胞纪念碑

Ⅱ-18. 唐山市丰南区老庄子抗震纪念碑

Ⅱ-19. 唐山市古冶区地震遇难者纪念碑

Ⅱ-20. 唐山市七五化肥厂地震遇难者纪念碑

图版Ⅱ　唐山大地震相关纪念建筑物媒介（部分）

Ⅱ-21. 唐山市古冶区福山七二八纪念广场

Ⅱ-22. 天津抗震纪念碑

Ⅱ-23. 天津汉沽抗震纪念碑

Ⅱ-24. 天津芦台纪念碑

唐山大地震纪念建筑的媒介记忆研究

Ⅱ-25. 天津海河抗震纪念碑

Ⅱ-26. 铜仁市德江唐山地震因公殉职同志纪念碑

Ⅱ-27. 中国·唐山工业博物馆

Ⅱ-28. 开滦国家矿山公园

图版Ⅱ　唐山大地震相关纪念建筑物媒介（部分）

Ⅱ-29. 唐山博物馆

Ⅱ-30. 中国工业水泥博物馆

Ⅱ-31. 唐山陶瓷博物馆

Ⅱ-32. 唐山市规划展览馆

Ⅱ-33. 凤凰山凤凰亭

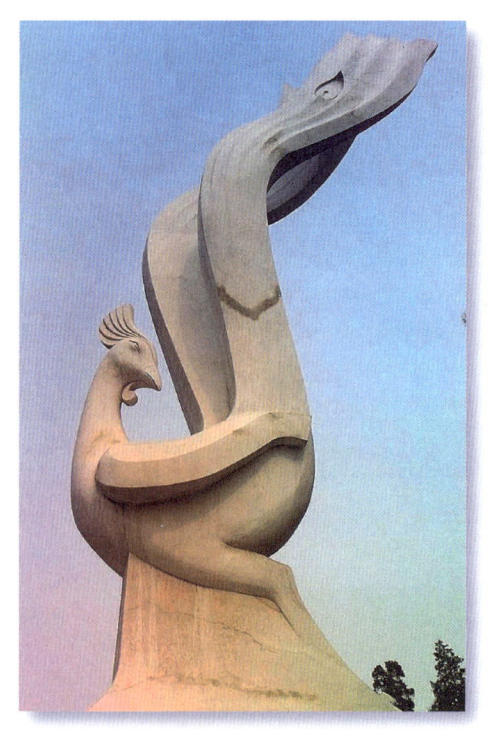

Ⅱ-34. 凤凰山"白玉凤凰"